DIE SCHÖNSTEN SAGEN AUS ALLER WELT

DIE SCHÖNSTEN SAGEN AUS ALLER WELT

Zusammengestellt und herausgegeben von
Hans-Jörg Uther

DIEDERICHS

Sonderausgabe 2001

Umschlaggestaltung: Ute Dissmann, München
Produktion: Maximiliane Seidl
Satz: Hubert & Co. Göttingen
Druck und Bindung: GGP Media, Pößneck
Printed in Germany

INHALT

Sagen aus Europa

Sagen aus Nord- und Südamerika

SAGEN AUS ASIEN

SAGEN AUS AFRIKA UND OZEANIEN

Sagen aus Europa

Von der Mühle auf dem Meeresgrund

Es waren einmal zwei Brüder, der eine war reich, der andere arm. Als nun das Weihnachtsfest herankam, hatte der Arme kein Brot im Hause, ging daher zu seinem Bruder und bat um eine Kleinigkeit. Dieser war eben nicht sonderlich froh, denn es war nicht das erste Mal, daß seine Milde von jenem in Anspruch genommen wurde. »Willst du tun, was ich dir sage«, sprach er, »so sollst du einen ganzen Schinken haben, so, wie er im Rauch hängt.« Das wollte der Arme gern und bedankte sich. »Da hast du ihn!«, sagte der Reiche, indem er ihm den Schinken zuwarf. »Nun geh zur Hölle!«

»Hab ich es versprochen, so muß ich es tun«, sagte der Arme, nahm den Schinken und ging fort. Er wanderte den ganzen Tag; als es dunkel wurde, erblickte er vor sich einen hellen Lichtschimmer. »Hier muß es sein!«, dachte er. Etwas weiter hin im Walde aber stand ein alter Mann mit einem langen weißen Bart und hackte Holz. »Guten Abend!«, sagte der mit dem Rauchschinken. »Wo willst du hin?«, fragte der Greis. »Oh, ich wollte nur zur Hölle, aber ich weiß nicht, ob ich recht gegangen bin«, versetzte der Arme. »Ja, du bist auf dem rechten Wege«, sagte der Alte, »das hier ist die Hölle.« Und weiter sagte er: »Wenn du nun hineinkommst, dann werden sie dir wohl alle deinen Schinken abkaufen wollen, denn Schweinefleisch ist ein seltenes Gericht in der Hölle, aber du sollst ihn für kein Geld verkaufen, sondern verlange dafür die alte Handmühle, die hinter der Türe steht. Wenn du dann wieder herauskommst, will ich dich auch lehren, wie du sie stellen mußt, denn die Mühle ist zu etwas gut, mußt du wissen.« Der Mann mit dem Schinken dankte für den guten Bescheid und klopfte beim Teufel an.

Als er hineintrat, geschah es, wie der Alte ihm gesagt. Alle Teufel kamen um ihn herum, und der eine überbot den anderen auf den Rauchschinken. »Es war freilich meine Absicht, ihn zum Weihnachtsabend mit meiner Frau zu essen«, sagte der Mann, »aber weil ihr alle so erpicht darauf seid, will ich ihn euch wohl überlassen, doch verkaufe ich ihn für keinen andern Preis als für die Handmühle, die da hinter der Tür steht.« Damit wollte der Teufel nicht herausrücken und feilschte mit dem Mann hin und her, aber der war nicht umzustimmen, und so mußte der Teufel ihm schließlich die Mühle überlassen.

Als der neue Besitzer der Mühle aus der Hölle herausgekommen war, fragte er den alten Holzbauer, wie er die Mühle stellen müsse, und als der es ihm gesagt hatte, bedankte er sich und machte sich wieder auf den Heimweg. Aber wie sehr er sich auch beeilte, so kam er doch nicht eher als Mitternacht zu Hause an.

»Wo bist du gewesen?«, fragte ihn seine Frau, als er in die Stube trat. »Du weißt doch, daß ich nicht einmal zwei Holzsplitter habe, um sie unter den Grützkessel zu legen und uns eine Weihnachtssuppe zu kochen.«

»Oh«, sagte der Mann, »ich konnte nicht eher kommen, denn ich hatte ein Geschäft zu besorgen und mußte deshalb einen weiten Weg machen, aber jetzt sollst du sehen, was ich mitgebracht.« Nun stellte er die Mühle auf den Tisch hin und ließ sie mahlen, erst Lichter, dann ein Tischtuch, danach Essen und Bier und alles, was zu einem guten Schmaus gehört, und so wie er es der Mühle befahl, so mahlte sie. Seine Frau wollte unbedingt wissen, wo er die Mühle herbekommen, aber er antwortete bloß:

»Das kann dir ganz gleich sein, woher ich sie habe, Frau, du siehst, daß sie gut ist und daß das Mahlwasser nicht ausgeht, und das ist gut.« So mahlte er alles, was gut schmeckt, für das ganze Weihnachtsfest, und am dritten Tag bat er seine Freunde zu sich, denn er wollte ihnen einen Gastschmaus geben. Als der reiche Bruder sah, was da alles an Speise und Trank bereitstand, lief es ihm heiß und kalt über die Haut, weil er seinem armen Bruder überhaupt nichts gönnte. »Wo hast du den Reichtum herbekommen?«

»Hinter der Tür«, war die Antwort, denn er hatte keine Lust zu beichten. Aber gegen Abend, als er einen leichten Rausch bekommen hatte, konnte er sich nicht länger halten, sondern kam mit der Mühle zum Vorschein. »Da siehst du die Gans, die mir all den Reichtum gebracht hat«, sagte er, und ließ die Mühle bald dies, bald jenes mahlen. Als der Bruder das sah, wollte er ihm die Mühle sofort abkaufen. Aber der andere verspürte gar keine Neigung zu solchem Geschäft. Endlich aber, wie der Bruder so sehr darum anhielt, sollte er sie für 300 Taler haben, aber bis zum Juli, machte er mit ihm aus, wolle er sie noch behalten, »denn« - dachte er - »habe ich sie noch so lange, kann ich mir Essen mahlen für viele Jahre.«

In dieser Zeit wurde die Mühle, wie man sich denken kann, nicht rostig, und als der Heumonat herankam, erhielt sie der Bruder, aber der frühere Eigentümer hatte sich wohlgehütet, ihm zu sagen, wie er sie stellen müßte. Es war am Abend, als der Reiche die Mühle nach Hause brachte, und am Morgen sagte er zu seiner Frau, sie sollte mit den Schnittern ins Feld gehen und Heu hinter ihnen kehren, er wolle indes das Mittagsmahl bereiten. Als es nun so gegen Mittag war, stellte er die Mühle auf den Küchentisch hin. »Mahle Hering und Milchsuppe!«, sprach er, und die Mühle mahlte, was er verlangte, erst alle Schüsseln voll, und nachher so viel, daß die ganze

Küche schwamm. Der Mann stellte und drehte die Mühle; aber wie er auch sie hantieren mochte, so hörte die Mühle nicht auf zu mahlen, und zuletzt stand die Milchsuppe schon so hoch, daß der Mann nahe daran war zu ertrinken. Nun riß er die Stubentüre auf; aber es dauerte nicht lange, so hatte die Mühle auch die Stube vollgemahlen, und nur mit knapper Not konnte der Mann noch die Türklinke in der Milchsuppenflut erfassen. Wie er nun die Türe aufgemacht hatte, stürzte er hinaus ins Freie, und Hering und Milchsuppe immer hinter ihm drein, so daß der ganze Hof und das Feld davonströmten.

Indessen schien es der Frau, die das Heu auf dem Feld kehrte, ziemlich lange zu dauern, bis der Mann wiederkäme und sie zu Mittag riefe. »Wir wollen nun nach Hause gehen«, sagte sie zu den Schnittern, »denn ich kann mir gut vorstellen, daß er mit der Milchsuppe nicht allein fertig wird, und da muß ich ihm helfen.« Sie machten sich also auf und gingen nach Hause. Als sie aber hinter den Berg kamen, schwammen ihnen Hering und Milchsuppe und Brot entgegen, alles durcheinander, und der Mann lief immer voran. »Gott gebe, daß jeder von euch hundert Bäuche hätte, um etwas davon herunterzuschlingen!«, rief er, »nehmt euch aber in acht, daß ihr nicht in meinem Mittagessen ersauft!« Und damit rannte er an ihnen vorbei, als wäre ihm der Teufel auf den Fersen, und hinüber zu seinem Bruder. Den bat er um Gottes willen, er möchte doch sogleich die Mühle wieder nehmen. »Denn mahlt sie noch eine Stunde dazu«, sprach er, »so versinkt das ganze Dorf in Hering und Milchsuppe.« Der Bruder aber wollte die Mühle nicht wieder nehmen, es sei denn, daß der andere ihm noch 300 Taler dazu bezahlte. Weil nun durchaus kein anderer Rat war, so mußte der Reiche mit dem Gelde herausrücken. Nun hatte der Arme sowohl Geld als auch die Mühle, und da dauerte es nicht lange, so hatte er sich ein Haus gebaut, noch prächtiger als das, worin der Bruder wohnte. Mit der Mühle mahlte er sich so viel Gold zusammen, daß er die Wände mit lauter Goldplatten bekleiden konnte, und das Haus lag so nahe am Strande, daß man den Glanz davon schon von weitem auf dem Meer sah. Alle, die da vorbeisegelten, hielten dort an, um den reichen Mann in dem goldenen Hause zu besuchen und die Wundermühle zu sehen, denn es ging davon der Ruf in alle Lande.

Einmal kam auch ein Schiffer dort vorbei, er wollte ebenfalls die Mühle sehen, und als er sie gesehen, fragte er, ob sie wohl auch Salz mahlen könne. »Ja, Salz kann sie auch mahlen«, sagte der Mann.

Nun wollte der Schiffer sie ihm unbedingt abkaufen, koste sie, was sie wolle. »Denn habe ich die«, dachte er, »dann brauche ich nicht immer so weit übers Meer zu segeln, um Salz zu holen, sondern kann mich zu Hause pflegen.«

Anfangs wollte der Eigentümer sie aber überhaupt nicht hergeben, doch der Schiffer bat ihn so lange und so inständig, bis er sie ihm endlich für viele tausend Taler verkaufte. Als nun der Schiffer die Mühle bekommen hatte, blieb er nicht lange in der Gegend, denn er dachte, den Mann könne der Handel nachher wieder gereuen. Er ließ sich auch nicht einmal so viel Zeit, daß er ihn fragte, wie er die Mühle stellen müßte, sondern ging schnell auf sein Schiff und stieß vom Land. Als er ein Stück in die große See hinausgekommen war, nahm er seine Mühle hervor. »Mahle Salz!«, rief er, und die Mühle mahlte Salz, daß es knisterte und sprühte. Als der Schiffer sein Schiff voll hatte, wollte er die Mühle stopfen, aber wie er's auch anfing und sie stellte und drehte, die Mühle mahlte immerfort, und der Salzhaufen wuchs höher und immer höher, und zuletzt versank das ganze Schiff im Meer. Da steht nun die Mühle auf dem Meergrunde und mahlt noch den heutigen Tag, und daher kommt es, daß das Meerwasser salzig ist.

Der Kantelespieler

Es war einmal ein Bursche, der hatte keine Freundin. Da nahte das Weihnachtsfest. Die andern Burschen gingen alle zum Fest, er aber blieb zu Hause und war ganz allein. Da dachte er: »Was kann ich jetzt wohl machen?« Er kaufte sich eine Kerze und nahm die Kantele zur Hand, ging in die Badestube, steckte sich die Kerze an und stellte sie auf den Ofen. Dann fing er an zu spielen.

Wie er eine Weile gespielt hatte, kam ein Mädchen zu ihm in die Badestube und begann zu tanzen. Dann ging sie auf den Burschen zu und gab ihm einen Kuß. Erst um Mitternacht verschwand sie. Den nächsten Abend ging der Bursche wieder in die Badestube und spielte dort. Das Mädchen kam wieder und tanzte und gab ihm einen Kuß. Am dritten Abend lud der Bursche seine alte Pate ein. Und die Pate belehrte ihn: »Häng dir ein Kreuz um den Hals, über den Rock. Wenn das Mädchen wiederkommt und dir einen Kuß gibt, nimm das Kreuz ab und häng es ihr um den Hals.«

Als nun das Mädchen kam, um ihn zu küssen, hängte er ihr das Kreuz um den Hals. Da murmelte sie etwas zum Fenster hinaus, und andere Mädchen gaben Antwort, aber der Bursche erschrak und fiel bewußtlos hin. Als er am Morgen aufwachte, sah er, daß das Mädchen bei ihm saß. Er ging nach Hause und das Mädchen hinter ihm her. Er redete sie an, aber sie konnte nicht sprechen. Da ließen sie den Pfarrer kommen, und der Pfarrer las ihr aus der Bibel vor. Da begann das Mädchen zu erzählen, woher sie komme, daß sie aus dem Schlosse und die

Tochter des Grafen sei. Und sie bat den Burschen: »Geh mit mir zu meinem Vater!« Dann machten sie sich zusammen auf mit einem Pferd und einem schlechten Wagen. Sie kamen jedoch nicht bis zum Schloß, der Wagen zerbrach, und das Pferd wurde müde. Da setzten sie ihren Weg zu Fuß fort, bis sie schließlich beim Schloß anlangten. Aber hier wurden sie nicht eingelassen. Da fragten sie: »Hat nicht der Graf ein hübsches kleines Kind?«

»Ja, das hat er«, antwortete man ihnen. »Nun, des Kindes wegen kommen wir her.« Da ließ man sie vor.

Der Graf fragte: »Was wißt ihr denn von dem Kinde?« Und sie sagten: »Wir wissen nicht mehr, als daß es 21 Jahre alt ist, und es wächst nicht und stirbt nicht. Es ist aber gar nicht Euer Kind, denn ich bin Eure Tochter.«

»Du unser Kind?« sprach der Graf. »Wie kannst du denn unser Kind sein?«

»Seht«, sagte das Mädchen, »eine Hexe hat mich entführt und Euch dieses Kind statt meiner in die Wiege gelegt. Ich bin jetzt 21 Jahre bei ihr.« Und das Mädchen fragte den Grafen: »Hattet Ihr nicht zu der Zeit einen Ball?«

»Ja, das hatte ich.«

»Wurde Euch damals nicht ein silberner Löffel gestohlen?«

»Ja«, sagte der Graf, »den stahlen sie.«

»Und was habt Ihr damals mit der Haushälterin gemacht?«

»Wir haben sie wegen des Diebstahls bestraft.«

»Nun, gabt Ihr ihr nicht später noch einen Ball? Stahlen sie Euch da nicht einen silbernen Becher?« Der Graf antwortete: »Ja, das taten sie.«

»Die Haushälterin war nicht schlecht«, sagte das Mädchen, »wir waren es, wir haben Euch den Becher gestohlen! Jetzt seht Ihr doch, daß ich Eure Tochter bin, und diesen jungen Mann sollt Ihr mir zum Mann geben.«

Da fragte der Graf: »Wie kommst du denn zu dem armen Burschen?«

Und das Mädchen erzählte: »Es war am Weihnachtsabend, der junge Bursche spielte in der Badestube Kantele, wir kamen vorbei, und ich bat, ihm zusehen zu dürfen. Da schickten sie mich hinein, vor ihm zu tanzen, und befahlen mir, ihn zu küssen. Denn wir wollten ihn ein bißchen zum Narren halten. Aber er war gescheiter als wir, der Bursche. Zwei Abende nacheinander war ich dort. Am dritten Abend warf er mir ein Kreuz um den Hals, dann bin ich nicht mehr fortgegangen. Den folgenden Morgen lief ich ihm nach. Seht, so hat er mich erlöst.«

Da erkannte der Graf das Mädchen als seine Tochter an. »Was sollen wir mit diesem Kind hier machen, das schon 21 Jahre bei uns ist?« fragte er. »Baut einen Scheiterhaufen und zündet ihn an, dann bringt mir das Kind!« Das Kind wurde ihr gebracht, und sie legte es auf eine Schippe und warf es in die brennenden Scheite. Da schrien die Hexen aus dem Fenster: »Verbrenn unser Kind nicht in dem Scheiterhaufen!« Hoch loderten die Flammen auf, da platzte dem Kinde die Haut vom Leibe, und ein Erlenstumpf blieb auf der Feuerstätte.

Da ging das Mädchen zu dem Burschen und führte ihn an die Feuerstätte, und der Graf sagte zu ihm: »Geh und sieh nach deinem Hause!« Aber der junge Mann antwortete: »Ich habe keine Pferde, um hinzufahren.« Da kaufte ihm der Graf Pferde, dazu einen Wagen und gab ihm einen Kutscher. Dann fuhren sie zu dem Hause, wo der junge Mann wohnte. Seine Hütte war sehr ärmlich, und der Graf sagte: »Nach einem Monat sollst du ein Haus aus Stein haben.« Sie bauten ihm ein Haus aus Stein, dort zog er ein mit seiner jungen Braut, und jetzt leben sie noch immer in dem steinernen Haus.

Das Ulta-Mädchen

Es waren einmal zwei Burschen, die um dieselbe Frau freiten. Als das Frühjahr kam, zogen die beiden und die Frau in Gemeinschaft mit anderen Leuten nach einer weit im Meere draußen gelegenen Insel, um Fische zu fangen. Auf der Insel waren auch Fischerhütten erbaut, da dieser Ort von alters her als ausgezeichneter Fischplatz bekannt war und die Leute in der Regel bis zum Herbste dort blieben.

Das Mädchen und die beiden Burschen bewohnten dieselbe Hütte und fischten in demselben Boote. Allmählich begann jedoch der eine der Männer zu bemerken, daß die Frau ihm weniger Aufmerksamkeit schenkte als seinem Kameraden. Hierüber ärgerte er sich und sann darüber nach, auf welche Weise er wohl seinen Nebenbuhler am besten aus dem Wege räumen könnte.

Als die Fischer wieder die Heimreise antraten, richtete er es so ein, daß er, das Mädchen und sein Kamerad die letzten waren, welche den Fischplatz verließen. Als nun auch sie alle ihre Sachen in das Boot gebracht hatten und schon zum Abrudern bereit waren, sagte der Bursch, um den das Mädchen sich nicht kümmerte, zu seinem Kameraden: »Ah, ich habe mein Messer oben in der Hütte vergessen; spring doch hinauf und hole es mir, dann bist du ein guter Kerl!«

Dieser tat dies, ohne den geringsten Verrat zu ahnen, war jedoch noch nicht weit gekommen, als der Kamerad das Boot abstieß und mit dem Mädchen davonruderte.

Er war nun ganz allein auf der Insel und besaß nichts anderes, womit er sich forthelfen konnte als das Messer, welches der Kamerad zurückgelassen hatte. Er machte sich einen Bogen, und mit diesem schoß er Strandvögel, die er am Feuer briet. Auf diese Weise fristete er sein Leben fort bis Weihnachten. Am Weihnachtsabend trug er eine größere Menge Brennholz zusammen und stapelte es gerade vor der Tür der Hütte zu einem großen Haufen auf, um nicht während der Weihnachtstage Holz holen zu müssen.

Abends, als er mit dem Holzstoß fertig war, saß er eine Weile vor der Tür und blickte sehnsuchtsvoll nach dem Festlande hinüber. Da bemerkte er plötzlich ein Boot, welches auf die Insel zusteuerte. Der Bursch freute sich, glaubte er doch, daß es Menschen wären, die auf die Insel kämen. Als aber das Boot näher kam, schien es ihm allerdings etwas sonderbar auszusehen, und als es dann anlegte und die Leute ans Land stiegen, erkannte er bald, daß es nicht »Albma-olbmuk«, das heißt, Leute von dieser Welt oder richtige Menschen, sondern Ulta-Leute waren. Er kroch deshalb hinter den Holzstoß und versteckte sich, jedoch so, daß er sie ungesehen beobachten konnte.

Nun stiegen alle ans Land. Es war eine große Gesellschaft, die allerlei Kram bei sich hatte. Unter den Frauen befanden sich zwei junge Mädchen, die sehr schön und dabei auch hübsch gekleidet waren. Jedes trug einen Proviantkasten in der Hand, als die ganze Schar auf die Hütte zuging. Nachdem der ganze Kram in die Hütte geschafft war, kamen die beiden Mädchen wieder heraus, um sich auf der Insel umzusehen. Dabei entdeckten sie auch den Burschen, der hinter dem Holzstoß lag. Anfangs fürchteten sie sich ein wenig und wären beinahe wieder davongelaufen. Weil der Bursch aber ganz ruhig dalag, traten sie näher an ihn heran, begannen zu kichern und zu lachen und allerlei Scherz mit ihm zu treiben.

Der Bursch hatte eine Stecknadel in dem einen Ärmel seiner Jacke. Als sie nun so um ihn herumsprangen und ihn von Zeit zu Zeit zupften, paßte er einen günstigen Augenblick ab und stach die eine in die Hand, so daß diese zu bluten begann. Die Gestochene begann nun laut zu schreien und zu jammern. Da kamen auch die übrigen aus der Hütte gelaufen, um zu sehen, was geschehen sei. Sowie sie ihn aber erblickten, stürzten sie wieder hinein, rafften in größter Eile und Hast von dem mitgebrachten Kram zusammen, was jedes erwischen konnte, und eilten davon.

In einem Augenblick war alles verschwunden: die Leute, der Kram und das Boot; nur ein Schlüsselbund war auf dem Tisch liegengeblieben, und auch das eine Mädchen, welches der Bursch blutig gestochen hatte, stand noch da. Ganz kraft- und hilflos war es.

»Nun mußt du mich zu deiner Frau machen«, sagte das Mädchen, »weil du mich blutig gestochen hast!«

»Ja, ja, warum nicht«, antwortete er. »Das will ich gern tun. Aber wie glaubst du, daß wir den Winter über auf der Insel hier werden leben können?«

»Damit hat es keine Not«, meinte das Mädchen, »wenn du mir nur versprechen willst, daß du mich zur Frau nimmst. Du bekommst ja reiche Verwandte!«

Der Bursche versprach es, und so lebten sie denn miteinander auf der Insel bis zum Frühjahr, wo wieder Leute hinauskamen, mit denen sie nach dem Festland hinüberfuhren.

»Wohin sollen wir uns jetzt begeben?«, fragte das Mädchen den Burschen.

»Das weiß ich nicht«, sagte er. »Was denkst du?«

Das Mädchen meinte, ihr wäre es am liebsten, sich an einem Ort niederzulassen, wo ihre Eltern wohnten. »Aber nur, wenn du willst«, fügte sie hinzu.

»Warum nicht?«, antwortete der Bursch, und so reisten sie dahin und suchten sich einen bequemen Wohnplatz aus.

»Nun mußt du selbst den Platz für das Haus ausmessen«, sagte das Mädchen, »du kannst ihn groß oder klein nehmen, wie du willst!«

Der Bursch maß den Platz aus.

Als sie sich des Abends schlafen legten, sagte das Mädchen: »Wenn du in der Nacht, während wir liegen und schlafen, etwas hören solltest, so darfst du nicht aufstehen und auch nicht nachsehen, was es sei!«

In der Nacht hörte er, wie gemauert, gezimmert, gespalten und gehämmert wurde. Doch er rührte sich nicht vom Fleck. Des Morgens, als er und das Mädchen aufstanden und sich umsahen, stand das Haus in allen Teilen fertig da.

»Nun mußt du den Platz für den Kuhstall ausmessen«, sagte das Mädchen am nächsten Tage, »aber nimm den Platz nicht zu groß und auch nicht zu klein!«

Der Bursch maß.

In der Nacht hörte er wieder, wie gezimmert, gespalten und gehämmert wurde. Am Morgen stand der Kuhstall vollkommen fertig da mit Ständern, Milcheimern und Kloben. Nur Kühe waren nicht drin. Nun bat das Mädchen den Burschen, er möchte den Platz für ein Vorratshaus ausmessen. Er könne es so groß haben, wie er selbst es wolle. Als auch das Vorratshaus fertig war, forderte sie ihn auf, zu ihren Eltern zu reisen. Sie wanderten denn auch dahin und blieben dort, solange sie wollten. Als sie aber wieder nach Hause reisen wollten, sagte das Mädchen zu dem Burschen: »Wenn wir Abschied genommen haben und daran sind, aus dem Haus zu treten, so gib gut acht und eile, so schnell du kannst, über die Türschwelle!«

Der Bursche tat, wie das Mädchen gesagt hatte, und gerade in dem Augenblick, als er über die Schwelle stieg, warf der Vater des Mädchens einen großen Hammer nach ihm. Wäre er nicht so schnell gewesen und hätte er nur einen Augenblick verweilt, so würde ihr Vater ihm beide Beine abgeschlagen haben.

Als sie eine Strecke weit auf dem Heimweg gewandert waren, sagte das Mädchen: »Nun darfst du dich nicht früher umsehen, als bis du in das Haus getreten bist, was immer du auch hören und wahrnehmen magst!«

Der Bursche versprach es. Als er aber schon bei der Haustür angelangt war, konnte er sich nicht länger zurückhalten, sondern sah sich um. Da war gerade die Hälfte einer großen Viehherde, welche die Schwiegereltern ihnen nachgeschickt hatten, innerhalb des Zaunes gekommen, die andere Hälfte stand noch außerhalb. Die aber, welche außerhalb stand, war in demselben Augenblick verschwunden.

Hierauf ließ sich das Paar von dem Priester trauen, und sie bekamen Kinder und lebten glücklich und zufrieden. Das einzige, was dem Mann nicht gefiel, war, daß seine Frau bisweilen verschwand, ohne daß es ihm möglich war zu erforschen, wohin sie gekommen sei. Als er sich deshalb eines Tages hierüber beklagte, sagte die Frau, welche ja ihren Gemahl recht lieb hatte: »Lieber Mann, wenn es dir nicht recht ist, daß ich manchmal fort bin, so schlage nur einen großen Nagel in die Türschwelle. Dann kann ich weder hinaus noch hinein, es sei denn, daß du selbst es willst!«

Das Gesicht in der Neujahrsnacht

Einmal ging ein Mädchen, ohne daß die andern es wußten, in der Neujahrsnacht in eine leere Stube, stellte einen Spiegel vor sich auf, stellte zwei Schnapsflaschen rechts und links vom Spiegel hin, setzte sich vor den Spiegel und schaute starr hinein, um ihren zukünftigen Bräutigam zu erblicken.

Plötzlich tauchte vor dem Mädchen ein Soldat auf, der einen blanken Degen in der Hand hielt. Das Mädchen erschrak vor dem Soldaten und lief davon. Der Soldat warf ihr seinen Degen nach, und der Degen blieb in den Kleidern des Mädchens stecken. Darauf verschwand der Soldat. Das Mädchen nahm den Degen und versteckte ihn.

Im nächsten Jahr bekam das Mädchen auch wirklich einen abgedankten Soldaten zum Mann. Als sie schon ein paar Jahre zusammengelebt hatten, da gebar die Frau einen Sohn. Um diese Zeit fand der Soldat den von seinem Weibe versteckten Degen. Er fragte sie sogleich, wo sie den Degen her habe.

Die Frau wollte es zuerst nicht sagen. Schließlich sagte sie's aber doch. Der Mann geriet in Zorn und rief, daß er wegen des verschwundenen Degens viel Leid erfahren habe. Da habe er damals geschworen, wenn er den Degen wieder in seine Hände bekomme, wolle er sofort denjenigen töten, bei dem er ihn finde.

Er zog darauf den Degen und tötete seine Frau und danach auch sich selbst.

Wie der Bauer in die Hölle kam

Einmal, schau, da hat sich folgendes ereignet: Ich kam recht gründlich bezecht aus dem Krug und fiel in einen Graben. Dabei wäre nun nichts weiter gewesen, im Rausch kann man ja wohl in den Graben fallen, wenn der einem vor die Füße kommt, wenn ich nur nicht immer weiter hätte fallen müssen. So fiel und fiel ich also, und wißt ihr, wohin ich fiel? Wahrhaftig, geradewegs in die Hölle. »Sollte der Böse selbst mich in seine Klauen bekommen haben, dann hole der Teufel die Sauferei!«, meiner Treu, so dachte ich in meiner Angst, und der ganze Rausch war verflogen.

Was jetzt tun? Entdeckt dich der Teufel, so wirft er dich gleich in den Höllenkessel!

Aber wie ich mich dort versteckt hielt und kein Teufel sich um mich zu kümmern schien, da wurde ich ganz allmählich dreister, bis zuletzt alle Furcht vergangen war und nur der eine Gedanke mein Herz bedrückte: »Die Schande, daß du durch den Suff bei lebendigem Leibe in die Hölle geraten bist!« Aber was war da zu machen, man erlebt halt bisweilen sonderbare Dinge.

Schließlich zerbreche ich mir den Kopf: »Sollte es denn keine Möglichkeit geben, wieder aus der Hölle herauszukommen?« Ich überlege mir: »Wer sollte dich wohl aus der Hölle hinauslassen? Die Gedanken laß lieber beiseite.« Ich fange also an mich umzuschauen, ob sich nicht irgendwo etwas für mich zu tun findet, denn immer nur durch die Hölle zu schlendern, das wurde mir auf die Dauer auch zu langweilig. »Aber wart einmal«, denke ich, »sag gar nichts, vielleicht kann ich mir doch aus der Patsche helfen. Ich war doch da droben immer ein großer Baumeister, und als ich in den Krug ging, habe ich mir auch den Zollstock in die Tasche gesteckt.« An all das erinnerte ich mich. »Und in der Hölle gibt es keine Kirche, die muß ich jedenfalls bauen.«

Und hurtig hole ich den Zollstock aus der Tasche und fange gleich an zu zeichnen und zu messen, was das Zeug hält. Ich zeichne und zeichne, aber sieh da! Wie ich den Platz für die Kanzel abmessen will, da will es der Teufel nicht erlauben. (Die Kanzel kam nach meinem Plan just da zu stehen, wo des Teufels großer eiserner Thron stand, und wie ich den auf eine Seite schiebe, reißt ihn mir der Teufel auf die andere Seite zurück, ungefähr eine Stunde mögen wir uns da versteift und gezankt haben.) Schließlich behauptet der Teufel gar noch, in der Hölle brauche man überhaupt keine Kirche, aber ich bleibe standhaft: »Doch, man braucht durchaus eine.« Zu guter Letzt wurde der Teufel so zornig, daß er mich an der Gurgel packte (ich glaubte wahrhaftig, er wolle mich erwürgen) und mich durch dasselbe Loch, durch das ich hereingefallen war, wieder hinauswarf, meine Mütze flog noch ein gutes Stück weiter. Ich wischte mir also den Dreck ab und ging heim. Aber der Heide hatte mir beim Werfen den Kopf kaputtgeschlagen. Eine große Beule hatte ich gerade hier auf der Stirn, wahrscheinlich war ich an einen Stein gestoßen.

Da beschloß ich, es dem Teufel auf jeden Fall heimzuzahlen. Ich dachte mir aus, ein Gelage zu veranstalten und es ihm bei dieser Gelegenheit einzutränken. Gut, ich besorgte mir Getränke, kochte dicke Grütze, tat Butter in die Mitte und lud den Teufel und mit ihm Pehrkons zu Gast.

Wir zechten und zechten und wurden allmählich recht lebendig, und Pehrkons zuckte es in den Fingern: Er wollte schießen.

Als der Teufel das merkte, erschrak er und verkroch sich in einen Winkel, er fürchtete, Pehrkons könnte ihm im Rausch ein Auge ausschießen. Aber Pehrkons griff nach Stahl und Feuerstein und fing an, Feuer zu schlagen, daß die Funken nur so stoben. Zuletzt – das war noch gar nichts – langte er auch nach dem Pulverfaß, um richtig zu laden und loszufeuern, dann werde man einen Knall zu hören bekommen. »Ist der Kerl verrückt?«, brummte der Teufel, zitterte und bebte und fragte mich heimlich, wohin er entwischen könne. Ich sagte: »Verdrück dich gleich hier in den Strohhaufen!« Der Teufel machte, daß er zum Haufen kam, und verkroch sich hinter das Gerüst, so daß nur noch die Schwanzspitze herausragte.

Aber der Teufel war noch nicht ganz ins Stroh geschlüpft, als auch schon Pehrkons zur Stelle war: Jetzt habe er einmal tüchtig geladen, das ganze Pulverfäßchen in den Lauf gejagt. »Wohin soll ich schießen?« Ich sagte: »Brenn gleich hier in den Haufen!«, wollte doch sehen, was daraus wird. Krach! donnerte der Schuß los, und vom Teufel war keine Spur mehr vorhanden. Er war mausetot und zu Asche verpulvert. Seit der Zeit gibt es keinen Teufel mehr auf der Welt.

Egle, die Schlangenkönigin

Vor sehr langer Zeit lebte einst ein Ehepaar, das hatte zwölf Söhne und drei Töchter, von denen die jüngste Egle hieß.

An einem Frühlingsabend gingen alle drei Töchter, sich in einem Teich zu baden. Nachdem sie eine Zeitlang im Wasser herumgeplätschert hatten, stiegen sie heraus und wollten sich anziehen. Die jüngste sieht: Im Ärmel ihres Hemdes liegt lang ausgestreckt eine Schlange. Die älteste ergriff einen Pfahl und sprang auf die Schlange los, um sie zu vertreiben. Da wandte sich die Schlange an die jüngste und redete zu ihr mit menschlicher Stimme: »Gib mir, liebe Egle, dein Wort, daß du mich heiraten wirst, dann werde ich von selbst herauskriechen.«

Egle fing an zu weinen; wie könnte sie eine Schlange heiraten. »Gib mir mein Hemd«, sagte sie unfreundlich, »und gehe deiner Wege, von wo du gekommen bist.« Aber die Schlange wiederholte: »Gib mir dein Wort, daß du mich heiraten wirst, dann werde ich von selbst gehen.« Was sollte sie machen? Sie mußte ihr Wort geben und versprechen, die Schlange zu heiraten.

Nach drei Tagen sahen die Eltern ganze Haufen von Schlangen auf ihren Hof kriechen.

Alle erschraken und wußten nicht, was sie anfangen sollten. Die Schlangen kribbelten und wibbelten auf dem Hofe umher, und ihre Freiwerber krochen in das Haus hinein, um sich mit den Alten und mit Egle zu besprechen.

Anfangs sträubten sich die Eltern und wollten nicht einwilligen; aber was konnten sie tun? Ob sie wollten oder nicht, sie mußten einwilligen, die Tochter aus dem Haus zu geben.

Nachdem die Schlangen die Braut empfangen hatten, verließen sie sofort den Hof. Die Hausgenossen weinten um Egle und beklagten ihr Los.

So zog Egle mit ihrem ganzen Gefolge an das Meeresufer. Dort traf sie einen schönen Jüngling, der sie erwartete. Dieser sagte, er wäre dieselbe Schlange, die in den Ärmel von Egles Hemd gekrochen war. Sofort kamen alle Schlangen von der nahen Insel herüber an das Ufer, wo ein herrlich ausgeschmückter Palast stand. Hier wurde die Hochzeit ausgerichtet; drei Wochen lang tranken und tanzten sie.

Im Palast gab es von allem Hülle und Fülle: keine Arbeit, nur Lust und Freude. Auch Egle beruhigte sich und gewöhnte sich an das lustige Leben; zuletzt dachte sie gar nicht mehr an ihre Eltern und ihr Vaterhaus.

Es vergingen neun Jahre. Egle hatte nun drei Söhne und ein Töchterchen, die jüngste unter den Geschwistern. Da sagte eines Tages der älteste Sohn: »Mütterchen, wo sind nur deine Eltern? Laß mich ziehen und sie besuchen.« Nun erst dachte Egle an ihre Eltern und Geschwister, ob sie noch gesund und am Leben oder vielleicht schon lange gestorben wären. So bat sie ihren Mann um die Erlaubnis, ihre Heimat zu besuchen.

Der Schlangenkönig war nicht einverstanden. »Gut«, sagte er, »du kannst auf Besuch gehen; aber erst spinne diesen Wickel Seide auf«, und zeigte ihr ein Spinnrad. Egle machte sich sofort daran und spann Tag und Nacht; aber der Wickel wurde nicht kleiner. Da ging sie zu einer klugen, alten Frau, die in der Nähe wohnte, und klagte ihr ihre Not. Die Alte sagte: »Nimm den Wickel und wirf ihn in das Feuer, wenn du den Ofen heizt; sonst wirst du nie mit dem Spinnen fertig werden.« Egle folgte ihr und warf den Wickel in den Ofen, als sie ihn zum Brotbacken geheizt hatte. Als die Seide zerknisterte, sah sie etwas wie eine Haspel sich über dem Feuer drehen und auch die Seide aufwickeln.

Als das Gespinst auf diese Weise zu Ende war, bat sie wieder ihren Mann, ihr die Reise wenigstens für einige Tage zu erlauben. Dieser zog ein Paar eiserne Schuhe unter der Bank hervor und sagte: »Wenn du diese Schuhe aufgebraucht hast, kannst zu gehen.« Sie zog die Schuhe an und lief damit über Stock und Stein und trat und stieß damit auf Ziegel und Eisen. Aber die Schuhe waren so fest und hart, daß es ihnen nichts schadete. Da ging sie wieder zu der Alten, und diese gab ihr den Rat, die Schuhe zum Schmied zu bringen, damit er sie in glühendes Feuer stecke. Sie tat so, und der Schmied ließ die Schuhe tüchtig verbrennen, so daß Egle sie in drei Tagen auftrug.

Nun bat sie zum dritten Mal ihren Mann, ihr die Reise zu erlauben.

»Gut«, sagte er, »du kannst gehen; aber ehe du gehst, backe erst Häschenbrot zum Gastschmaus; denn was hast du sonst den Kindern deiner Brüder und Verwandten mitzubringen?« Er ließ aber alle Eimer, Töpfe und Schüsseln verstecken, um ihr das Backen zu erschweren. Egle dachte lange nach, wie sie ohne Eimer Wasser holen und ohne Geschirr anteigen sollte, und ging wieder zu der alten Frau, um sich Rat zu holen. Die Alte sagte: »Nimm Sauerteig, der vom Brotanteigen übriggeblieben ist und streiche damit dein Sieb aus. In diesem Siebe kannst du nachher Wasser holen und den Kuchen anteigen.« Egle folgte ihr, strich das Sieb mit Sauerteig aus und konnte nun darin Wasser holen und Kuchen backen.

Sie verabschiedete sich jetzt von ihrem Gatten und machte sich mit den Kindern auf die Reise. Der Mann begleitete sie bis an das Meeresufer und sagte ihr, als sie sich trennten, sie sollte nicht länger als neun Tage ausbleiben und nach dem Besuch sogleich mit den Kindern nach Hause zurückkehren. »Dann geh«, sagte er, »ohne Begleitung allein mit den Kindern an das Ufer und rufe mich mit diesen Worten:

›Uferweide, Uferweide!
Milch soll schäumen, wenn du lebest!
Blut soll schäumen, wenn du tot bist!‹

Und wenn du im Meer Milch schäumen siehst, so wisse, daß ich noch lebe, wenn aber Blut, bin ich gestorben. Aber ihr, Kinder, sagt zu niemand, wie man mich rufen muß.« Mit diesen Worten nahm er Abschied und wünschte allen eine glückliche Heimkehr.

Im Elternhaus war man hoch erfreut über ihre Rückkehr; alle Verwandten und Nachbarn versammelten sich, sie zu sehen; alle fragten sie aus, wie sie dort bei den Schlangen lebte, sie mußte immer nur erzählen und erzählen. Jeder bewirtete sie und sprach freundliche Worte zu ihr, so daß sie nicht merkte, wie die neun Tage vorbeigingen.

Währenddessen dachten ihre Eltern und Geschwister darüber nach, wie sie es machen könnten, daß die Tochter nicht zurückzukehren brauchte. Und sie kamen überein, daß man zuerst herausbringen müßte, wie Egles Mann hieße und wie sie ihn zu rufen hätte, wenn sie an den Strand gekommen wäre. »Wenn wir das wissen«, sagten die Brüder, »werden wir an das Meer gehen, ihn rufen und ihn dann umbringen.«

Nachdem sie sich so verabredet hatten, riefen sie zuerst Egles ältesten Sohn in den Wald, umrangen ihn und fragten ihn aus; aber dieser stellte sich so, als ob er nichts wußte. Sie schlugen ihn mit Ruten, brachten aber nichts aus ihm heraus. Als sie ihn nach Hause entließen, schärften sie ihm ein, seiner Mutter nichts zu sagen. Am nächsten Tage riefen sie den zweiten und dann den jüngsten

Sohn heraus, konnten aber auch aus diesen nichts herausbekommen. Dann lockten sie Egles jüngste Tochter heran; diese behauptete anfangs ebenfalls, nichts zu wissen; als sie aber mit Ruten bedroht wurde, gab sie alles preis.

Sofort nahmen alle zwölf Brüder ihre Sensen, zogen an den Strand und riefen: »Uferweide, Uferweide!« usw. Als der Schlangenkönig angeschwommen kam, fielen alle zwölf über ihn her und hieben ihn nieder; zu Hause aber sagten sie Egle nichts.

Die verabredeten neun Tage waren vorüber. Egle nahm von ihrer Familie Abschied, ging an den Strand und rief ihren Mann: »Uferweide, Uferweide!« usw. Das Meer wallte auf, und Egle sah den blutigen Schaum auf den Wellen. Und sie hörte die Stimme ihres Mannes: »Deine zwölf Brüder haben mich mit Sensen erschlagen. Wie sie mich rufen sollten, hat ihnen unsere geliebte Tochter gesagt.« Egle weinte bitterlich, und zu ihren Kindern gewandt, sprach sie:

»Tochter, als Espe friste dein Leben;
Tag und Nacht sollst du zittern und beben!
Möge der Regen dich überschwemmen
und die Winde das Haar dir kämmen!
Werdet, ihr Söhne, zu starken Bäumen,
Trotzend den Wettern und Waldesräumen.
Ich, die Mutter, die euch gebar,
Werde zur Tanne, Nadeln mein Haar.«

Und wie sie redete, so geschah es. Sie selbst wurde zur Tanne mit immergrünen Nadeln, die Tochter zur Espe, die beim geringsten Windstoß erzittert, die drei Brüder zur Eiche, Esche und Birke, den stärksten Bäumen in unseren Wäldern.

Der Frost

Es waren einmal ein alter Mann und eine alte Frau, die hatten drei Töchter. Die Frau konnte die älteste nicht leiden, denn sie war ihre Stieftochter. Sie zankte mit ihr, weckte sie früh und lastete ihr alle Arbeit auf. Das Mädchen mußte das Vieh tränken und füttern, Holz und Wasser tragen, den Ofen heizen und Kleider nähen. Sie mußte die Hütte stets vor Tagesanbruch fegen und in Ordnung bringen. Die Alte war aber trotzdem immer unzufrieden und brummte: »Wie faul und unordentlich, der Besen steht nicht an seinem Platz, dies fehlt und jenes, und die Hütte ist schmutzig.«

Das Mädchen weinte und schwieg dazu, sie versuchte alles, um die Stiefmutter zufriedenzustellen und ihren Töchtern behilflich zu sein. Die Töchter machten es aber wie die Mutter, sie kränkten Marfuschka, stritten mit ihr, und wenn sie darüber weinte, so war es ihnen recht. Sie selbst standen spät auf, wuschen sich in dem vorbereiteten Wasser, trockneten sich mit reinen Handtüchern ab und machten sich erst an die Arbeit, wenn es zum Essen ging.

So wuchsen die Mädchen heran und wurden reif zur Ehe.

Rasch erzählt man, langsam erlebt man.

Dem Alten tat seine Tochter leid; er liebte sie, weil sie gehorsam war und arbeitsam: niemals war sie eigensinnig, immer tat sie, was man ihr auftrug, ohne ein Wort der Widerrede. Der Alte konnte aber dem Jammer nicht abhelfen, er war schwächlich, die Alte zänkisch und die Töchter faul und störrisch.

Die Alten überlegten: er, wie die Töchter zu verheiraten seien, und sie, wie man die älteste loswerden könnte. Eines Tages sagte die Alte zu ihm: »Alter! Verheiraten wir Marfuschka!«

»Gut!« sagte er und stieg auf den Herd.

Die Alte folgte ihm nach und sprach: »Steh morgen früh auf, spanne das Pferd vor den Holzschlitten und fahre mit Marfuschka fort. Du, Marfuschka, sammle dein Hab und Gut in ein Körbchen, ziehe ein reines Hemd an, morgen fährst du auf Besuch.«

Die gute Marfuschka war froh über das Glück und schlief die ganze Nacht süß. Frühmorgens stand sie auf, wusch sich, betete, packte alles ordentlich ein und schmückte sich. Das Mädchen war so schön, wie man noch kein Bräutchen gesehen.

Es war Winter, und es herrschte ein grimmiger Frost. Vor Morgengrauen stand der Alte auf, spannte das Pferd vor den Schlitten und führte es vor das Haus. Er selbst ging hinein, setzte sich auf die Bank und sagte: »Nun habe ich alles vorbereitet.«

»Setzt euch an den Tisch und eßt«, sagte die Alte.

Der Brotkorb stand auf dem Tisch, und er nahm ein Brot heraus, das er mit seiner Tochter teilte. Die Stiefmutter brachte mittlerweile alte Suppe und sagte: »Nun, Liebchen, iß und fort mit dir, ich mußte dich lange genug ansehen! Alter, führe Marfuschka zu ihrem Bräutigam, aber gib auf den Weg acht, alter Narr, fahre erst die gerade Straße hinunter und dann biege rechts in den Wald ein – weißt du, gerade bei der großen Fichte, die auf dem Hügel steht, dort übergib Marfuschka dem Frost.«

Der Alte riß die Augen auf, sperrte den Mund auf, hörte auf zu kauen, und das Mädchen heulte.

»Was gibt es da zu jammern! Der Bräutigam ist ja schön und reich! Seht nur, wieviel Gut er hat: alle Tannen und Fichten glitzern, und die Birken sind voll Flaum. Ein herrlicheres Leben gibt es kaum, und er selber ist ein starker Held.«

Der Alte sammelte schweigend alle Habseligkeiten zusammen, befahl der Tochter, ihr Schafpelzchen anzuziehen, und machte sich auf den Weg. Ob die Reise kurz war oder lang, ist mir wirklich nicht bekannt.

Rasch erzählt man, langsam erlebt man.

Endlich erreichten sie die Fichte, bogen vom Weg ab – da stürmte gerade der Schnee. In der Einöde machte der Alte halt, befahl der Tochter auszusteigen, setzte ihr Körbchen unter eine ungeheure Fichte und sagte: »Setze dich hierher, erwarte den Bräutigam und empfange ihn nur ja freundlich.«

Daraufhin wandte er sein Pferd um und fuhr nach Hause.

Das Mädchen saß da und zitterte, Kälte durchschauerte sie. Sie wollte weinen, doch ihr fehlte die Kraft, nur die Zähne schlugen zusammen. Plötzlich hörte sie von Ferne den Frost auf einer Tanne knarren, er sprang von Tanne zu Tanne und pfiff. Endlich war er hoch oben auf der Fichte, unter der das Mädchen saß, und er fragte: »Mädchen, ist dir warm?«

»Ach ja, Väterchen Frost!«

Der Frost ließ sich tiefer herab, knarrte und pfiff noch etwas mehr als vorher: »Mädchen, sag, schönes Mädchen, ist dir warm?«

Dem Mädchen verging fast der Atem, aber sie sagte noch: »Warm ist mir, Väterchen Frost.«

Da knirschte der Frost noch mehr und pfiff: »Ist dir warm, Mädchen, ist dir warm, schönes Kind, ist dir warm, mein Herzchen?«

Das Mädchen war fast erstarrt und sagte kaum hörbar: »Warm, Väterchen.«

Da hatte der Frost Erbarmen und hüllte das Mädchen in Pelze und wärmende Decken ein.

Am nächsten Morgen sagte die Alte zu ihrem Mann: »Geh, alter Narr, und wecke das junge Paar.«

Der Alte spannte sein Pferd vor den Schlitten und fuhr zu seiner Tochter. Er fand sie am Leben, eingehüllt in einen schönen Pelz und in ein seidenes Tuch, und schöne Geschenke lagen in ihrem Körbchen. Ohne ein Wort zu sagen, legte der Alte alles in seinen Schlitten, stieg mit der Tochter ein und fuhr nach Hause. Dort fiel das Mädchen der Stiefmutter zu Füßen.

Die Alte wunderte sich sehr, als sie das Mädchen am Leben sah und den neuen Pelz und den Korb voll Wäsche. »Eh, mich betrügst du nicht!«, sagte sie.

Nach einigen Tagen sagte die Alte. »Führe meine Töchter zum Bräutigam, er wird sie noch ganz anders beschenken.«

Langsam erlebt man, schnell erzählt man! Am Morgen weckte die Alte ihre Töchter, schmückte sie, wie es sich zur Hochzeit schickt, und ließ sie ziehen.

Der Alte fuhr denselben Weg und ließ die Mädchen bei derselben Fichte zurück.

Die Mädchen saßen und lachten. »Was fällt Mütterchen ein, uns plötzlich beide zu verheiraten? Als wären bei uns im Dorf nicht Burschen genug! Wer weiß, was hier für ein Teufel kommt!«

Die Mädchen hatten große Pelze an, aber trotzdem nagte die Kälte an ihnen.

»Paracha, mir läuft der Frost über die Haut, wenn die Erwählten nicht bald kommen, erfrieren wir.«

»Unsinn, Mascha, seit wann kommt ein Bräutigam so früh, jetzt ist erst Mittag.«

»Paracha, wenn nur einer kommt, wen wird er da nehmen?«

»Dich nicht, du Gans.«

»Dich etwa?«

»Gewiß.«

»Laß dich nicht auslachen!«

Der Frost nagte den Mädchen an den Händen. Sie versteckten ihre Hände im Pelz und begannen neuerdings: »Du verschlafener Fratz, du böse Pest, du Lästermaul.

Spinnen kannst du nicht, und ans Beten denkst du gar nicht.«

»Oh, du Prahlerin, was kannst denn du? In den Spinnstuben herumlaufen und tratschen. Warten wir es ab, wen er nimmt.«

So stritten die Mädchen und froren ernstlich. »Ei, bist du blau geworden!«, sagten sie einstimmig.

Weit weg knarrte der Frost, sprang von Tanne zu Tanne und pfiff. Den Mädchen schien, als käme jemand gefahren.

»Hui, Paracha, er kommt mit Glöckchen gefahren!«

»Geh weg, Närrin, mich schüttelt der Frost.«

»Aber heiraten willst du doch?«

Sie bliesen auf ihre Finger. Der Frost kam näher und näher, endlich ließ er sich auf der Fichte über den Mädchen nieder. »Ist euch warm, Mädchen, ist euch warm, schöne Täubchen?«

»Ach, Frost, uns ist so kalt, wir sind fast erfroren. Wir erwarten den Bräutigam, und der Teufel kommt nicht!«

Der Frost ließ sich tiefer herab und knarrte und pfiff noch mehr: »Ist euch warm, Mädchen, ist euch warm, meine Schönen?«

»Geh zum Teufel! Bist du blind, Hände und Füße sind uns schon abgefroren.«

Da ließ sich der Frost noch näher herab, schlug fest zu und fragte: »Mädchen, ist euch warm?«

»Geh zu allen Teufeln ins Wasser und faule, Verfluchter!«

Da waren die Mädchen erstarrt.

Am Morgen sagte die Alte zu ihrem Mann: »Spanne ein, nimm Heu in den Schlitten und warme Decken, den Mädchen wird kalt sein. Ein starker Wind ist draußen! Mach flink, alter Narr!«

Der Alte ließ sich kaum Zeit zum Frühstück und fuhr fort. Als er zu den Töchtern kam, waren sie tot. Er lud sie auf den Schlitten, schlug sie in die Decken ein, legte das Heu darüber und kehrte heim.

Die Alte sah ihn von weitem kommen und lief ihm entgegen: »Wo sind die Kinder?«

»Im Schlitten.«

Die Alte stieß das Heu beiseite, hob die Decken auf und fand die Kinder tot. Da ging sie wie ein Gewitter über den Alten nieder und schimpfte: »Was hast du alter Hund getan? Mit meinen Töchterchen, meinen eigenen, süßen Sprößlingen, meinen roten Beerchen? Ich erschlage dich mit dem Besenstiel, mit dem Feuerhaken erschlage ich dich!«

»Ruhig, alte Hexe, dich lockte der Reichtum, aber deine Töchter waren widerspenstig. Ich bin nicht schuld, du wolltest es selbst!«

Die Alte war zornig und zankte noch lange, versöhnte sich aber später mit der Stieftochter, und so lebten sie gut und mit Bedacht, an das Böse wurde nicht mehr gedacht. Ein Nachbar kam und freite und hielt mit Marfuschka Hochzeit. Es ging ihr gut. Der Alte nahm die Enkel in seine Hut, schüchterte mit dem Frost sie ein und hieß sie willig und fleißig sein.

Ich war bei der Hochzeit, trank Honigbier. Es kam mir nicht in den Mund, nur über den Schnurrbart floß es mir.

Der Schwiegersohn der Sonne

Es war einmal der unglückliche Ivan; so unglücklich war er, weil er nichts hatte. Nirgends hat er eine Bleibe, nicht einmal Kleider hat er – eine zerrissene Joppe hatte er an. Da machte er sich auf den Weg, um sich zu verdingen. Er denkt sich: »Vielleicht verdinge ich mich irgendwo.« Er geht und geht seines Weges, da kommt ihm ein Mann entgegengefahren: »Gesundheit, unglücklicher Ivan!«

»Gott geb's Euch auch, Onkel!«

»Wohin gehst du denn?«

»Ich gehe mich irgendwo verdingen. Wenn mich jemand nähme, würde ich mich verdingen, denn ich habe nirgends eine Zuflucht.«

»Verdinge dich bei mir«, sagte der Mann.

»Ja, gut, ich verdinge mich.«

»Und was willst du für ein Jahr?«

»Was ich für ein Jahr will? Wenn Ihr mir ein Tagewerk Hirse – eine Vierteldeßjatine Hirse zum Abmähen – gebt, werde ich vielleicht irgendwie ein wenig Fuß fassen können.«

Da sagt der Mann: »Also gut, setz dich her, dann fahren wir!«

Sie kamen zu Hause an, und er dient ein ganzes Jahr. Er diente ein Jahr lang, und der Bauer säte das Tagewerk Hirse für ihn an, zu seinem Nießbrauch, wie man so sagt. Kaum daß die Hirse zu reifen begann, schickte der oberste Spatz die Spatzen hin, und sie pickten die Hirse auf. Er aber weinte nur bitterlich und ging fort mit dem Gedanken, daß er kein Glück hat. Er nahm nichts mehr von dem Bauern, bei dem er gedient hatte. Der wollte ihm etwas Geld mitgeben und sagte: »Nimm wenigstens etwas Geld mit auf den Weg!«

Er aber nahm es nicht und sagte: »Nicht einmal Geld will ich mitnehmen. Da ich kein Glück habe, wird bei mir auch das Geld verlorengehen.«

Er ging, sich wieder zu verdingen. Er geht vor sich hin, auf einmal begegnet ihm wieder ein Mann, er fährt auf ihn zu.

»Gesundheit, unglücklicher Ivan!«

»Gott geb's Euch auch, Onkel!«

»Wohin gehst du denn?«

»Ich gehe«, sagte er, »vielleicht dingt mich einer, denn ich habe eben bei einem Mann ein Jahr lang für ein Tagewerk Hirse gedient, doch alles ging verloren, die Spatzen haben's aufgepickt.«

Und der Mann sagt: »Verdinge dich bei mir, ich zahle dir, was du willst.«

»Was denn? Geld will ich nicht, gebt mir für ein Jahr ein Tagewerk Buchweizen.«

»Ja, gut, ich geb's.«

Nun fuhren sie zu diesem Mann hin. Er lebt dort und hat's gut, noch besser als dort, wo er zuerst war. Das Jahr geht für ihn bald zu Ende, und sie haben ein Tagewerk Buchweizen angesät. Der Buchweizen erblühte gerade, da kam der Frost und brachte ihn zum Erfrieren, so daß er nicht weiterwuchs – und verloren ging alles, wofür er dieses Jahr gedient hat. Er schaute sich das nur an und ging weinend davon.

Er ging, sich wieder zu verdingen. Er geht und geht, auf einmal kommt ihm ein Mann auf einem Einspänner entgegengefahren, und ein kleines Fohlen läuft hinter dem Wagen her.

Sie begegneten und begrüßten sich. Da fragt der Mann den Ivan: »Wohin gehst du denn?«

»Ich gehe«, sagt er, »mich irgendwo verdingen. Gerade habe ich bei einem Mann ein Jahr lang für ein Tagewerk Buchweizen gedient, doch umsonst.«

»Wieso umsonst?«

»Der Frost hat ihn zum Erfrieren gebracht.«

»Verdinge dich bei mir, ich geb dir das gleiche für ein Jahr.«

»O nein, das gleiche will ich nicht mehr.«

»Was soll man dir dann geben?«

»Ich will nichts, gebt mir nur dieses Fohlen, wenn mein Jahr um ist. Vielleicht nützt mir das Fohlen mehr, da werde ich wenigstens auf dem Pferdchen reiten.«

»Also gut«, sagte zu ihm der Mann.

So dient er dort, bei diesem Bauern, ein ganzes Jahr. Als das Jahr um war, gab ihm der Bauer das Fohlen, und er ritt davon. Zuerst ritt er in Frieden dahin, dann aber schickte der heilige Georg Wölfe gegen das Fohlen, da kamen sie hergelaufen, rissen das Fohlen und fraßen es vor seinen Augen auf. Obwohl es ihm um das Fohlen leid war – da konnte man nichts dagegen machen, es kommt nicht mehr zurück –, so weinte er nur, und damit war's vorbei.

Er machte sich wieder auf, um sich irgendwo zu verdingen. Er geht und geht, auf einmal begegnet er einem Mann. Der fährt irgendwohin, entweder auf die Jagd oder von der Jagd, denn auch seine Flinte war auf dem Wagen.

Der Mann sagt: »Gesundheit, unglücklicher Ivan!«

»Gott geb's Euch auch!«

»Wohin gehst du denn?«

»Ach, wohin ich gehe? Wohin Gott will! Ich gehe mich verdingen. Aber wer weiß, wie man sich verdingen soll, denn drei Jahre habe ich bei guten Leuten gedient, doch umsonst.«

»Wieso umsonst?«

»Es war so: Beim ersten hab ich ein Jahr lang für ein Tagewerk Hirse gedient, doch die Spatzen pickten sie auf. Beim zweiten hab ich ein Jahr lang für ein Tagewerk Buchweizen gedient, doch der Frost brachte ihn zum Erfrieren. Und beim dritten hab ich für ein Fohlen gedient, doch Wölfe fraßen es auf.«

»Dann verdinge dich bei mir. Was willst du für ein Jahr?«

»Was ich für ein Jahr will? Jetzt will ich nichts. Gebt mir dann eine Joppe und eine Flinte, denn bei mir hält sich nichts.«

»Also gut, ich geb's dir.«

Nun fuhren sie nach Hause, und er fängt an zu dienen. Er diente bei ihm ein ganzes Jahr, und nachdem er das Jahr abgedient hat, schickt er sich an wegzugehen, da gab ihm der Bauer die Joppe und die Flinte.

Er machte sich auf, zog die Joppe an, schulterte die Flinte und ging auf die Jagd. Als er so dahinging, kam er bis ans Meer. Er geht und geht immer am Meer entlang, auf einmal schaut er – da schwimmen am Ufer drei Enten. Nun beginnt er, sich an sie heranzupirschen, um sie zu erlegen. Er pirschte und pirschte sich heran, so lange pirschte er sich heran, bis zwei aufflogen und abstrichen. Eine aber bleibt sitzen. Und er pirscht sich weiter heran, um sie zu töten. Auf einmal hört er – sie spricht zu ihm: »Töte mich nicht, guter Mensch, in einer großen Gefahr werde ich dir beistehen. Komm näher her«, sagt sie, »daß wir einander befragen: Wenn ich älter bin, will ich zu dir wie eine Mutter sein; und wenn du älter bist, will ich deine Frau werden.«

Er kam näher, und sie fingen an, einander zu befragen. Sie haben einander befragt – er ist älter als sie. Da sagte sie zu ihm: »Nun, ich werde deine Frau!«

Dann gingen sie so dahin, übernachteten einstweilen an einem Zaun – denn noch war nichts da; kein Haus ist da, nichts – und am nächsten Tag nahm sie ein seidenes Tüchlein, ging in den Wald, schwenkte das Tüchlein kreuzweise und sagte: »Fällt euch, Bäume! Rollt dahin, Bäume! Schichtet euch auf, Bäume!« Kaum daß sie es gesagt hatte, fingen die an sich zu fällen, zu rollen und sich aufzuschichten. Es schichtete sich so ein Haufen auf, so ein großer, daß Gott bewahre!

Dann schickte sie ihn nach Zimmerleuten. Er ging, dingte Zimmerleute und brachte sie dorthin. Sie wollten sofort anfangen, das Haus zu bauen, aber sie sagt: »Wartet, fangt noch nicht mit der Arbeit an! Er soll gehen und Leute zur Haussetzung laden.«

Also ging er, lud Leute ein, und die kamen zusammen. Er ging auch zu seinem Onkel und fing an ihn, zur Haussetzung zu laden. Der sagt aber: »Wohin soll ich zu dir zur Haussetzung gehen, hast du überhaupt Holz für ein Haus?«

»Jawohl!«

»Du lügst, wo sollst du, du armer Tropf, es herhaben?«

Er weiß es aber nicht, daß alles schon bereit ist.

»Raus aus meinem Haus, lüg nicht!« Er packte ihn und warf ihn hinaus. Der weinte nur und ging ohne den Onkel.

Er kam zu Hause an und sagt: »Der Onkel will nicht kommen, und noch dazu glaubt er nicht, daß ich Holz für ein Haus habe. Er hat mich am Genick gepackt und hinausgeworfen. ›Raus‹, hat er gesagt, ›lüg nicht so daher!‹«

Da sagt sie: »Na, dann nicht, es geht auch ohne ihn.«

Jetzt sagen die Leute: »Gehen wir endlich, wo sind eure Zimmerleute, gehen wir zur Haussetzung!«

Sie aber sagt: »Geht noch nicht, wartet! Zuerst soll man trinken und zu Mittag essen.«

So aßen sie zu Mittag und wollten gleich gehen, doch sie sagte: »Legt euch hin und ruht euch ein wenig aus!«

Sie legten sich hin, da ging sie hinaus, schwenkte das Tüchlein kreuzweise, und während Leute und Zimmerleute sich ausruhten, hat sich von selbst ein Haus gebaut – aber was für eins! –, und es steht fertig da.

Dann gingen die hinaus und schauten sich das Haus an. Ja, und dann schickten sie die Zimmerleute weg, sie selbst gingen aber zum Popen mit der Bitte, das Haus zu weihen. Der Pope kam und weihte ihnen das Haus. Nun begannen sie gut und glücklich zu leben. Sie sind sehr reich, so reich, daß sie noch reicher sind als der Onkel, der zu der Haussetzung nicht kommen wollte.

Da packte den Onkel großer Neid, daß sie an allem mehr haben als er. Also machte er sich auf, ging zum Gutsherrn und hetzte den Herrn auf, Ivan aus der Welt zu schaffen. Wie soll man ihn aus der Welt schaffen, daß er aus der Welt weg ist? Er dachte sich aus, wie, und er sagte: »Man soll ihn dorthin schicken, wo die Sonne untergeht!«, also an den Rand der Welt.

Da schickte der Herr einen seiner Leute zu Ivan und befahl: »Geh dorthin, wo die Sonne untergeht, und bring Kundschaft von dort!«

Der ging und trug Ivan auf: »Geh dorthin, wo die Sonne untergeht, und bring in Erfahrung, was dort vor sich geht! Und wenn du nicht hingehst, hat der Herr gesagt, daß er dir dann den Kopf abhaut!«

Dieser hörte sich das alles an, fing an zu weinen und ging zu der Frau: »Nun, was ist da zu machen«, sagt er, »der Herr hat mir aufgetragen, dorthin zu gehen, wo die Sonne untergeht. Und wenn ich nicht hingehe, hat er gesagt, daß er mir dann den Kopf abhaut.«

Da sagte sie: »Man muß gehen.« Sie gab ihm drei Weizenbrote, ein goldenes Knäuel und sagte: »Hier hast du dieses Knäuel, und wohin es rollt, dahin geh auch du: wenn durchs Wasser, dann durchs Wasser, wenn durchs Feuer, dann durchs Feuer, es wird bis vor eine Tür hinrollen. Ein Weizenbrot wirst du aufessen, wenn du hingehst, das zweite legst du dort auf den Tisch, und das dritte wirst du aufessen, wenn du heimkehrst.«

Sie, seine Frau, war eine Tochter der Sonne selbst. Deswegen lenkte sie göttliche Kräfte, als sie das Haus schuf. Als er sie auf dem Wasser hatte erschießen wollen, schien es ihm, es wären Enten, doch sie waren Schwestern.

Nun warf er das Knäuel vor sich hin. Und wohin es rollt, dahin geht er ihm nach: wenn durchs Wasser, dann durchs Wasser, wenn durchs Feuer, dann durchs Feuer.

Es rollte bis vor eine Tür, und er machte sie auf, grüßte, und die dort erkannten, daß er ihr Schwager ist. Er aber weiß nichts davon. Da fragen sie ihn: »Freiwillig oder unfreiwillig?«

»Unfreiwillig«, sagt er.

»Na, dann setz dich bei uns nieder!«

Ja, und er setzte sich hin. Nun fangen sie an, ihn über alles auszufragen: wie er geheiratet hat, wie er bis hierher gekommen ist und weshalb. Und sie brachten dabei heraus, daß er wirklich, daß er wahrhaftig ihr Schwager ist. Das sind ihre Schwestern, die Sonne aber ist nicht da. Sie ging um die Welt, um zu leuchten.

Nachdem sie sich so befragt hatten, gewöhnte er sich langsam ein, er hat keine Angst mehr. Es wurde ihm irgendwie leichter, und er war fröhlich. Ein wenig später kam die Sonne herangerollt, seine Schwiegermutter. Und nun geht es mit der Bewirtung los. Sie feierten ein wenig, dann kochten sie reichlich Milch und ließen Ivan da hineinspringen. Er sprang in diese Milch, in einen Zuber, und als er aus der Milch wieder herausgesprungen ist, da war er leuchtend wie die Sonne selbst. Nun ließ die Sonne ihn mit einem Wagen fahren, damit er sich den Weinberg anschaut und sich erfreut.

Da fuhr er los. Er fährt dahin – am Weg sitzt der oberste Spatz. Da sagt er: »Warum sitzt du hier? Hast du vergessen, wie ich ein Jahr lang für Hirse gedient habe, und du hast Spatzen geschickt, und die haben sie aufgepickt. Jetzt werde ich dir's heimzahlen!«

Da fing er an, auf ihn einzuschlagen, und verprügelte den obersten Spatzen ganz und gar. Dann ließ er ihn allein und fuhr weiter.

Er fährt nicht weit – da sitzt der Frost. Und er sagt zu ihm: »Hast du vergessen, wie du meinen Buchweizen zum Erfrieren gebracht hast? Dafür schlage ich dich zusammen.« Dann fuhr er weiter.

Er fährt – da sitzt Georg. Und er schlägt auch ihn dafür, daß der Wölfe gegen sein Fohlen geschickt hat, die es aufgefressen haben.

Dann fuhr er bis in den Weinberg hinein. Er fuhr so in den Weinberg hinein, daß er nicht mehr herausfahren konnte.

Da zündete er den Weinberg an, fuhr heraus und kam bei denen wieder an.

Und nun ist die Sonne in den Weinberg gefahren. Sie schaut – am Weg sitzt der ganz und gar verprügelte oberste Spatz. Und die Sonne fragt: »Wer hat dich verprügelt?«

»Die gerechte Sonne«, sagt der oberste Spatz.

Die Sonne erriet gleich, daß das Ivan, der Schwiegersohn, gewesen ist, denn auch er war wie die Sonne.

Und die Sonne sagt: »Na, verzeih mir, denn ich war gestern betrunken.«

Sie fährt weiter – da sitzt der ganz und gar verprügelte Frost. Und die Sonne fragt: »Wer hat dich verprügelt?«

»Die gerechte Sonne.«

»Na, verzeih mir, denn ich war gestern betrunken.«

Sie fährt weiter – da sitzt der ganz und gar verprügelte Georg. Und die Sonne fragt: »Wer hat dich verprügelt?«

»Die gerechte Sonne.«

»Na, verzeih mir, denn ich war gestern betrunken.«

Dann kommt sie in den Weinberg hineingefahren – beinahe die Hälfte des Weinbergs ist abgebrannt. Sie schaute sich das an und kehrte nach Hause zurück.

Sie kam zu Hause an, und gleich fragt sie Ivan aus: »Na«, sagt sie, »warum hast du den obersten Spatzen verprügelt?«

»Ha«, sagt er, »warum! Ich habe ein Jahr lang für ein Tagewerk Hirse gedient, er aber hat Spatzen geschickt, und die pickten sie auf.«

»Nun, nicht schuldig! Und warum den Frost?«

»Den Frost darum, weil ich bei einem Bauern ein Jahr lang für ein Tagewerk Buchweizen gedient habe, und er brachte ihn zum Erfrieren.«

»Nun, nicht schuldig! Und warum den Georg?«

»Darum, weil ich mir so ein schönes Fohlen verdient habe, doch er schickte Wölfe, und sie fraßen es auf.«

»Nun, auch hierin nicht schuldig! Und warum hast du so viel vom Weinberg verbrannt?«

»Ich bin dort mitten hineingefahren, doch ich konnte nicht mehr herausfahren, da bekam ich Angst, daß der Wagen bricht, darum habe ich's angezündet.«

»Na, in allem unschuldig!«

Dann entließen sie ihn nach Hause.

Er kam glücklich zu Hause an. Gleich ging er zum Herrn und erzählte dem Herrn, was dort ist und wo dieser Ort ist. Da sagt der Herr zu Ivan: »Jetzt aber geh ins Jenseits – in die Hölle – und bring Kundschaft von dort. Und wenn du nicht gehst, dann hau ich dich in Stücke.« Dem Onkel wiederum befahl er, Brot aufzuladen, zwei Pferde einzuspannen, hinter ihm herzufahren und zu überprüfen, ob er wirklich ins Jenseits kommt.

Nun ging Ivan wieder los wie vorher, und sein Onkel fährt hinter ihm her. Ivan kam an eine Tür, machte die Tür auf, ging mit dem Onkel hinein, und die dort fragen ihn: »Freiwillig oder unfreiwillig?«

»Unfreiwillig«, antwortete Ivan.

Er schaut – der verstorbene alte Herr, der Vater des Gutsherrn, fährt Brennholz in die Hölle. Und die – die Höllenbrut – sagen: »He, du da, spann den Herrn aus und spann den Onkel ein, daß der Herr ein bißchen verschnauft!«

Nun spannte Ivan den Onkel ein, und nachdem der Onkel so an die drei Mal Brennholz herbeigeschafft hatte, schwor er bei sich: ›Niemals mehr werde ich Ivan irgendwohin schicken!‹

Nun spannte man den Onkel aus, und den alten Herrn spannte man wieder ein.

Dann gingen sie aus der Hölle weg: Ivan ging voran, und der Onkel fährt hinter ihm her. Jener ist schon längst angekommen, dem Onkel aber reichte das Brot nicht, und nur mit Mühe kam auch er an.

Jetzt fängt Ivan an zu erzählen, wie es dort war. Er fing zu erzählen an über den Onkel und über den Herrn, doch denen stinkt das. Der Onkel schämt sich, weil der andere ihn in der Hölle dreimal Brennholz herbeiziehen ließ, und der Herr ärgert sich, weil der erzählt, sein Vater ziehe in der Hölle Brennholz herbei.

Also machten sie miteinander aus: Milch von allem möglichen Vieh zu sammeln, zu kochen und – Ivan dort hinein! Er wird in der Milch zerkochen. Sie machten sich daran und sammelten einen ganzen Zuber. Dann kochten sie sie, schütteten sie in den Zuber und befahlen Ivan, da hineinzuspringen. Doch Ivan hauchte sie an, und sie kühlte ab. Nun sprang er hinein und wurde so leuchtend wie die Sonne.

Der Herr schaut ihn an, und er ist so schön. Jetzt – auch er hinein! Kaum daß er hineingesprungen war, verbrühte es ihn sofort, und er zerkochte in der Milch.

So haben sie aufgehört, ihn aus der Welt schaffen zu wollen. Bald darauf starb auch sein Onkel, er aber blieb und lebte lang mit seiner Frau, bis auch sie gestorben sind.

Wie ein Bauer den Frost bezwang

Es trafen sich einmal zwei Fröste, und da sagte der eine: »Wenn du wüßtest, Bruder, wie ich heute einen Gutsherrn habe frieren lassen! Der war so in warme Pelze gehüllt, daß es wirklich kein Vergnügen war.«

Da sagte der andere: »Einen Gutsherrn frieren zu lassen ist kein Kunststück. Aber wenn du einen Bauern zum Frieren gebracht hättest, dann hättest du Grund zu prahlen.«

Da lachte der andere und sagte: »Einen Bauern frieren zu lassen ist zehnmal leichter.«

»Das wollen wir mal sehen!« sagte der andere, und sie gingen auseinander.

Als der erste Frost so seines Weges ging, sah er einen Bauern in einem zerlumpten Mantel auf einem Schlitten sitzen, vor den ein Ochse gespannt war. Als der Frost zu ihm kam und ihn abkühlen wollte, sprang der Bauer vom Schlitten, peitschte seinen Ochsen wie wild und lief nebenher. Im Wald warf er schnell Mantel und Handschuhe ab und begann Holz zu hacken, daß die Funken flogen und ihm der Schweiß in Strömen herunterlief. So konnte ihm der Frost nichts anhaben.

Da überlegte er ein Weilchen und sagte zu sich selbst: »Der soll noch was erleben, den erledige ich heute noch!« und kroch in einen Handschuh.

Der Bauer bemerkte das, nahm den Handschuh, legte ihn auf einen Baumstumpf und schlug mit dem Beilrücken darauf. Er schlug und schlug dem Frost alle Knochen entzwei. Danach schüttelte er den Handschuh aus, und der Frost fiel neben den Baumstumpf. Der Bauer aber fuhr mit dem Holz nach Hause.

Als sich am nächsten Tage die beiden Fröste trafen, sagte der zweite: »Nun, hast du einen Bauern frieren lassen?«

»Laß gut sein! Ich wollte ihm die Hand erfrieren lassen und bin in den Handschuh gekrochen. Da hat er mir mit dem Beilrücken alle Knochen entzwei geschlagen.«

Medvedko oder der einquartierte Bär

In fernen sibirischen Ländern, in den düsteren Urwäldern, gab es (das war in alten Zeiten) nur sehr wenige Siedlungen. An einem Ort betrug eine Station achtzig Werst. Die Kutscher hatten es schwer, diese Station hinter sich zu bringen.

Ein Alter beschloß mit seiner Alten, in der Mitte der achtzig Werst ein Haus zu bauen. Der Alte wählte sich einen günstigen Platz aus und begann, an einem Fluß ein Haus zu errichten. Kaum hatte er es geschafft, ein kleines Haus hinzustellen, da trafen auch schon Kutscher ein.

»Laß uns ein, Großväterchen, damit wir bei dir etwas essen können.«

»Aber wir haben doch überhaupt keine Vorräte, Bruder. Wir haben gerade zu bauen begonnen!«

Er beginnt zu leben. Von Jahr zu Jahr beginnt er reicher zu werden. Die ganze Familie bestand aus dem Alten und seiner Alten; sie waren schon an die sechzig Jahre alt. Und er wurde an den Quartiernehmern sehr reich.

Davon erfuhren Räuber, eine Bande; sie beschlossen, den Alten zu berauben.

»Mit welcher List kommen wir an den Alten heran? Bei ihm sind doch dauernd Leute!«

»Das müssen wir so machen: Wir müssen die Uniform eines Landpolizeivorstehers kaufen, für eine vollzählige Generalgouverneurs-Wache; es dem Alten mitteilen; einen günstigen Augenblick in der Nacht wählen.«

Plötzlich platzt ein Landpolizeivorsteher in die Wohnung des Alten herein. Es war eine Menge Kutscher da. Er fährt in einer Troika auf den Hof, geht ins Haus hinein.

»Seid gegrüßt, ihr alten Leute!«

»Willkommen, Euer Wohlgeboren!«

»Wer ist denn der Herr dieses Hauses?«

»Ich bin es, Väterchen!«

»Könnt Ihr lesen und schreiben?«

»Überhaupt nicht!«

»Also ich bringe Euch dieses Schriftstück, laßt es Euch von den Kutschern vorlesen!«

»Bemüht Euch doch selbst, Euer Wohlgeboren! Ihr seid doch vornehme Leute, und Ihr werdet mich schon nicht betrügen!«

»Ja, ja, Großväterchen! Ich nenne Euch das Datum – in drei Wochen sollt Ihr die Zimmer frei machen, es soll niemand da sein. Der Gouverneur fährt durch, und er soll ein Quartier haben!«

»Aber Väterchen, wir können doch nicht kochen!«

»Er braucht nichts – nur einen Samowar!«

Der Landpolizeivorsteher fährt davon. Der Alte geht ans Großreinemachen. Nach drei Wochen jagt der Landpolizeivorsteher her: »Also, der Gouverneur trifft um neun Uhr abends ein!«

Der Alte mit seiner Alten geleiteten den Landpolizeivorsteher fort. Die Alte fegt und reinigt mit einem Reisig im Haus und der Alte mit einem Besen im Hof. Da bitten Kutscher vor dem Fenster um Einlaß.

»Väterchen, es geht nicht: Jeden Augenblick muß der Gouverneur hereinplatzen! Zwei Werst von hier ist ein Fluß – fahrt zu ihm! Ich werde euch Brot geben, auch etwas Heißes zum Essen, und übernachtet dort!«

Kurz darauf kommt ein Bärenführer mit seinem Bären, sieht, daß das Tor frei ist. Er kommt an den Hof heran: »Laßt mich bei Euch übernachten!«

Der Hausherr sagt jedoch: »Es geht nicht, Bruder, ich kann keinen hereinlassen.«

»Wieso denn nicht?«

»Daher, weil der Gouverneur herkommen wird; siehst du, wie bei mir alles sauber ist!«

»Aber ich brauche mit meinem Bären kein Zimmer, wir können auch im Pferdestall übernachten. Nur auf dem Feld geht es nicht!«

Der Alte überlegte. »Alte! Er sagt, er könne im Pferdestall übernachten!«

Der Alte spricht: »Komm herein!«

Der Bärenführer führt den Bären, doch der Bär geht nicht durchs Tor.

Er zog ihn an der Kette, doch der Bär brüllt wie von Sinnen und will nicht in den Hof gehen.

»Hör zu, Wirt! Bei dir wird heute etwas geschehen!«

»Was denn, Väterchen?«

»Der Bär kennt den Grund. Hol ein Stück Brot her, Brot und Salz, verneig dich vor dem Bären bis zum Boden!«

Der Alte holte ein Stück Brot und Salz, ließ sich vor dem Bären auf die Knie fallen, und der ging unter Gebrüll auf den Hof. Er führte den Bären in den Bärenstall, gab ihm zu fressen und zu saufen. Der Bär haute sich zum Schlafen hin. Der Bärenführer aber legte sich in eine Krippe. Der Bärenführer schlief vor lauter Erschöpfung fest ein.

Plötzlich hört er: Auf dem Hof ist Lärm. Und da war der Gouverneur herangejagt. Der Alte geht mit einer Laterne auf dem Hof umher, empfängt die Gäste, und die Alte wartet mit einer Fettkerze auf der Außentreppe. Wie ein Mann tritt auch das ganze Gefolge ein. Das Zimmer ist proppenvoll.

»Großmutter, gib uns den Samowar!«

Die Alte gab ihnen den Samowar. Sie holten eine große Flasche hervor, mit Schnaps und Wein.

»Trinkt, Brüderchen, flinker und lebt mutiger!« spricht der Gouverneur.

Sie tranken jeder ein Glas – und ihre Reden wurden grob.

»Und wo hast du dein Geld, Alter?«

»Welches Geld denn, Väterchen? Es ist alles ausgegeben!«

Einer der Wächter, mit Schnurrbart, holt ein großes Messer hervor: »Da hast du es, Alter! Sprich, wo ist das Geld?!«

Vor lauter Angst band der Alte von seinem Gürtel die Schlüssel los und öffnete ihnen die Truhe.

»Hier ist das ganze Geld, Väterchen!«

Sie bekamen an die fünf Hunderter.

»Habt Ihr noch welches, Alte?«

»Nein, Väterchen!«

»Du lügst, alte Hexe!«

Da fiel der Alten in dem Augenblick der Bärenführer ein: »Wir haben doch noch den Bärenführer auf dem Hof! Und ich laufe zu ihm schnell hin! ...«

»Wir haben noch welches in einem Sack, Väterchen!«

»Wo ist es denn?«

»Ich werde es gleich holen!«

»Nun, dann zieh los, hol es her!«

Die Alte stürzte hinaus: »Väterchen Bärenführer, wir sind in ein Unglück geraten! Meinen Alten werden sie wohl schon erstochen haben!«

»Warte, Alte, geh nicht hin! Wart ein Weilchen, und wir gehen gemeinsam hin! ...«

»Nun, steh auf, Michajlo Ivanyč! Komm mit, Bruder! Ich werde dir Brot zu fressen und Wein zu saufen geben: hilf mir und der Alten!«

Der Bär stand schnell auf, und der Bärenführer ergriff schnell die Kette.

»Geh du voraus, Wirtsfrauchen, und ich folge dir!«

Der Bärenführer führt den Bären, die Kette klirrt – als ob Kupfergeld in einem Sack klimperte. Die Alte öffnet die Tür. Die Räuber stürzten auf die Tür zu.

»Nun, Alte? Bringst du es?«

Der Bär läuft flink ins Haus hinein und beginnt, die Räuber zu fangen; bekommt er einen in seine Pranke, wirft er ihn auf den Boden. Sechs schlug er tot, und sechs begrub er unter sich. Sie wollen unter ihm hervorkriechen, er aber schlägt sie mit seiner Pranke.

Der Alte warf sich auf ein Paar Pferde und jagte an den Fluß zu den Kutschern.

»Ich bin beraubt worden, Väterchen!«

Die Kutscher setzten sich zu ihm in die Kutsche, jagten zu ihm ins Haus. Eine Untersuchung mußte durchgeführt werden. Der Landpolizeivorsteher jagt herbei, führt Verhöre durch ... Und der Alte mit seiner Alten soffen sich mit Schnaps voll – und verloren völlig ihren Verstand.

Die Brüder

In den Tälern wohnten zwei Brüder, Thord und Andreas, die Söhne Andreas', die, wie es den Leuten schien, beide ein hitziges Gemüt hatten. Im Winter 1820 begaben sie sich nach Hjallasand, um dort Fische zu fangen. Sie waren damals in die Zeit des Mannesalters gelangt, waren aber immer noch unverheiratet. Beide waren in Liebe zu demselben Mädchen entbrannt, und dieser Umstand zerstörte das brüderliche Verhältnis zwischen ihnen.

Früh im Winter litt das Boot, in dem sich Andreas befand, Schiffbruch, und er ging mit ihm unter. Nun bekam sein Bruder freiere Hand für seine Werbung, worüber er sehr froh war, und er besuchte das Mädchen offener, als er es bisher getan hatte.

Es verging einige Zeit, ohne daß etwas geschah. Aber eines Abends ging Thord in der Dunkelheit allein den Weg von Ingjaldshol entlang, und als er nach Hjallsand, nicht weit von seiner Bude, Storedumpa, gekommen war und gerade auf die Tür der Bude zugehen wollte, sah er, daß ein Mann vom Boot heraufkam, der ihm den Weg versperren wollte. Thord eilte zur Tür, und da war ihm der andere gerade auf den Fersen. Thord sah sich den Mann an und erkannte in ihm seinen Bruder Andreas. Er war entsetzt, stürmte in die Bude hinein und auf den Boden hinauf, vergaß aber, die Tür hinter sich zu schließen. Auf dem Boden der Bude waren die Betten so aufgestellt, daß an dem einen Ende das Bett des Bauern Thomas stand, an dem gegenüberliegenden Ende ein Bett für drei Fischer, während Thords Bett mitten an der Seitenwand gegenüber dem Aufgang stand. Als Thord auf den Boden kam, war es dunkel, und die Leute schliefen. Der Bauer Thomas erwachte von ihren Schritten. Thord setzte sich auf sein Bett, und gerade, als er sich gesetzt hatte, hörte Thomas ihn sagen: »Glaubst du, daß ich Furcht habe, dir in die Augen zu sehen?« In demselben Augenblick aber entstand ein furchtbarer Tumult, und Thord flog wie eine abgeschossene Kugel nach dem Bett der Fischer hinüber, über sie hinweg und an der Wand empor, und sie erwachten wie aus einem bösen Traum. Im Handumdrehen aber riß das Gespenst Thord mit sich und zerrte ihn am Fußboden entlang und die Leiter hinunter. Der Bauer Thomas zündete Licht an und bat die Fischer, Thord, dem es so schlecht erging, zu helfen, und sie liefen alle mit ihm vom Boden hinunter. Da floh das Gespenst, Thord aber lag wie tot unten im Gang und schwamm in seinem Blut. Sie hoben ihn auf und trugen ihn auf sein Bett, wachten die ganze Nacht bei ihm und pflegten ihn mit großer Sorgfalt. Sein Körper war schlimm zugerichtet, blau und geschwollen, und er kam vor der Dämmerung des nächsten Morgens nicht zur Besinnung. Er lag lange krank, erholte sich jedoch schließlich, im Winter aber mußte jede Nacht Licht bei ihm brennen, damit das Gespenst nicht wiederkommen sollte. Im nächsten Winter nahmen ein paar Fischer in der Bude bei Thomas in Dumpa Dienste. Einer von ihnen hieß Sigurd Sigurdsson und stammte aus Bredevig im Kreis Barderstran. Er war 21 Jahre alt und für einen so jungen Mann groß von Wuchs und im Besitz guter Kräfte. Er erhielt das Bett, das an dem einen Ende des Bodens stand, und darin wurde noch einem Fischer ein Platz angewiesen.

Etwas später kam Thord Andreasson, und Thomas bat dann Sigurd, ihn als Bettgenossen für den Winter anzunehmen. Sigurd, der nicht wußte, was im vorigen Winter geschehen war, erfüllte das Verlangen des Bauern gern, und als sie zu Bett gingen, lag Sigurd außen, Thord aber an der Wand. Als sie aber eingeschlafen waren, träumte Sigurd, daß ein Mann mit erschreckendem Äußeren zu ihm käme und sagte: »Ich werde dich dafür belohnen, daß du vor meinem Bruder liegst, so daß ich ihm nicht nahe kommen kann.«

»Was willst du von ihm?« fragte Sigurd. »Ich will ihn ermorden«, sagte der andere. »Ach so«, sagte Sigurd, »weiter willst du nichts von ihm?« Da schien es Sigurd, als greife der andere ihn an. Sie packten einander, und das Ende war, daß der Angreifer fiel. Sigurd erwachte und kroch dann auf allen Vieren auf dem Fußboden vor dem Bett entlang.

Die nächste Nacht träumte Sigurd genau dasselbe, jedoch schien es ihm diesmal schwieriger als gestern zu sein, das Gespenst zu überwältigen, und dieser Kampf endete so, daß Sigurd davon erwachte, daß seine Bettgenossen ihn dicht an der Bodenluke festhielten. Sie hatten geglaubt, daß er im Schlaf wandle, und wollten ihn daran hindern.

Die dritte Nacht träumte Sigurd, daß er am Boot unten am Wasser stände und daß derselbe Mann käme und ihn mit großer Erbitterung überfiele, und lange rangen sie miteinander. Sigurd aber trug doch schließlich den Sieg davon. Ihm träumte, daß er das Gespenst erlegte, worauf er ein Schwert in die Hand nahm und seinen Gegner damit in Stücke hieb. Und so hörte das Gespenst mit seinen Angriffen auf.

Sigurd blieb den Winter über in Dumpa und schlief neben Thord, und nie träumte ihm nach dieser Zeit von seinem Kampfgegner, der den ganzen Winter hindurch seinem Bruder Thord keinerlei Schaden durch sein Spuken zufügte.

Viele Jahr später begegneten sich einmal Thord und Sigurd und sprachen von dem Gespenst. Es hatte Thord niemals mehr überfallen, seitdem Sigurd es besiegt hatte. Thord überlebte seinen Bruder Andreas um ungefähr 20 Jahre, nie aber gelangte er nach ihrer Begegnung in der Bude wieder zu seinen alten Kräften. Er ist später durch das Eis auf Hvidaa im Borgarfjord eingebrochen und ertrunken. Er befand sich damals auf einer Reise nach dem Südland, wohin er zum Fischen zog, und führte drei Pferde mit Lasten bei sich, die alle mit ihm ertranken.

Der Hexenritt

Es war einmal ein Pfarrer, ein vortrefflicher und sehr tüchtiger Mann. Als diese Geschichte sich zutrug, war er noch nicht lange verheiratet und hatte eine junge hübsche Frau, die er sehr liebte. Sie zeichnete sich aber auch in jeder Hinsicht vor allen anderen Frauen in jener Gegend vorteilhaft aus. Ein Makel aber haftete an ihrem Lebenswandel, der dem Pfarrer gar nicht so geringfügig vorkam. Der bestand darin, daß sie in jeder Christnacht verschwand und niemand wußte, was dann aus ihr geworden war. Der Pfarrer drang deswegen häufig mit Fragen in sie, allein sie sagte, ihn gehe das nichts an. Dies war die einzige Sache, über die sie uneins waren.

Einst verdingte sich bei dem Pfarrer ein armer Wanderbursche. Er war unansehnlich von Gestalt und Wuchs, doch glaubten die Leute, er verstehe sich auf mehr Dinge als gewöhnliche Menschen. So ging es auf Weihnachten zu, ohne daß sich etwas Besonderes zutrug. Am Heiligabend jedoch ist der Bursche draußen im Pferdestall damit beschäftigt, die Leibpferde des Pfarrers zu kämmen und zu verpflegen. Da schlüpft auf einmal die Frau des Pfarrers herein und beginnt mit dem Burschen ein Gespräch über allerlei Dinge, und ehe er sich's versieht, zieht sie unter ihrer Schürze ein Gebiß mit Zaumzeug hervor und legt es dem Burschen an. Es übt eine solche Zauberkraft aus, daß der Bursche die Pfarrersfrau ruhig seinen Rükken besteigen läßt und wie der Wind mit ihr davonläuft. Es geht über Berg und Tal, über Felsen und Geröll, nichts hemmt den Ritt. Dem Burschen ist beinahe, als wate er durch dicken Rauch. Zuletzt kommen sie an ein kleines Haus. Dort steigt sie ab und bindet den Burschen an einen in der Hauswand befindlichen Pflock. Darauf geht die Pfarrersfrau an die Tür des Hauses und klopft an. Es kommt nun ein Mann heraus und empfängt sie überaus freundlich und nimmt sie mit sich ins Haus. Sobald sie aber darin verschwunden sind, löst der Bursche den Zügel vom Pflock, befreit sich mit einiger Mühe von dem Gebiß und steckt es zu sich. Dann kriecht er auf das Dach des Hauses und späht durch einen Ritz im Dach, um zu sehen, was drinnen los sei. Da sieht er zwölf Frauen an einem Tisch sitzen und als den dreizehnten jenen Mann, der herausgekommen war. Er erkennt auch seine Hausmutter unter ihnen. Er nimmt wahr, daß diese Frauen dem Mann große Ehrfurcht erweisen und im Begriff sind, ihm allerlei von ihren Kniffen und Schlichen zu erzählen. Unter anderem berichtet da die Pfarrersfrau, sie sei auf einem lebendigen Menschen her geritten, was der Hausherr sehr erstaunlich findet, denn er sagt, das sei der schwierigste Hexenritt, einen lebendigen Menschen reiten zu können. Er meint, sie werde an Zauberkünsten alle anderen übertreffen, »denn ich weiß niemanden, der das bisher gekonnt hätte, außer mir selber.« Nun bitten alle anderen Frauen demütig, sie doch auch diese Kunst zu lehren. Da legt er auf den Tisch ein Buch mit Blättern von grauer Farbe, das mit feuriger Schrift geschrieben ist. Diese Schrift sandte helle Strahlen durch das Haus, welches von keinem anderen Licht erleuchtet wurde. Der Hausherr beginnt nun, die Frauen aus diesem Buch zu unterweisen und ihnen dessen Inhalt auszulegen. Der Bursche prägt sich alles, was jener vorträgt, genau ein. Endlich naht der Morgen, und da sagen die Frauen, es sei nun Zeit, sich auf den Weg zu machen. Nun wird mit dem Unterricht aufgehört, jede der Frauen aber zieht ein Glas aus der Tasche und reicht es dem Hausherrn. Der Bursche sieht, daß etwas Rotes darin ist, was der Hausherr trinkt, worauf er den Frauen die Gläser zurückgibt. Dann verabschieden sie sich sehr höflich von ihm und verlassen das Haus. Nun sieht der Bursche, daß von den Frauen eine jede ihr Zaumzeug und ihr Reitpferd hat. Die eine hat einen Pferdefuß, die andere eine Kinnlade, die dritte ein Schulterblatt ... Jede nimmt nun ihren Gaul und reitet fort. Von der Pfarrersfrau aber ist zu erzählen, daß sie ihr Reitpferd nirgends findet. Sie läuft wie besessen um das ganze Haus herum. Als sie es am wenigsten erwartet, springt der Bursche vom Dach herunter und legt ihr das Gebiß an. Dann sitzt er auf und macht sich auf den Heimweg. Er hatte in dieser Nacht soviel gelernt, daß er die Pfarrersfrau ganz richtig lenken konnte. Von ihrem Ritt ist weiter nichts zu erzählen, außer daß sie wieder im selben Pferdestall anlangten, von dem sie ausgeritten waren. Hier steigt der Bursche ab und bindet die Pfarrersfrau im Stall an. Dann geht er heim und erzählt als Neuigkeit, wo er gewesen und wo die Pfarrersfrau jetzt hingekommen ist und wie sich das alles zugetragen hat. Darüber verwundern sich nun alle Leute und nicht zuletzt selbst der Pfarrer. Dann wird die Pfarrersfrau herbeigeholt und verhört. Da gesteht sie schließlich ein, daß sie und elf andere Pfarrersfrauen einige Jahre lang die schwarze Schule besucht hätten, wo der Teufel selber sie in Zauberkünsten unterwiesen habe, und daß nur ein Jahr noch von ihrer Lehrzeit übrig gewesen sei. Als Lehrgeld habe er sich Blut von ihnen ausbedungen, und dies sei das Rote gewesen, was der Bursche in den Gläsern gesehen habe. Der Pfarrersfrau wurde darauf für ihre Missetat eine wohlverdiente Züchtigung erteilt.

Der begrabene Mond

Es ist lange her, in der Zeit meiner Großmutter, da bestand das Car-Land ganz aus Sümpfen, aus großen Tümpeln mit schwarzem Wasser und aus schleichenden Rinnsalen mit grünem Wasser und aus matschigen Schlammbuckeln, die aufspritzten, wenn man drauftrat.

Nun, Großmutter pflegte davon zu sprechen, wie lange vor ihrer Zeit Frau Mond selbst einmal tot war und in den Sümpfen begraben; und so, wie sie es mir erzählte, will ich euch alles darüber erzählen.

Zu jener Zeit schien Frau Mond und schien, gerade wie sie es heute tut, und wenn sie schien, erhellte sie die Moortümpel, so daß einer umhergehen konnte geradeso sicher wie am Tage.

Aber wenn Frau Mond nicht schien, dann kamen all die Wesen hervor, die in der Dunkelheit wohnen, und sie trieben sich umher, um zu suchen, wo sie Böses tun können und Leid zufügen. Sumpfgeister und kriechende Scheusale, alle kamen heraus, wenn Frau Mond nicht schien.

Nun, Frau Mond hörte davon, und da sie freundlich und gut ist – und gewiß ist sie das, wenn sie doch für uns in der Nacht scheint, anstatt ihre natürliche Rast zu halten –, war sie mächtig besorgt. »Ich will selbst nachsehen, »vielleicht ist es nicht so schlimm, wie es die Leute machen.«

Und wirklich, am Ende des Monats schritt sie herunter, eingehüllt in einen schwarzen Mantel und mit einer schwarzen Kapuze über ihrem gelben schimmernden Haar. Geradenwegs ging sie zum Rand des Sumpfes und sah sich um. Hier Wasser und da Wasser; wehende Büschel und zitternde Schlammbuckel und große schwarze Baumstümpfe, die sich wanden und krümmten. Vor ihr war alles dunkel – dunkel, bis auf das Glitzern der Sterne in den Tümpeln und das Licht, das von ihren eigenen weißen Füßen ausging, die unter dem schwarzen Mantel hervorstachen.

Frau Mond zog ihren Mantel fester zusammen und zitterte, aber sie wollte nicht zurückgehen, ohne alles gesehen zu haben, was da zu sehen war. So ging sie weiter; so leicht wie der Sommerwind schritt sie von Grasbüschel zu Grasbüschel, hindurch zwischen den gierig gurgelnden Wasserlöchern. Gerade als sie sich einem großen schwarzen Tümpel näherte, glitt ihr Fuß aus, und sie taumelte beinahe hinein. Mit beiden Händen griff sie nach einem Baumstumpf in der Nähe, um sich so festzuhalten, aber als sie ihn berührte, wand er sich wie ein Paar Handschellen um ihre Handgelenke, und er packte sie so, daß sie sich nicht bewegen konnte. Sie zog und wand sich und rang mit ihm, aber es half nichts. Sie war gefesselt, und sie mußte es bleiben.

Als sie so zitternd in der Dunkelheit stand und sich fragte, ob jemand zu Hilfe kommen werde, hörte sie plötzlich etwas in der Ferne rufen, rufen und rufen und dann mit einem Schluchzer verstummen, bis die Marschen erfüllt waren von diesem jammervollen Schreien.

Dann hörte sie, wie sich Schritte abmühten, sie ließen den Schlamm aufspritzen und glitten auf den Büscheln aus, und durch die Dunkelheit sah sie ein weißes Gesicht mit großen angstvollen Augen.

Es war ein Mann, der sich in den Sümpfen verlaufen hatte. Verwirrt von Furcht, kämpfte er sich vorwärts auf dieses flimmernde Licht zu, das nach Hilfe und Sicherheit aussah. Aber als die arme Frau Mond sah, daß er immer näher und näher zu dem tiefen Wasserloch kam und immer weiter weg vom Pfad, da wurde sie so böse und so zornig, daß sie sich abmühte und rang und zerrte, fester als je zuvor. Und obgleich sie nicht loskommen konnte, wand und drehte sie sich, bis ihre schwarze Kapuze herunterfiel von ihrem schimmernden gelben Haar, und das schöne Licht, das davon ausging, trieb die Dunkelheit hinweg.

Oh, und wie da der Mann vor Freude aufschrie, als er das Licht wieder sah. Und sofort flohen alle bösen Wesen zurück in die finsteren Winkel, denn sie können das Licht nicht ertragen. So konnte er sehen, wo er war und wo der Pfad war und wie er aus den Sümpfen herauskommen konnte. Und er war in solcher Eile, von dem Quickschlamm und von den Sumpfgeistern und den Wesen, die hier wohnen, wegzukommen, daß er kaum auf das tapfere Licht sah, das von dem schönen schimmernden gelben Haar ausging und sich ergoß über den schwarzen Mantel und niederfiel auf das Wasser zu seinen Füßen. Und Frau Mond selbst war so eifrig darauf aus, ihn zu retten, und so voller Freude, daß er wieder auf dem richtigen Pfad war; sie vergaß ganz, daß sie selbst doch Hilfe brauchte und daß sie festgehalten wurde von dem schwarzen Baumstumpf.

So war er weg; erschöpft und keuchend stolperte er dahin und schluchzte vor Freude, er floh um sein Leben aus den schrecklichen Sümpfen. Da überkam es Frau Mond, daß sie mächtig gern mit ihm gehen würde. Und so zerrte sie und rang wie wahnsinnig, bis sie erschöpft von der Mühe am Fuß des Stumpfes auf ihre Knie niederfiel. Und als sie da lag und um Atem rang, fiel ihr die schwarze Kapuze nach vorn über den Kopf. Da ging das gesegnete Licht aus, und die Dunkelheit kam zurück und mit ihr all ihre bösen Wesen, und sie kamen mit schrillem Geschrei. Sie drängten sich um sie her, höhnten und schnappten und schlugen. Sie kreischten vor Wut und Bosheit und fluchten und knurrten, denn sie kannten sie als ihren alten Feind, der sie in die Winkel zurücktrieb und davon abhielt, ihre üblen Werke zu tun.

»Fürchte dich!«, gellte es von den Hexenwichten, »wieder hast du uns in diesem Jahr unsere Hexereien verdorben!«

»Und uns hast du in den Winkeln brüten lassen!«, heulten die Sumpfgeister.

Und alle Wesen stimmten ein mit lautem »Ho ho!«, so daß selbst die Grasbüschel erzitterten und die Wasser gurgelten. Und von neuem fingen sie an.

»Wir wollen sie vergiften - sie vergiften!«, kreischten die Hexen. Und »Ho ho!« heulten die Wesen wieder.

»Wir wollen sie ersticken - sie ersticken!«, zischelten die kriechenden Scheusale und wanden sich um ihre Knie.

Und »Ho ho!« höhnten alle anderen.

Und wieder brüllten sie alle vor Haß und Bosheit. Und die arme Frau Mond duckte sich und wünschte, sie wäre tot und es wäre alles vorbei.

Und sie stritten und zankten sich darüber, was sie mit ihr tun sollten, bis ein fahles grünes Licht am Himmel aufstieg, und es nahte die Dämmerung. Und als sie das sahen, bekamen sie Angst, sie hätten nicht mehr genug Zeit, ihre böse Absicht auszuführen, und sie ergriffen sie mit gräßlichen knochigen Fingern und legten sie tief ins

Wasser am Fuß des Baumstumpfes. Und die Sumpfgeister holten einen sonderbaren großen Stein und wälzten ihn über sie, um sie am Aufstehen zu hindern. Und sie befahlen zwei Irrlichtern, sie sollten abwechselnd Wache halten auf dem schwarzen Stumpf und darauf achten, daß sie sicher und still liegenbleibe und nicht hervorkommen könne, um ihr Treiben zu stören.

Und da lag die arme Frau Mond tot und begraben im Sumpf, bis irgend jemand sie befreien würde; und wer wüßte schon, wo man nach ihr suchen müßte.

Nun, die Tage vergingen, und es kam die Zeit des Neumondes, und die Leute steckten Pfennige in ihre Taschen und Strohhalme auf die Mützen, damit sie dafür bereit seien, und sie schauten nach Frau Mond aus, denn sie war den Leuten in den Marschen ein guter Freund, und sie waren immer mächtig froh, wenn die dunkle Zeit vorüber war und die Pfade wieder sicher waren und wenn die bösen Wesen durch das gesegnete Licht zurückgetrieben wurden in die Dunkelheit und in die Wasserlöcher.

Aber es verging Tag um Tag, und kein Neumond kam. Und die Nächte blieben dunkel, und die bösen Wesen waren schlimmer denn je. Und es vergingen immer mehr Tage, und Frau Mond erschien nicht. Natürlich waren die armen Leute voll seltsamer Furcht und verwirrt, und viele von ihnen gingen zur Weisen Frau, die in der alten Mühle wohnte, und fragten, ob sie nicht herausbringen könnte, wohin Frau Mond verschwunden war.

»Nun«, sagte sie, nachdem sie in den Brautopf geschaut hatte und in den Spiegel und in das Buch, »es ist ganz verrückt, aber was ihr zugestoßen ist, kann ich nicht richtig sagen. Wenn ihr irgend etwas erfahrt, kommt und sagt es mir.«

So gingen sie wieder ihrer Wege. Und als die Tage verstrichen und kein Mond erscheinen wollte, da sprachen sie natürlich darüber – na, auf mein Wort –, ich will meinen, daß sie da drüber sprachen! Ihre Zungen regten sich zu Haus und im Wirtshaus und auf dem Hof. Und eines Tages, als sie im Wirtshaus auf der langen Bank saßen, da geschah es, daß ein Mann vom andern Ende des Marschlandes dasaß, rauchte und zuhörte. Und ganz plötzlich richtete der sich auf und schlug sich aufs Knie. »Meiner Treu!«, sagt er, »das hätte ich einfach vergessen, aber ich schätze, ich weiß, wo Frau Mond ist!« Und er erzählte ihnen davon, wie er sich in den Sümpfen verirrt hatte und wie ein Licht aufgeschienen war, als er schon beinahe tot war vor Angst, und wie er den Pfad gefunden hatte und sicher nach Hause gekommen war.

Da gingen sie alle fort zu der Weisen Frau und erzählten ihr davon, und sie schaute lange in den Topf und wieder in das Buch, und dann nickte sie mit dem Kopf.

»Es ist immer noch düster, Kinder, es ist düster!«, sagt sie. »Und ich kann's nicht richtig sehen, aber tut, wie ich euch sage, und ihr werdet es selbst herausfinden. Geht alle, gerade ehe die Nacht anbricht, nehmt einen Stein in den Mund und eine Haselrute in die Hand und sprecht kein Wort, bis ihr wieder sicher zu Hause seid. Dann geht los und fürchtet euch nicht, geht weit bis in die Mitte des Sumpflandes, bis ihr einen Sarg findet, eine Kerze und ein Kreuz. Dann seid ihr nicht weit von euerm Mond. Seht zu, vielleicht findet ihr sie.«

So kam die nächste Nacht in der dunklen Zeit, und sie gingen alle zusammen hinaus, jeder mit einem Stein im Mund und einer Haselrute in der Hand; und wie man sich denken kann, war ihnen sehr bang und gruselig zumute. Und sie stolperten und tappten die Pfade entlang bis in die Mitte des Sumpflandes; sie sahen nichts, obwohl sie hörten, wie es um sie seufzte und unruhig hin- und herglitt, und fühlten, wie kalte feuchte Finger sie berührten. Aber dann auf einmal ... Sie schauten immer aus nach dem Sarg, der Kerze und dem Kreuz, und dabei kamen sie immer näher an den Tümpel neben dem großen Baumstumpf, wo Frau Mond begraben lag. Und dann auf einmal hielten sie an, sie bebten und waren verstört und voll Grauen, denn da war ein großer Stein, halb im Wasser drin, halb draußen, und – um alles in der Welt – er sah aus wie ein seltsamer hoher Sarg! Und zu seinen Häuptern war der schwarze Stumpf, der breitete seine Arme aus wie ein finsteres, grausiges Kreuz, und darauf flackerte ein dünnes Licht wie eine verlöschende Kerze. Und sie knieten alle nieder in den Schlamm und sagten das Vaterunser, zuerst vorwärts wegen des Kreuzes und dann rückwärts, um die Geister abzuhalten. Aber sie sagten es, ohne es auszusprechen, denn sie wußten, die bösen Wesen würden sie fassen, wenn sie nicht das machten, was ihnen die Weise Frau gesagt hatte.

Dann kamen sie näher und packten den großen Stein und schoben ihn weg, und wie sie dann später erzählten, sahen sie da einen winzigen Augenblick lang ein seltsames und schönes Gesicht, das schaute sie aus dem schwarzen Wasser heraus so in einer Art Freude an. Aber das Licht kam so rasch und so weiß und strahlend, daß sie verwirrt davon zurücktraten, und im nächsten Augenblick, als sie wieder richtig sehen konnten, stand der volle Mond am Himmel, strahlend und schön freundlich wie immer, und er schien lächelnd herunter auf sie und machte die Sümpfe und Pfade taghell und drang selbst in die Winkel, als ob er die Dunkelheit und die Sumpfgeister, wenn er könnte, ganz und gar vertreiben wollte.

Janneken im Mond

Janneken mußte einmal für seine Mutter Holz auflesen gehen. Er mußte es in den freien Wäldern sammeln gehen, wo jeder hinkommen durfte, aber Janneken fand das viel zu weit! Was machte er dann? Er zog in die verbotenen Wälder, was im Grunde schon verpönt war, brach dazu noch junge Zweige von den Sträuchern und Bäumen ab, machte sich ein großes Bündel daraus und beeilte sich damit nach Hause.

Unterwegs begegnete er einem alten Mann, der sagte: »Bleib mal stehen, Kerlchen, ich sehe, daß du da etwas getan hast, was strengstens untersagt ist. Du hast nicht nur in den verbotenen Wäldern gesammelt, sondern hast dazu noch grünes Holz abgezogen.«

»Ich bin nicht in den verbotenen Wäldern gewesen und habe noch viel weniger grünes Holz abgerissen«, antwortete Janneken frech und schnippisch.

»Jetzt lügst du auch noch!«

»Ich darf zum Mond fliegen, wenn ich lüge.«

»Flieg dann doch sofort hin«, sprach der Mann, der kein anderer war als der liebe Herrgott selbst, »und bleib dort für immer stehen, damit Gott und jedermann dich sieht.«

Und Janneken flog zum Mond mit dem Reisigbündel auf seinem Rücken, und er steht noch immer da, bis auf den heutigen Tag. Guck selber mal. Siehst du ihn? Nanu, er wird dort stehenbleiben, bis ans Ende der Welt.

Der Bär in der Mühle

In einer Mühle bei Seewitsch trieb der Wassermann sein Wesen. Meist kam er nachts in einem Kittel, der zur Hälfte trocken, zur Hälfte aber naß war, und legte sich zu den Dienstmädchen, die ihn in diesem Gewande leicht erkannten und deshalb fürchteten. Die Dienstmägde verließen immer sehr bald wieder die Mühle. In anderen Nächten stieg der Wassermann wieder in die Mühlstube hinab und trieb das Werk so hurtig, daß der Müller erschrocken nachsehen ging. Ein drittes Mal erschien er als stiller Gast und briet sich Fische auf dem Herde.

Eines Tages kam ein Bärenführer in die Mühle und bat um Nachtquartier für sich und den Bären. Aber der Müller sagte: »Guter Mann, ich kann dir die Bitte nicht erfüllen; in der Mühle geht der Wassergeist um, ich selbst kann es kaum aushalten, geschweige denn ein Fremder.« Der Bärenführer aber sagte, er fürchte sich nicht, auch möge der Wassergeist nur kommen, sein Bär werde ihn schon vertreiben.

Nachdem die Bedenken des Müllers behoben waren, räumte er dem Fremden eine Kammer ein. Dieser lauschte die Nacht über, um das Kommen des Wassermanns sogleich zu bemerken. Allein es war nichts zu sehen und zu hören. Am andern Morgen dann erschien der Wassermann mit den Fischen, die er auf dem Herde des Müllers briet. Als er sie verzehren wollte, schickte der Fremde seinen Bären zu ihm, damit er mitesse. Der Bär ließ sich nicht zweimal bitten, an dem Mahle des Wassermanns teilzunehmen. Er langte mit seinen gewaltigen Tatzen nach den Fischen und nahm von ihnen ganz nach Gefallen. Da ergrimmte der Wassermann und suchte den Bären zu verjagen. Allein dieser setzte sich zur Wehr, und bei der Balgerei, die nun entstand, zog der Wassermann den kürzeren. Jämmerlich zerkratzt, lief er davon. Niemand war darüber froher als der Müller, denn er hoffte nun den Quälgeist loszuwerden. In der Tat kam dieser einige Zeit nicht. Der Bärenführer erklärte inzwischen, er müsse zwar weiterziehen, er hoffe aber, daß der Wassermann nicht mehr wiederkommen werde. Übrigens möge er nur zu ihm sagen, der Bär sei noch da und habe sieben Junge. In einiger Zeit werde er (der Bärenführer) wiederkehren, und sollte sich bis dahin der Wassermann noch einmal zeigen, so wolle er ihn dann gründlich vertreiben.

Einige Tage, nachdem der Bärenführer fortgezogen war, ging der Müller zum Wehr. Da sah er dort den Wassergeist sitzen, der ihm sogleich zurief: »Müller, hast du noch die große Katze, die mich so zerkratzt hat?«

»Ja«, antwortete dieser, »sie hat sieben Junge gekriegt.«

»So? Dann lebe wohl, ich komme nicht mehr zu dir.« Der Wassermann verschwand bei diesen Worten und ließ sich nicht mehr sehen, worüber der Müller sehr froh war.

Siegfried und Genofeva

Zu den Zeiten Hildolfs, Erzbischofs von Trier, lebte daselbst Pfalzgraf Siegfried mit Genofeva, seiner Gemahlin, einer Herzogstochter aus Brabant, schön und fromm. Nun begab es sich, daß ein Zug wider die Heiden geschehen sollte und Siegfried in den Krieg ziehen mußte; da befahl er Genofeven, im Meifelder Gau auf seiner Burg Simmern still und eingezogen zu wohnen; auch übertrug er einem seiner Dienstmänner, namens Golo, auf den er zumal vertraute, daß er seine Gemahlin in besonderer Aufsicht hielte. Die letzte Nacht vor seiner Abreise hatte aber Genofeva einen Sohn von ihrem Gemahl empfangen. Als nun Siegfried abwesend war, dauerte es nicht lange, und Golo entbrann von sündlicher Liebe zu der schönen Genofeva, die er endlich nicht mehr zurückhielt, sondern der Pfalzgräfin erklärte. Sie aber wies ihn mit Abscheu zurück. Darauf schmiedete Golo falsche Briefe, als wenn Siegfried mit allen seinen Leuten im Meer ertrunken wäre, und las sie der Gräfin vor; jetzt gehöre ihm das ganze Reich zu, und sie dürfe ihn ohne Sünde lieben. Als er sie aber küssen wollte, schlug sie ihm hart mit der Faust ins Gesicht, und er merkte wohl, daß er nichts ausrichten konnte; da verwandelte er seinen Sinn, nahm der edlen Frau all ihre Diener und Mägde weg, daß sie in ihrer Schwangerschaft die größte Not litt. Und als ihre Zeit heranrückte, gebar Genofeva einen schönen Sohn, und niemand außer einer alten Waschfrau stand ihr bei oder tröstete sie; endlich aber hörte sie, daß der Pfalzgraf lebe und bald zurückkehre; und sie fragte den Boten, wo Siegfried jetzo sei. »Zu Straßburg«, antwortete der Bote und ging darauf zu Golo, dem er dieselbe Nachricht brachte. Golo erschrak heftig und hielt sich für verloren. Da redete eine alte Hexe mit ihm, was er sich Sorgen um diese Sache mache? Die Pfalzgräfin habe zu einer Zeit geboren, daß niemand wissen könne, ob nicht der Koch oder ein andrer des Kindes Vater sei; »sag nur dem Pfalzgrafen, daß sie mit dem Koch gebuhlt habe, so wird er sie töten lassen, und du ruhig sein.« Golo sagte: »Der Ratschlag ist gut«, ging daher eilends seinem Herrn entgegen und erzählte ihm die ganze Lüge. Siegfried erschrak und seufzte aus tiefem Leid. Da sprach Golo: »Herr, es ziemt dir nicht länger, diese zum Weibe zu haben.« Der Pfalzgraf sagte: »Was soll ich tun?«

»Ich will«, versetzte der Treulose, »sie mit ihrem Kind an den See führen und im Wasser ersäufen.« Als nun Siegfried eingewilligt hatte, ergriff Golo Genofeven und das Kind und übergab sie den Knechten, daß sie sie töten sollten. Die Knechte führten sie in den Wald, da hub einer unter ihnen an: »Was haben diese Unschuldigen getan?« Und es entstand ein Wortwechsel, keiner aber wußte Böses von der Pfalzgräfin zu sagen und keinen Grund, warum sie sie töten sollten. »Es ist besser«, sprachen sie, »daß wir sie hier von den wilden Tieren zerreißen lassen, als unsre Hände mit ihrem Blut zu beflecken.« Also ließen sie Genofeven allein in dem wilden Wald und gingen fort. Da sie aber ein Wahrzeichen haben mußten, das sie Golo mitbrächten, so riet einer, dem mitlaufenden Hunde die Zunge auszuschneiden. Und als sie vor Golo kamen, sagte er: »Wo habt ihr sie gelassen?«

»Sie sind ermordet«, antworteten sie und wiesen ihm Genofevens Zunge. Genofeva aber weinte und betete in der öden Wildnis; ihr Kind war noch nicht dreißig Tage alt, und sie hatte keine Milch mehr in ihren Brüsten, womit sie es ernähren könnte. Wie sie nun die Heilige Jungfrau um Beistand flehte, sprang plötzlich eine Hindin durchs Gesträuch und setzte sich neben das Kind nieder; Genofeva legte die Zitzen der Hindin in des Knäbleins Mund, und es sog daraus. An diesem Orte blieb sie sechs Jahre und drei Monate; sie selbst aber nährte sich von Wurzeln und Kräutern, die sie im Walde fand; sie wohnten unter einer Schichte von Holzstämmen, welche die arme Frau, so gut sie konnte, mit Dörnern gebunden hatte.

Nach Verlauf dieser Zeit trug sich's zu, daß der Pfalzgraf gerade in diesem Wald eine große Jagd anstellte; und da die Jäger die Hunde hetzten, zeigte sich ihren Augen dieselbe Hirschkuh, die den Knaben mit ihrer Milch nährte. Die Jäger verfolgten sie; und weil sie zuletzt keinen andern Ausweg hatte, floh sie zu dem Lager, wohin sie täglich zu laufen pflegte, und warf sich wie gewöhnlich zu des Knaben Füßen. Die Hunde drangen nach, des Kindes Mutter nahm einen Stock und wehrte die Hunde ab. In diesem Augenblick kam der Pfalzgraf hinzu, sah das Wunder und befahl, die Hunde zurückzurufen. Darauf fragte er die Frau, ob sie eine Christin wäre. Sie antwortete: »Ich bin eine Christin, aber ganz entblößt; leih mir deinen Mantel, daß ich meine Scham bedecke.« Siegfried warf ihr den Mantel zu, und sie bedeckte sich damit. »Weib«, sagte er, »warum schafftest du dir nicht Speise und Kleider?« Sie sprach: »Brot habe ich nicht, ich aß die Kräuter, die ich im Walde fand; mein Kleid ist vor Alter zerschlissen und auseinandergefallen.«

»Wieviel Jahre sind's, seit du hierhergekommen?«

»Sechs und drei Monden wohne ich hier.«

»Wem gehört der Knabe?«

»Es ist mein Sohn.«
»Wer ist des Kindes Vater?«
»Gott weiß es.«
»Wie kamst du hierher und wie heißest du?«
»Mein Name ist Genofeva.«

Als der Pfalzgraf den Namen hörte, gedachte er seiner Gemahlin; und einer der Kämmerer trat hinzu und rief: »Bei Gott, das scheint mir unsre Frau zu sein, die schon lange gestorben ist, und sie hatte ein Mal im Gesicht.« Da sahen sie alle, daß sie noch dasselbe Mal an sich trug. »Hat sie auch noch den Trauring?«, sagte Siegfried. Da gingen zwei hinzu und fanden, daß sie noch den Ring trage. Alsobald umfing sie der Pfalzgraf und küßte sie und nahm weinend den Knaben und sprach: »Das ist mein Gemahl, und das ist mein Kind.« Die gute Frau erzählte nun allen, die da standen, von Wort zu Wort, was ihr begegnet war, und alle vergossen Freudentränen; indem kam auch der treulose Golo dazu, da wollten sie alle auf ihn stürzen und ihn töten. Der Pfalzgraf rief aber: »Haltet ihn, bis wir aussinnen, welches Todes er würdig ist.«

Dies geschah; und nachher verordnete Siegfried, vier Ochsen zu nehmen, die noch vor keinem Pfluge gezogen hätten, und jeden Ochsen dem Missetäter an die vier Teile des Leibes zu spannen, zwei an die Füße, zwei an die Hände, und dann die Ochsen gehn zu lassen. Und als sie auf diese Weise festgebunden waren, ging jeder Ochse mit seinem Teile durch, und Golos Leib wurde in vier Stücke gerissen.

Der Pfalzgraf wollte nunmehr seine geliebte Gemahlin nebst dem Söhnlein heimführen. Sie aber schlug es aus und sprach: »An diesem Ort hat die Heilige Jungfrau mich vor den wilden Tieren bewahrt und durch ein Wild mein Kind erhalten; von diesem Orte will ich nicht weichen, bis er ihr zu Ehren geweiht ist.« Sogleich besandte der Pfalzgraf den Bischof Hildolf, welchem er alles berichtete; der Bischof war erfreut und weihte den Ort. Nach der Weihung führte Siegfried seine Gemahlin und seinen Sohn herzu und stellte ein feierliches Mahl an; sie bat, daß er hier eine Kirche bauen ließe, welches er zusagte. Die Pfalzgräfin konnte fürder keine Speisen mehr vertragen, sondern ließ sich im Walde die Kräuter sammeln, an welche sie gewohnt worden war. Allein sie lebte nur noch wenige Tage und wanderte selig zum Herrn; Siegfried ließ ihre Gebeine in der Waldkirche, die er zu bauen gelobt hatte, bestatten; diese Kapelle hieß Frauenkirche (unweit Meyen), und manche Wunder geschahen daselbst.

Der Dom zu Köln

Als der Bau des Doms zu Köln begann, wollte man gerade auch eine Wasserleitung ausführen. Da vermaß sich der Baumeister und sprach: »Eher soll das große Münster vollendet sein als der geringe Wasserbau!« Das sprach er, weil er allein wußte, wo zu diesem die Quelle sprang und er das Geheimnis niemanden als seiner Frau entdeckt, ihr aber zugleich bei Leib und Leben geboten hatte, es wohl zu bewahren. Der Bau des Doms fing an und hatte guten Fortgang, aber die Wasserleitung konnte nicht angefangen werden, weil der Meister vergeblich die Quelle suchte. Als dessen Frau nun sah, wie er sich darüber grämte, versprach sie ihm Hilfe, ging zu der Frau des andern Baumeisters und lockte ihr durch List endlich das Geheimnis heraus, wonach die Quelle gerade unter dem Turm des Münsters sprang; ja, jene bezeichnete selbst den Stein, der sie zudeckte. Nun war ihrem Manne geholfen; folgenden Tags ging er zu dem Stein, klopfte darauf, und sogleich drang das Wasser hervor.

Als der Baumeister sein Geheimnis verraten sah und mit seinem stolzen Versprechen zuschanden werden mußte, weil die Wasserleitung ohne Zweifel nun in kurzer Zeit zustande kam, verfluchte er zornig den Bau, daß er nimmermehr sollte vollendet werden, und starb darauf vor Traurigkeit. Hat man fortbauen wollen, so war, was an einem Tag zusammengebracht und aufgemauert stand, am andern Morgen eingefallen, und wenn es noch so gut eingefügt war und aufs festeste haftete, also daß von nun an kein einziger Stein mehr hinzugekommen ist.

Andere erzählen abweichend. Der Teufel war neidig auf das stolze und heilige Werk, das Herr Gerhard, der Baumeister, erfunden und begonnen hatte. Um doch nicht ganz leer dabei auszugehen oder gar die Vollendung des Doms noch zu verhindern, ging er mit Herrn Gerhard die Wette ein: er wolle eher einen Bach von Trier nach Köln, bis an den Dom, geleitet als Herr Gerhard seinen Bau vollendet haben, doch müsse ihm, wenn er gewänne, des Meisters Seele zugehören. Herr Gerhard war nicht säumig, aber der Teufel kann teufelsschnell arbeiten. Eines Tags stieg der Meister auf den Turm, der schon so hoch war, als er noch heutzutag ist, und das erste, was er von oben herab gewahrte, waren Enten, die schnatternd von dem Bach, den der Teufel herbeigeleitet hatte, aufflogen. Da sprach der Meister in grimmem Zorn: »Zwar hast du, Teufel, mich gewonnen, doch sollst du mich nicht lebendig haben!« So sprach er und stürzte sich Hals über Kopf den Turm herunter, in Gestalt eines Hundes sprang schnell der Teufel hintennach, wie beides in Stein gehauen noch wirklich am Turme zu schauen ist. Auch soll, wenn man sich mit dem Ohr auf die Erde legt, noch heute der Bach zu hören sein, wie er unter dem Dome wegfließt.

Endlich hat man eine dritte Sage, welche den Teufel mit des Meisters Frau Buhlschaft treiben läßt, wodurch er vermutlich, wie in der ersten, hinter das Baugeheimnis ihres Mannes kam.

Die goldene Schäferei

Es war einmal eine schöne Jungfrau, Ilsa geheißen, eines rauhen Ritters einzige Tochter, die liebte den Wald mit seinem Vogelsang, seinen Blumendüften und Quellenrieseln und lustwandelte nur zu gerne mit ihrer alten Amme, der einzigen Pflegerin ihrer Jugend, da Ilsas Mutter früh gestorben war, oder auch allein, denn es drohte ihr keine Gefahr, und sie fürchtete keine, weil sie nicht wußte, was Gefahr ist. Eines Tages erging sich Ilsa nun auch ganz allein im grünen Haine, der um ihres Vaters Burg sich zog und in welchem uralte Bäume, malerische Felsen geschmückt mit hohen Farnkrautstengeln und seltenen Pflanzen und Blumen gar anmutig wechselten; da gelangte die jugendliche Maid an eine Felsengrotte, welche ihr neu war, indem sie sich nicht erinnern konnte, dieselbe schon früher einmal gesehen zu haben oder ihr nahe gekommen zu sein.

Aus dem Innern dieser Grotte klang ein melodisches Summen, wie von Windharfen, und dieses lockte Ilsa, immer weiter nach hinten in den trockenen Höhlengang hinein zu schreiten, der freilich immer enger und enger wurde und folglich auch immer dunkler. Doch just da, wo der Grottengang am engsten und düstersten war, zeigte sich durch eine Spalte hindurch eine sanfte Helle und manches funkelnde Licht, und Ilsa widerstand nicht dem Drange, diesem Schimmer nachzugehen. Sie zwängte sich durch die Felsenspalte hindurch und sah sich mit Staunen plötzlich in einer ganz andern Welt. Die Töne schwollen und rauschten mächtiger an ihr Ohr, der Schimmer wurde klarer, Blumenglanz leuchtete auf, aber alle Blumen waren von funkelnden Edelsteinen, und von andern grünen Steinen in mannigfaltiger Schattierung waren die Blätter. Kleine, höchstens zwei Fuß hohe Wesen wimmelten auf einer Wiese, ein zahlloses Völklein, und bald sah sich Ilsa von einer Schar derselben umringt und willkommen geheißen, denn zutraulich, vielleicht zudringlich sogar naheten ihr die kleinen Geschöpfe.

»Wer seid ihr?«, fragte Ilsa voller Verwunderung. »Nie sah ich, nie hörte ich von euch!«

»Wir sind das Bergvolk, die Heimchen!«, antwortete eines der niedlichen Wesen mit feinem schrillenden Stimmchen, das in der Tat dem Laute einer Grille glich. »Daß du uns nicht kennst, laß dich nicht wundern. Nicht jeden Tag sind unsere Grotten aufgetan, nicht einmal zu jeder Stunde des Tages, an welchem ein Menschenauge sie zu erblicken vermag.«

»Nie hörte ich von einem Bergvolke, nie von Heimchen«, sprach Ilsa, die wie von einem Traume befangen stand.

»Lerne uns kennen, und du wirst uns lieben!«, versetzte der Sprecher dieser Unterirdischen. »Und liebst du uns, so wirst du eine der unsern werden, vielleicht unsere Königin!«

»Königin!«, wie dies Wort durch Ilsas junges Mädchenherz zuckte. Von Königinnen hatte Ilsa wohl gehört auf der Burg ihres Vaters, daß sie sehr reich und meist auch sehr schön seien, daß ihnen alles diene und gehorche, ja davon hatte ihr die Amme viel erzählt. Warum hätte Ilsa nicht auch eine Königin werden sollen oder können?

Daher ließ sie sich willig leiten von ihren niedlichen neckischen neuen Bekannten und durchwandelte mit ihnen das unterirdische Reich, das mit allem Zauber sie umgab, mit aller Prachtfülle sie blendete, durch melodische Töne ihre Seele mit Entzücken füllte. Dazu das leise Gemurmel rollender Bäche, das ferne Rauschen von

Wasserfällen, deren Flut nach dem Lichte der Oberwelt hindrängte, die milde Dämmerung, heller als Mondlicht und doch nicht so hell wie Sonnenlicht, alles befing Ilsas Sinne, die ja noch halb ein Kind war, und die Freundlichkeit der Heimchen, mit denen sich so allerliebst spielen ließ, wie Ilsa glaubte, alles erregte ihr den Wunsch, immerdar in diesem unterirdischen Reiche zu bleiben, denn nach oben zog sie keine Liebe. Ihr Vater war ein rauher und finsterer Ritter, der sich niemals sonderlich um sie bekümmert hatte, und ihre Amme war alt und konnte sterben, dann hätte Ilsa ihre Tage ganz allein und freudenlos auf der einsamen, von den Menschen gemiedenen Burg ihres Vaters vertrauern müssen. Und zu diesen Gedanken gesellte sich noch der Heimchen verlockendes Wispern und Flüstern: »Bleibe bei uns, so alterst du nimmer! Immerdar blühst du im Jugendschimmer. Jeder Tag wird dir zum neuen Feste! Was du dir wünschest – dein wird das Beste!«

So bestrickt und hingerissen, erblickte Ilsa jetzt eine Herde Schafe, die freilich nicht größer wie Lämmer waren, aber jedes derselben trug ein goldenes Vlies, und auch der kleine muntere Hund, der diese Herde umsprang, hatte Goldhaar. Einen Schäfer erblickte Ilsa nicht, wohl aber lag ein goldener Schäferstab am Boden.

Und da regte sich in Ilsa der Wunsch, diese Herde zu hüten, und sie dachte, da kannst du ja die Heimchen sogleich auf eine Probe stellen, und sprach: »Wenn ich nun bei euch bliebe, ihr guten Heimchen, und wünschte, daß diese goldene Herde mein sei und ich selbst sie hüten dürfte – würdet ihr das mir wohl gewähren und erfüllen?«

Da scholl es: »Ja, ja!« von vielen hundert zarten Stimmchen, und nur das bedingten die Heimchen, daß Ilsa mit keinem Schritte wieder die Oberwelt betrete und der goldenen Schäferei mit Sorgfalt vorstehe, auf daß keines der unschätzbaren Schäflein verlorengehe. Dann übergaben sie ihr den goldenen Hirtenstab, schmückten ihn mit silbernen Bändern und hießen sie mit lautem Jubel als nunmehr die Ihrige willkommen.

Ilsa nahm nun in dem Reiche ihrer unterirdischen Unschuld[s]welt nichts mehr wahr von den vorübergleitenden Tagen, Monden und Jahren auf der Oberwelt, von der Jahreszeiten Wechsel und der Geschicke mächtiger Wandlung, welche die Herzen der Menschen bewegen. Droben war sie vermißt, verloren geglaubt, betrauert und dann vergessen worden. Ihre Amme war gestorben, ihr Vater war in einer Fehde gefallen, seine Feinde hatten seine Burg verheert und zerstört; diese letztere starrte nur noch als eine einsame Trümmer empor auf dem Bergesscheitel, den der Hain umgrünte, aber längst nicht mehr der alte Hain; dessen Bäume waren alle abgeschlagen worden, und jetzt grünte ein neuer Wald und doch auch schon mit ziemlich starken Stämmen. Ilsa hütete immer noch ihre goldene Herde, spielte mit den kindlichen Heimchen, lernte von ihnen viel Heimliches aus der Natur und dem unterirdischen Reiche, und die Erinnerung an eine andere Welt, in der sie früher gelebt, war ihr wie ein Traum. Dennoch entschlief nicht diese Erinnerung, vielmehr begann sie mächtiger zu erwachen – zur Sehnsucht zu werden. Ilsa hatte allmählich wahrgenommen, daß dieses und jenes Heimchen auf der Oberwelt sich zu tun gemacht, während man ihr den Verkehr mit jener streng untersagt hatte. Und allmählich gelangte sie dahin, Betrachtungen anzustellen, die ihr das bisher genossene harmlose Glück zerstörten. »Was nützt mich meine Herde?«, dachte Ilsa. »Ich hüte sie, aber sie ist doch nicht mein; ich kann nichts mit ihr beginnen. Eine Königin des Heimchenvolkes sollte ich werden, so wurde mir vorgespiegelt, und das schroffe Gegenteil einer solchen bin ich geworden, eine arme Hirtin. Alles drängt nach oben, zum schönen herrlichen Sonnenlicht! Die Wurzeln sammeln nur Kraft im Erdenschoße, um diese hinaufzudrängen und zu treiben bis in der Bäume höchste Wipfelkronen. Die Quellen, die unterirdischen Wasser, nach außen hin drängen sie alle, brechen sie sich Bahn mit Ungestüm. Wo ist der blaue Himmel hin, den einst ich sah? Wo ist das Fächeln der Frühlingsluft? Wo ist der Kirchenglocken feierlicher Klang? Die Heimchen haben keinen Gott, keine Kirche und keinen Himmel. Ich aber will den Himmel wieder sehen – ich will, ich will!«

Und nun offenbarte Ilsa den Heimchen ihre Wünsche. Diese ließen ihre Köpfchen traurig hängen, sie ahneten alles, was und wie es kommen werde. »Du versprachest uns, immer bei uns bleiben zu wollen!«, wandten die Heimchen ein.

»Ihr verspracht mir Erfüllung aller meiner Wünsche«, entgegnete Ilsa.

»Wir machten aber zur ersten Bedingung, daß du nicht zur Oberwelt zurückkehrest«, erinnerten die Heimchen.

»Ich will auch nicht auf sie zurückkehren!«, sprach Ilsa: »Ich will sie nur wiedersehen, sie und den blauen Himmel und ihre wundersamen Frühlingsdüfte atmen.«

»Dann bist du keine der unsern mehr«, warfen die Heimchen ein. »Berührt dich nur der Lufthauch der Oberwelt, so verfällst du auch dem Lose der sterblichen Menschen, welche dahinfahren wie der Wind; du verblühst, wirst alt und stirbst. Nur in unserem Reiche blüht ewige Jugend.«

Ilsa schwieg. Aber sie trauerte. Ihre Sehnsucht wurde immer stärker. Sie achtete ihrer goldenen Schäferei nicht mehr, nichts war mehr, was sie erfreute, sie sprach mit keinem Heimchen mehr, und die Heimchen klagten: »Sie ist für uns verloren so oder so, laßt uns daher ihre Wünsche erfüllen.«

Ilsa trat in die hochgelegene Grotte, durch welche sie eingegangen war in das Reich der Unterirdischen, an das sonnige Licht des schönen Erdentages. Ach, wie mächtig war dessen Strahl! Weithin flogen entzückt ihre Blicke über einen Teil des Gaues, in dem sich ihre väterliche Burg erhob. Doch ward es ihr bald seltsam zu Sinne. Der Sonnenstrahl zitterte goldgrün durch die Baumwipfel, der Himmel lachte saphirblau durch sie herab; die alten Felsen waren noch die alten, aber die Bäume waren die alten nicht mehr. Der gebahnte Weg, der Ilsa einst nach der Grotte geführt, war nicht mehr; auf dem Waldboden des Haines war alles eine Rasendecke voll hohen Grases.

Ilsa blickte zur Höhe, auf der sie das stattlich erbaute Vaterhaus mit Zinnen, Türmchen und Erkern stehen wußte, empor und erschrak, denn da war nichts, gar nichts mehr zu erblicken als ein Rest der Umfassungsmauer, überragt von einer hohen grauen Warte, um deren zerbröckelte Zinnen Mauerfalken schwebten und kreischten.

»Was ist das?«, fragte sich Ilsa. »Dünkt mein Verweilen drunten mich doch nur eine ganz kurze Zeit, und so viele Zeit ist darüber vergangen! Wie alt bin ich wohl dann?«

Ilsa blickte weiter; sie sah neu entstandene Ortschaften, neue Burgen in der Ferne, und andere, deren Lage sie sich genau erinnerte, waren nicht mehr.

Ilsa wagte nicht, ihren Fuß weiter zu setzen. Sie blieb in der Grotte, denn das hatte sie dem Volke der Heimchen gelobt, als ihr endlich mit Widerstreben erlaubt wurde, die Oberwelt wiederzusehen, und weilte manchen Tag ernst und sinnend in derselben. Auch die kleine goldene Herde herauszuführen und sie auf der Matte vor der Grotte weiden zu lassen, wurde ihr gestattet, doch nur zu gewissen Tagen und Stunden, am ersten Tage des Maimondes, am Himmelfahrt[s]tage, am Pfingstsonntage, am goldenen Sonntage und am Johannistage, zur Mittagszeit, wann am höchsten die Sonne stand, oder in den Mitternacht[s]stunden der Vorabende dieser geweihten

Festtage. An diesen Tagen wandelte gern ein Teil der Bewohner jener Gegend auf die Berghöhen, wie es Sitte war schon aus alten heidnischen Zeiten her, und suchte Heilkräuter und grub zauberkräftige Wurzeln. Da geschahe es bisweilen, daß Ilsa von den Menschen erblickt wurde, sie, die den Menschen fremd geworden war, eine bleiche, ruhige und ernste Erscheinung, im schneeweißen, nimmer alternden Kleide, und manche sahen auch ihre goldene Herde, vermochten aber nie, wie gern sie es getan, ein Stück derselben zu erhaschen, denn der Hund hütete die Schafe mit den goldenen Vliesen gar wachsam, und so wie er den leisesten Laut gab, hob Ilsa ihren goldenen Hirtenstab, worauf augenblicklich Hund und Herde unsichtbar wurden.

Wenn gute und reine Menschen Ilsa erblickten und ihr furchtlos nahe traten, gab sie ihnen wohl auch auf Fragen, die an sie gerichtet wurden, Antwort, doch nur auf ernste und die Ernstes bezweckten, bisweilen auch doppelsinnig lauteten oder warnend und abmahnend oder prophetisch; da erinnerte sich das Volk, daß vor grauen Zeiten schon in altheiligen Götterhainen weissagende Priesterinnen gewohnt, und nannte Ilsa nach jener Gesamtnamen eine Allrune. Solche Allrunen waren alle die weißen Jungfrauen, welche nach alten Sagen um verfallene Schlösser und in den Hainen der Burgberge wandeln und auf ihre Erlösung hoffen. Auch Ilsa hoffte auf ihre Erlösung aus dem Bann und Zauber der unterirdischen Welt und der unheimlichen Heimchen, in den sie selbst sich gegeben, sie wußte aber nicht, daß ihre Erlösung aus dem Heimchenbanne an schier Undenkbares geknüpft war.

Einst, als Ilsa wieder im Dämmerlicht ihrer Felsengrotte saß und ihre Herde vor derselben weiden ließ, trat ein irdisches Weib auf die Matte, das war eine Bilbze oder böse Hexe, ein Weib, welches durch heimliche Zaubermittel Schaden tat an Menschen und Vieh. Die rief Ilsa an und sprach: »Was weilest du ewig einsam in deiner Höhle hier oben, hohe Allrune? Geselle dich doch wieder dem Geschlechte der Menschen zu! Fühle menschlich und teile mit ihnen Lust und Leid! Liebe und werde geliebt!«

Trauervoll antwortete Ilsa: »Mich bindet mein Wort, sonst zög ich gerne durch den Gau mit meiner Herde!«

»Du darfst nur wollen! Die Macht ist dein!«, rief die Bilbze. »Schlage mit deinem Hirtenstabe gegen den Höhlenspalt in der Tiefe deiner Grotte nur ein Kreuz, so schließt er sich alsbald für immer zu. Keines der Heimchen kann dir folgen, und du bist völlig frei.«

Noch zögerte Ilsa, ihres Wortes eingedenk, den Zauber zu üben, als ein Jüngling von großer Schönheit sich zeigte und sie ansprach: »Vertraue dich mir an, schöne Jungfrau! Droben sollst du thronen, in deiner Väter Burg, die ich neu erbaue. An meiner Seite sollst du herrschen über diesen ganzen blühenden Gau. Diese Frau, welche zu dir sprach, ist meine Mutter, und groß ist unsere Macht.« Ilsa schlug mit dem Stabe das Kreuz gegen den Höhlenspalt. Drinnen erscholl nicht mehr das sanfte Tönen, sondern ein klagendes Gewimmer des um seine goldene Herde betrogenen Heimchenvolkes. Die Bilbze stieß ein widrig gellendes Jubelgeschrei aus, und ihr Sohn stürzte sich mit Heftigkeit auf Ilsa zu und wollte sie in seine Arme schließen. Solches Tun war Ilsa fremd – ernst hielt sie dem Bilbzensohne ihren Stab entgegen und schlug mit ihm auch gegen den Jüngling ein Kreuz. Das brach allen Zauber, und jener brach zusammen und zeigte häßliche, abscheuliche Gesichtszüge, er, der so schön geschienen. Und auch die Bilbze stürzte nieder, wandte sich in Zuckungen und erschien ganz als ein häßliches, gräßliches Hexenweib.

»Harre nur deines Lohnes, du Verruchte! Harre nur!«, schrie die Bilbze, indem sie sich wütend vom Boden aufraffte, rannte dann an Ilsa vorüber nach dem Grottengrunde und hielt die Springwurz an die Felsenspalte. Alsbald öffnete sich wieder das Reich der Unterirdischen, und die Bilbze schrie: »Heraus, ihr Heimchen! Holt eure Herde wieder, straft diese Wortbrüchige und Treulose! Straft sie mit ewiger Sehnsucht und ewiger Täuschung.«

Schon umwimmelten die Heimchen Ilsa in Scharen und drängten sich zahllos zwischen sie und die Bilbze samt deren Sohn.

»Du bist und bleibst die unsere!«, sprach der Älteste des Heimchenvolkes. »Wann dereinst keine Glocke mehr klingt, keine Kirche mehr steht und böse Menschen wie diese Bilbze nicht mehr sind, dann schlägt dir die Stunde der Erlösung; früher nicht! So lange harre und hüte. Den Erdentag schaust du bis dahin nicht wieder, außer einmal je nach sieben Jahren! Da darfst du außerhalb unseres Berges dich samt deiner Herde zeigen.«

Und so geschah's. Noch immer wird, alle sieben Jahre zur Mittagsstunde, auch diese so hart verwünschte Jungfrau samt ihrer Herde erblickt, einsam, bleich und traurig, im schneeweißen Kleide. Böse Menschen leben noch, und den guten rufen noch die Kirchenglocken in die Tempel Gottes.

Woher Gold und Silber kommen

Vor langer, langer Zeit – wir alle hier waren noch nicht geboren – herrschte auf der Erde große Armut, denn der Teufel hatte sich zum Herrn der Erde gemacht, und alle Bauern und Hirten mußten ihm einen Zehnten abliefern. Am besten ging es noch den Händlern und Kaufleuten, denn die konnten den Teufel am leichtesten betrügen. Aber so ein armer Bauer oder Hirt, was konnte er schon machen? Da erschien der Teufel – oder einer seiner Boten – und sah nach: soundsoviel Weizen, soundso viele Fässer Wein, soundsoviel Stück Vieh. Der Teufel strich seinen Teil ein, gleichgültig, ob es für die Familie des einzelnen Bauern noch reichte oder nicht.

Aber bei den Händlern und Kaufleuten, die hier und da ein heimliches Lager mit Waren hatten, war es schon schwerer für den Teufel, zu seinem Anteil zu kommen. Es ist daher nicht überraschend, daß der Teufel eine besondere Wut auf die Händler hatte, sie nachts im Wald oft überfiel, ihnen alles abnahm und sie ausplünderte wie ein Räuber.

Nun zog einmal ein Kaufmann über Land, der hatte schon sieben Reiche durchreist und überall mit seinen Waren einen guten Gewinn erzielt. Wenn aber der Teufel erschien, um seinen Anteil einzukassieren, sagte der Kaufmann zu ihm: »Ich kann jetzt noch nicht abrechnen, denn ich habe noch Schulden, und von diesen Waren hier muß ich noch einiges abliefern, anderes habe ich auf Kredit bezogen.«

Aber einmal wurde es dem Teufel zuviel, und er beschloß, den Kaufmann hereinzulegen. Als der mit seinen Pferden und seinem Wagen auf einer Fähre über einen großen Fluß setzte, hing sich der Teufel auf der einen Seite an den Rand des Floßes, die Fähre bekam Schlagseite, und der Kaufmann drohte mitsamt den Pferden und dem Wagen ins Wasser zu stürzen.

Der Teufel aber schrie: »Versprich mir das bei dir zu Hause, von dem du nichts weißt, dann lasse ich los.«

Der Kaufmann dachte: »Das, von dem ich nichts weiß? Was kann es sein? Vielleicht hat meine Frau etwas eingekauft.« Er sagte laut: »Ja, einverstanden! Du bekommst bei mir daheim das, wovon ich nichts weiß.«

Da ließ der Teufel die Fähre fahren, und der Kaufmann kam heil ans Ufer. Und nachdem er seine Geschäfte abgewickelt hatte, kehrte er heim.

Wie groß aber war sein Schreck, als daheim seine Frau sagte: »Mann, freu dich! Wir bekommen ein Kind, denn ich bin schwanger.«

Und als die Zeit der Frau vorüber war, gab sie einem Sohn das Leben. Und der Kaufmann, der wußte, was ihm bevorstand, ließ gleich den Pfarrer rufen und am gleichen Tag seinen Sohn auf den Namen Piero taufen.

Am nächsten Tag erschien der Teufel, um den kleinen Buben abzuholen: »Gib mir das, von dem du nichts wußtest!«

»Hier ist das Kind.«

Da heulte der Teufel laut und sagte: »Ihr Elenden! Ihr habt es ›gesalzen‹! (So nennen nämlich die Heiden die getauften Christen.) Du hast den Vertrag gebrochen!«

»Davon kann nicht die Rede sein, denn wir haben überhaupt nicht davon gesprochen. Nimm also das Deine nach dem Vertrag, und laß mich in Frieden!«

Der Teufel nahm unter Verwünschungen den kleinen Buben mit in die Hölle.

Nun, in der Hölle wächst alles sehr, sehr schnell; so schnell wächst alles wie ein Weizenfeld unter der Sonne. Nach einem Jahr war Piero zu einem stattlichen Burschen herangewachsen. Der Teufel wollte ihn nun mit seinen andern Dämonen ausschicken, um überall seinen Anteil einzutreiben, aber Piero hielt zu den Menschen und brachte immer weniger heim als die andern Teufelchen.

Nachdem sich der Teufel einige Zeit mit dem Burschen herumgeärgert hatte, sagte er: »Warte! Du wirst noch klein beigeben! Ich sperre dich ein, bis du schwarz wirst! Wir wollen doch sehen, ob ich nicht aus dir einen Teufel machen kann!«

Und er warf Piero in ein dunkles Loch, in dem nur Schlangen und Ratten herumliefen. Aber das Ungeziefer tat Piero nichts zuleide, sondern die Schlangen und Ratten sagten zu ihm: »Piero, du bist kein Verdammter, und deshalb tun wir dir nichts. Sei ruhig und habe Geduld! Wenn der Teufel aus dem Hause ist, bilden wir dir eine Leiter, und dann kannst du darauf hinaufsteigen und aus dem Loch entfliehen.«

»Aber wohin soll ich denn fliehen, wo der Teufel doch auf der ganzen Erde herumläuft. Ich kann mich nirgends verstecken; er würde mich überall entdecken.«

»Du mußt zum Himmel hinaufsteigen und dich an Herrn Sonne wenden. Herr Sonne ist zwar sehr heiß, aber Hitze bist du ja von der Hölle her gewöhnt.« (Und so war es nämlich auch. Als der Teufel mit Piero auf dem Arm in die Hölle gekommen war, hatte er einen Zauberspruch über das Kind gemurmelt, damit ihm die Flammen nicht schadeten.)

Als der Teufel die Hölle verlassen hatte, um wieder auf der Erde seinen Zins einzutreiben, sprangen die Ratten – jeweils zwei und zwei – einander auf die Rücken, und die Schlangen legten sich so dazwischen, daß es wie Sprossen einer Leiter wurde. Und auf dieser Leiter stieg Piero aus dem Loch hinaus.

Kaum war Piero der Hölle entronnen, da rannte er auf ein hohes Gebirge und sprang von dort zum Himmel und lief zum Herrn Sonne.

»Herr Sonne, würdet Ihr mich vor dem Teufel verstekken?«

»Ich will es gern versuchen, aber ich fürchte, der Teufel wird es bald durchschauen.«

Und Herr Sonne nahm Piero unter seinen leuchtenden Mantel.

Als der Teufel heimkam, ging er sofort zu der Schlangengrube, um nach dem Piero zu schauen. Aber er fand nur das Gewürm. Von Piero war keine Spur.

»Dieser Elende!«, schrie der Teufel, »er ist aus der Grube gestiegen und mir entronnen. Aber er wird nicht weit kommen.«

Und der Teufel lief auf der ganzen Erde umher, und auch alle kleinen Teufelchen mußten suchen helfen, aber Piero war nirgends zu entdecken. Endlich, als er den Flüchtling nicht finden konnte, schaute der Teufel zum Himmel hinauf. Da sah er Herrn Sonne, und der war dick wie eine schwangere Frau. Er mußte irgend etwas unter dem Mantel versteckt haben.

»Ha, habe ich euch!«, schrie der Teufel erbost, »Herr Sonne, gebt sofort meinen Piero heraus!«

Aber Herr Sonne sagte zu Piero: »Ich werde mit dir zur andern Seite des Himmels laufen. Vielleicht gelingt es uns, dem Teufel zu entrinnen. Wenn nicht, so spring du voraus und laufe zu Frau Mond. Sie kann im Finstern dich vielleicht eher verstecken. Ich aber bleibe etwas zurück, damit der Teufel nicht sieht, wohin du läufst.«

Während aber Herr Sonne mit dem Burschen über den Himmel lief, holte der Teufel seinen Bogen und seine Pfeile heraus und sagte: »Das werden wir ja sehen, ob es sich Herr Sonne erlauben kann, gegen meine Befehle zu handeln!« Und er schoß einen Pfeil auf Herrn Sonne ab, und Herr Sonne schrie auf, und Blut tropfte aus seiner Wunde und rann auf die Erde hinab und wurde dort zu Gold.

»Schieß nicht mehr, Teufel«, rief Herr Sonne, »und schau her: Dein Piero ist nicht mehr bei mir.«

Der Bursche war nämlich so davongelaufen, daß immer Herr Sonne zwischen ihm und dem Teufel war.

Der Teufel kratzte sich am Kopf. Das ging ja wie verhext zu! Herr Sonne breitete seinen Mantel weit aus, und darunter war kein Piero zu sehen!

Und er machte sich auf den Heimweg, um in einem Zauberbuch nachzulesen, wo Piero sein könne. Und kaum hatte er sein Zauberbuch aufgeschlagen, da fand er darin, daß Piero zu Frau Mond geflohen war. Und er machte sich wieder auf, um Piero zu verfolgen.

Indessen war Piero zu Frau Mond gekommen: »Frau Mond, der Teufel ist hinter mir her; würdet Ihr mich verstecken?«

»Piero, gern will ich das tun. Aber ich fürchte, der Teufel wird dich bei mir finden. Wenn er also kommt, dann werde ich meinen Mantel ausbreiten, soweit es geht. Dann laufe du auf der andern Seite zu den Sternen und frage nach dem heiligen Michael, denn nur der kann dir gegen den Teufel helfen.«

Da bedankte sich Piero bei Frau Mond und ruhte sich etwas aus, denn von der Hetzjagd taten ihm die Füße weh. Und schon kam der Teufel angebraust und schrie: »Frau Mond, liefert mir sogleich den Piero aus, denn er gehört mir!«

»Hol ihn dir doch selber!«, antwortete Frau Mond und lief mit Piero, so schnell sie konnte, auf die Sterne zu.

Da spannte der Teufel wiederum seinen Bogen und schoß einen Pfeil auf Frau Mond ab, und er traf sie in den Rücken, so daß ihr Blut aus der Wunde spritzte, und das Blut tropfte auf die Erde hinunter und wurde zu Silber.

Frau Mond aber rief: »Teufel, hör auf zu schießen! Ich habe deinen Piero nicht.« Und sie rollte ihren Mantel ein, so daß sie nur mehr halb so dick war und wie eine Sichel am Himmel stand.

Piero hatte einen guten Vorsprung, aber der Teufel erspähte ihn noch, und er begann auf den Himmel hinaufzusteigen und hinter Piero herzulaufen. Der Bursche aber hatte die Sterne um Hilfe angerufen, und sie wiesen ihm den Weg zum heiligen Michael. Und als Piero den heiligen Michael sah, rief er: »Heiliger Michael, hilf mir!«

»Habe keine Angst«, sagte der heilige Michael, »wir werden diesen Fall gleich in Ordnung bringen. Hier droben hat der Teufel nichts zu bestimmen, mag er auch drunten der Herr sein.«

Unterdessen kam der Teufel in großer Eile angestürzt und schrie: »Heiliger Michael, gib mir den Piero heraus, denn mir gehört er.«

»Der Bursche steht unter meinem Schutz, denn du hast ihn nur durch Zwang und Betrug erworben«, entgegnete der heilige Michael.

Da wurde der Teufel sehr zornig, und er spannte wieder seinen Bogen und schoß einen Pfeil auf den heiligen Michael ab. Aber der hatte sich vorgesehen, und er hielt seinen Schild vor, und der Pfeil prallte am Schilde ab und flog wieder zurück und traf den Teufel am linken Bein. Und da spritzte das Blut des Teufels aus dem verletzten Fuß und tropfte auf die Erde herunter und wurde zu Pech.

Der Teufel mußte abziehen, ohne etwas erreicht zu haben, und seit jenem Tage kam es, daß er hinkt.

Es gibt Leute, die meinen, aus dem Piero sei später der heilige Petrus geworden, aber das stimmt nicht. Vom heiligen Petrus gibt es eine andere Geschichte, und die werde ich euch vielleicht ein andermal erzählen.

Nun wißt ihr, woher das Gold, das Silber und das Pech kommen. Und da der Teufel das Blut der Sonne und des Mondes als seine Beute betrachtet, kehrt es immer wieder in seine Taschen und in die Beutel seiner Helfershelfer und Freunde zurück. Am Pech aber bleibt man leicht kleben, denn wer mit dem Teufel zu tun hat, kommt so leicht nicht wieder von diesem schwarzen Gesellen los.

Soreghina

Soreghina heißt eigentlich ›Sonnenstrahl‹. Davon geht folgende schöne Geschichte aus.

In der Gegend, die Lociade Contrin heißt, lag früher ein kleiner See, und da wohnte eine schöne Vivana, die war – wenn sie sich sehen ließ – so schön wie die Sonne. Sie war angetan mit einem schönen Kleid, einem Mieder aus Silberstickerei, das Bruststück war goldbesetzt, und mit einer Schürze aus leuchtender Seide.

Diese Vivana heiratete den Sohn des Königs von Mortic. Ein Jahr später bekamen die beiden ein wunderhübsches Mädchen, das sie Soreghina nannten, weil es so schön war wie ein Sonnenstrahl. Die Mutter tauchte mit der Kleinen aber aus dem See nur auf, wenn die Sonne schien. Das kleine Wesen auf dem Arm der Mutter leuchtete wie pures Gold, und man sagte, es könne nur mit der Sonne leben, und einige fügten dann hinzu, das sei so, weil das Mädchen eigentlich die Tochter der Sonne sei.

Eines Tages sah die Mutter, daß ein schöner, klarer Tag heraufzog, und wollte mit der Kleinen höher in die Berge hinaufgehen, nach Ciampac. Aber die Dunkelheit brach schneller herein als gedacht, und wenn die Mutter auch so schnell wie möglich nach Hause eilte, so erreichte sie den See doch erst lange nach Sonnenuntergang.

Die kleine Soreghina konnte das nicht ertragen, sie erkrankte, fing an zu zittern, erholte sich nicht mehr und starb noch in der Nacht. Der Sonnenstrahl erstirbt in der Dunkelheit der Nacht. So erzählt diese Geschichte.

Der himmelhohe Baum

Einmal war's, keinmal war's, jenseits des Operenzenmeeres, diesseits der Glasberge, aber doch weiter als die Kleienschober, da war einmal ein König, der hatte eine schöne Tochter.

In seinem Garten stand ein himmelhoher Baum. Einmal erhob sich ein gewaltiger Wirbelsturm, das Ungewitter riß die Königstochter mit sich fort und entführte sie auf die Burg des neunköpfigen Drachen.

Der König hatte einen Traum, und als er erwachte, ließ er verkünden, wer ihm die Tochter wiederbringe, dem solle das Königreich gehören. Es meldeten sich viele Herzöge, Grafen und Barone, doch sie gelangten nicht einmal bis zur Hälfte des Weges.

Der König hatte in seiner Stadt einen Schweinehirten. Unter den Schweinen war auch ein kleines räudiges Ferkel; um dieses kümmerte sich aber keiner der Hirten, nur Klein-János.

Einmal fing das Ferkel an zu reden und sagte zu ihm: »Klein-János, weißt du, daß der Wirbelsturm das Königsfräulein auf den himmelhohen Baum entführt hat? Weißt du, daß viele Herzöge, Grafen und Barone ausgezogen sind, daß sie nicht einmal bis zur Hälfte des himmelhohen Baumes gelangten und umkehren mußten? Geh und tritt vor den König und sag ihm, er soll den Büffel mit den stumpfen Hörnern schlachten lassen, er soll dir sieben Paar Bundschuhe und sieben Anzüge bestellen und für sieben Wochen Wegzehrung geben. Dann mach dich auf, den himmelhohen Baum zu erklimmen.«

Klein-János trat vor den König.

»Erlauchter König! Mein Leben und mein Sterben leg ich in deine Hand. Laß mich auf den himmelhohen Baum klettern, damit ich das Königsfräulein zurückbringe.«

Neben dem König saß der Hofnarr, von dem holte sich der König Rat: »Was sagst du dazu, Narr?«

»Soviel nur, mein Herr: Jag mich fort und mach diesen Bengel da zum Hofnarren!«

Da schrie der Hirtenknabe: »Ich will's euch trotzdem zeigen, daß ich das Königsfräulein zurückbringe!«

Darauf sprach der König: »Geh also, aber wenn du sie nicht zurückbringst, sollst du vom Baum herunterfallen, daß dir jedes Glied im Leibe in tausend Splitter zerbricht.«

Allein Klein-János ging nicht kopflos daran, den himmelhohen Baum zu erklimmen, er nahm auch seine kleine Axt mit.

Wo er keinen Ast fand, schlug er eine Stufe in den Stamm, und so gelangte er immer höher und höher hinauf. Schon war das siebente Paar Bundschuhe um die Füße gebunden, als er zu jenem hinausragenden Ast kam, von dem ihm das Ferkel gesprochen hatte. Da sah er eine Burg, die sich auf diamantenen Füßen drehte. Siebentausend Fenster hatte diese Burg und auch an Treppen genau siebentausend.

Er denkt sich, hier wird er hineingehen. Wie er aber die Treppenstufe betreten will, fällt er immer wieder zurück. Als sich gerade die Treppe nach vorne drehte, schlug er seine kleine Axt hinein, hielt sich daran fest und konnte nun die Treppe ersteigen. Auf der obersten Stufe angelangt, wen erblickt er da zuallererst? Es war die Königstochter. Verwundert rief sie aus: »Klein-János, wie gelang es dir nur herzukommen, wo nicht einmal ein Vogel herkommt?«

»Ich bin den himmelhohen Baum hinaufgeklettert, um das Königsfräulein zu holen. Jetzt aber kommt mit mir zurück nach Hause!«

Da kam der neunköpfige Drache heraus.

»Was willst du hier, du Menschenskind?«

Sprach das Königsfräulein: »Das ist mein kleiner Diener, er ist gekommen, um mir auch hier oben zu dienen.«

»Na«, sagte der Drache, »hier wirst du keine andere Arbeit haben, als den schlechten Gaul dort im Schuppen zu füttern und zu tränken. Du mußt aber stets das Gegenteil von dem tun, was er sagt.«

Der Gaul war übel dran; er lag nur noch auf den Bodenplanken und konnte gar nicht aufstehen. Sogleich gab er ihm Heu und Hafer und fütterte und striegelte ihn. Plötzlich begann der Gaul zu reden und sprach: »Klein-

János, geh hinunter in den Keller, dort findest du ein Schwert und einen Sattel. Bring beides herauf, dann gehen wir auf die Jagd.«

Sie zogen durch den riesigen Wald.

»In diesem Wald haust ein Wildeber. Im Kopf dieses Wildebers ist ein Hase, im Kopf des Hasen sind sieben Pferdebremsen. Wenn wir die sieben Pferdebremsen vernichten, ist es auch mit dem Drachen aus.«

Sie zogen durch den riesigen Wald. Da stürzte ihnen plötzlich ein Wildeber mit mächtigen Hauern entgegen.

Klein-János dachte bei sich: »Jetzt brauch' ich mich nicht selbst umzubringen, gleich wird mich dieser Wildeber verschlingen.«

Er sprang vom Pferd herunter und hieb dem Wildeber den Kopf entzwei. Wie der Kopf des Wildebers auseinanderfiel, schlüpfte der Hase heraus. Im selben Augenblick hatte ihn das fünffüßige Pferd niedergestampft, und Klein-János spaltete auch ihm den Kopf entzwei. Da fiel die Schachtel heraus. Drinnen summten die Pferdebremsen wie auf einer großen Dorfversammlung. Als auch die Pferdebremsen vernichtet waren, begab sich Klein-János frohgemut nach Hause. Der Drache lag schon im Sterben.

Sprach Klein-János: »Für deine Sünden laß einen Krug Wein springen!«

Sie tranken aus.

»Noch einen Krug Wein für die Sünden deines Vaters und deiner Mutter. Sag dann nicht, daß du durstig ins Jenseits gelangt bist! Und jetzt her mit dem Schwert! Jetzt mußt du sterben!«

Da sagte der Drache zu ihm: »Töte mich nicht, mein lieber Meister, denn ich bin besoffen wie die gelbe Erde.«

Damit ließ sich der Drache auf den Rücken fallen, so lang er war, und schlief ein. Klein-János nahm das Schwert und schlug dem Drachen alle neun Köpfe ab.

Er freute sich, denn nun konnte er vergnügten Herzens mit der Königstochter zusammenleben.

Aber einmal fing Klein-János zu grübeln an: »Was wird aus uns im Herbst, wenn vom Baum die Blätter fallen? Dann fallen wir ja auch hinunter, daß uns jedes Glied im Leibe in tausend Splitter zerbricht!«

Das fünffüßige Pferd wußte, warum sein lieber Herr so betrübt war, und sagte zu ihm: »Packt alles zusammen, was ihr braucht, dann setzt euch auf meinen Rücken und macht die Augen zu.«

Noch hatten sie die Augen nicht ganz zugemacht, da waren sie auch schon am Hofe des alten Königs. Klein-János sprang vom fünffüßigen Pferd und hob das Königsfräulein herunter. Er selber saß aber wieder auf und jagte wie der Wind davon, bis er das obere Ende der Stadt erreichte – in so lumpigen Kleidern wollte er sich nicht mit der Königstochter zeigen!

Am Ende der Stadt stieg er vom fünffüßigen Pferd, ließ sich einen großen Palast bauen und kaufte sich einen Spiegel, der bis zum Boden hinreichte. Danach ließ er den Schneider kommen und sich Kleider machen. Mit den neuen Kleidern betrachtete er sich im Bodenspiegel, ob er auch herrschaftlich genug aussehe. Und dann ging er hin und hielt um die Hand des Königsfräuleins an.

Zuerst begegnete er dem König. Der König aber sagte, seine Tochter wolle er niemandem zur Frau geben, solange er nicht wisse, ob ihr Lebensretter noch lebe oder tot sei.

Da kam die Königstochter herzu.

»Liebster Klein-János! Du hast mir das Leben gerettet, dir allein will ich ein treues Weib sein, bis sich der Sarg über mir schließt!«

Wer's nicht glaubt, überzeuge sich selbst davon!

Der Baum zum Himmel und zur Hölle

Es waren einmal ein Zigeuner und zwei arme Männer. Zu dritt gingen sie in den Wald und sammelten Holz. Während sie das Holz zusammenklaubten, sprachen sie davon, was sie sich zu Hause wünschten, was jeder gerne hätte, wenn er heimkomme.

»Ich hätte nichts dagegen«, sagte der eine arme Mann, »wenn mich daheim auf dem Tisch ein warmes Rundbrot und eine Schüssel voll Würste erwarteten.«

Er fragte den andern: »Und du, was hättest du gerne?«

»Ich möchte eine Schüssel mit Topfenkuchen auf dem Tisch finden.«

»Und du, Zigeuner«, sagt er, »was wünschest du dir?«

»Was? Von mir aus sollen daheim zwölf Kinder sein.«

Sie machten sich mit dem Holz auf den Heimweg. Wie sie ins erste Haus eintreten, sehen sie auf dem Tisch ein warmes Rundbrot und eine Schüssel voll Würste. Da erschrak der Zigeuner - sicher werden bei ihm daheim zwölf Kinder sein!

Sie kommen in das zweite Haus, und da steht wirklich eine Schüssel mit Topfenkuchen auf dem Tisch, genau wie sie es gesagt hatten.

Kommt der Zigeuner nach Hause, da schreien schon die Kinder, es wimmelt von Kindern! Er will seinen Hut in einen Winkel legen, aber ein Kind ist da; will ihn in einen andern Winkel tun, aber auch dort ist ein Kind. Er trägt ihn zum dritten Winkel hin - wieder ein Kind! Insgesamt waren es zwölf Kinder. Hei, da grämte sich der Zigeuner entsetzlich. Er ging hinaus und blickte zum Himmel auf.

»Daß mich doch der siebengehörnte Teufel als Ofenheizer in die Hölle nehme!«

Im selben Augenblick packte ihn ein siebengehörnter Teufel; der kam gerade über die Felder daherspaziert, nahm ihn und trug ihn wie der Wirbelwind hinab in die Hölle.

Die Frau und die Kinder blieben zurück und wußten nicht, wo der Zigeuner hingekommen war.

Mit der Zeit wuchsen die Kinder heran. Da sagt einmal das kleinste der Zigeunerkinder, der Zsiga: »Du, Mutter, haben wir auch mal einen Vater gehabt?«

»Freilich habt ihr einen gehabt, Kinder«, sagt sie, »allein wie ihr zur Welt gekommen seid, ging er hinaus, und seitdem ist er verschwunden, als wenn ihn der Erdboden verschluckt hätte.«

»Mutter«, sagt Zsiga, »ich will gehen und nach meinem Vater suchen. Bis ans Ende der Welt geh ich ihm nach, ja sogar in den Himmel will ich hinaufgehen und ihn suchen.«

Der Zigeunerjunge schulterte seinen Ranzen und machte sich auf den Weg. Er zog durch siebenmal sieben Länder, durchwanderte die ganze Welt, aber seinen Vater fand er nicht.

Wie er so im Walde herumirrte, erblickte er einen riesigen Baum. Die Wurzeln dieses Baumes langten bis in die Hölle hinab, seine Spitze aber reichte bis in den Himmel.

Der Zigeunerjunge ließ sich sechs eiserne Bundschuhe machen, die zog er über die Füße. Dann ließ er eine Axt anfertigen, mit der schlug er Löcher zu beiden Seiten in den Baum. Und so kletterte er hinauf. Als er in dem Geäst anlangte, war jedes einzelne Blatt so groß, daß ein ganzes Dorf darauf Platz gehabt hätte. Der Zigeuner suchte überall nach seinem Vater, doch er fand ihn nirgends. So kletterte er weiter aufwärts, stieg immer höher und höher, bis er in den Himmel kam.

Das Tor zum Paradies war verschlossen, der heilige Petrus war der Torschließer. Sagt der heilige Petrus zu dem Zigeuner: »Was willst du hier, du Zigeuner?«

»Ich suche meinen Vater«, sagt er.

»Was, hier im Paradies soll dein Vater sein? Du, da kann er nicht herein, ein Zigeuner kommt nicht ins Paradies!«

Der Zigeunerjunge nahm seine Mütze und schleuderte sie hinein.

»O je!«, rief er, »bitte laßt mich ein, ich will bloß meine Mütze holen.«

So ließ ihn denn der heilige Petrus ein.

»Na, beeile dich und komm sofort zurück!«

Drinnen hob der Zigeuner die Mütze auf und warf sie noch weiter hinein, warf sie immer weiter ins Innere des Paradieses. Da sah er auf einmal einen großen Platz. Mitten auf dem Platz stand ein kugelförmiger Armstuhl, und daneben reihten sich zwölf Fußschemel. Der große Armstuhl in der Mitte war Gottes Sitz, die zwölf Schemel waren für die Engel bestimmt.

Ohne viel Federlesen setzte sich der Zigeuner in den Armstuhl. Von da überblickte er die ganze Welt. Es traf sich gerade, daß ein anderer Zigeuner das kleine räudige Ferkel seiner Mutter stahl. Zsiga sprang vom Stuhle auf, ergriff einen Fußschemel und schleuderte ihn hinab. Doch die Entfernung war zu groß, und so traf er den Dieb nicht.

Wie er sich nun die weite Welt beschaute, kam der liebe Gott nach Hause, und als Er den Zigeunerjungen gewahrte, sagte Er: »He, du Spitzbube, wie kommst du denn her? Wie hast du gewagt, da hereinzukommen? Wer hat dich denn hereingelassen?«

Und man vertrieb den Zigeuner aus dem Paradies.

»Daß mein Vater nicht im Paradies ist, das weiß ich nun. Auch auf Erden ist er nicht, so muß er sicher in der Hölle sein.«

Darauf kam der Zigeuner vom Baum herab. Unter der Wurzel des Baumes befand sich ein großes Loch, durch dieses Loch stieg er hinunter, stieg in der Finsternis immer tiefer und tiefer, bis er auf einmal unten in der Hölle anlangte.

Herrje, gab es da Teufel die Menge! Der Vater des Zigeuners heizte gerade den Ofen ein, er war Ofenheizer bei den Teufeln.

Als der Junge eintraf, war der König der Teufel nicht zu Hause.

Die Teufel fragten ihn: »Was willst du hier, Zigeuner?«

»Damit ihr's nur wißt, ich bin wegen meines Vaters gekommen!«

»Deinen Vater geben wir aber nicht heraus.«

»Schön, wenn ihr meinen Vater nicht herausgebt, so baue ich hier eine Kirche, und ihr könnt dann weder rein noch raus.«

Und schon fing der Zigeuner an, den Platz schrittweise abzumessen.

»Was machst du da, Zigeuner?«

»Ich messe den Boden ab.«

Da entstand ein großes Geschrei, so erschrocken waren sie, daß sie nun wirklich nicht mehr hinauskönnten. In ihrer Not wußten sich die Teufel keinen Rat. Schließlich gaben sie ihm seinen Vater heraus – soll er ihn haben!

Aber der Zigeuner war ein gescheiter Kopf! Die Tochter des Königs ist ja auch da unten! – den Namen des Königs weiß ich nicht, aber es war dessen Tochter –, die hatten die Teufel genau wie seinen Vater geholt.

»Gebt auch die Königstochter heraus!«

»Nichts da! Die geben wir dir nicht«, sagten sie.

Sogleich nahm er den Spaten zur Hand und begann zu graben. Schon beklebte er den Fensterrahmen mit Lehmerde. Da erschraken die Teufel und gaben ihm auch die Königstochter heraus.

So brachen sie denn auf: der Zigeuner mit seinem Vater und mit der Königstochter.

Kommt der König der Teufel - Pluto - nach Hause und blickt umher.

»Wo ist der Zigeuner? Wo ist die Königstochter?«

»Ho! Der Zsiga wollte hier einen Palast bauen, damit wir Teufel weder raus noch rein können.«

»Ach was«, sagte der Teufelskönig, »das kann er ja gar nicht. Geh nur, mein Sohn mit der Schleuder, geh ihnen nach!«

Der Teufel nahm die zentnerschwere Schleuder und trug sie, als wäre sie so leicht wie eine Gerte. Als er den Zigeuner einholte, sagte er: »Gib die Königstochter zurück, weil« - sagt er - »weil wir wetten müssen.«

»Mir ist's recht, wetten wir halt!«

Sagt der Teufel: »Na, was gilt die Wette?«

»Wetten wir: Wer die Schleuder am weitesten hinaufwirft, dem gehört die Königstochter.«

»Gut, Zigeuner! Sonst darfst du nur deinen Vater mitnehmen, die Königstochter aber nicht. Also los, wirf die Schleuder hinauf!«

»Nein«, sagt der Zigeuner, »wirf du zuerst.«

Der Teufel ergriff die Schleuder und warf sie so hoch, daß sie durch die Wolken brach und die Sterne streifte. Als die Schleuder herunterkam, dröhnte der ganze Himmel, barst schier auseinander. Der Zigeunerjunge vermochte die Schleuder nicht einmal von der Stelle zu bewegen. Er kratzte sich am Kopf und starrte zum Himmel hinauf.

Der Teufel machte Augen: »Was ist denn los?«

»Du«, sagt er, »droben im Himmel ist mein Bruder, der Schmied. Was denkst du, wenn ich ihm die Schleuder hinaufwerfe, wie gut er sie dort gebrauchen kann!«

Der Teufel erschrak. »Heiliger Gott, wirf sie nur ja nicht hinauf! Nimm lieber die Königstochter, aber meine Schleuder wirf mir nicht hinauf!«

Der Teufel kehrte um, und sie setzten ihren Weg fort.

Als der Teufel nach Hause kam, fragte ihn Pluto: »Du, was ist passiert?«

»Er wollte meine Schleuder in den Himmel hinaufwerfen, auf keinen Fall geb ich sie her!«

»Ach was, er wäre ja gar nicht imstande gewesen, sie in den Himmel hinaufzuwerfen, er hat nur ein großes Maul. Geh jetzt, du mit der Peitsche!«

Einen Zentner wog der Stiel dieser Peitsche, einen halben Zentner die Schnur allein.

Als der Peitschenteufel den Zigeuner einholte, rief er: »Halt, Zigeuner! Gib die Königstochter zurück!«

»Ja, so einfach geht das nicht, erst müssen wir wetten.«

»Gut, wetten wir halt.«

»Wer mit der Peitsche lauter knallt, dem soll das Königsfräulein gehören. Du mußt aber zuerst knallen«, sagte der Zigeunerjunge zu dem Teufel.

Und der Teufel ließ die Peitsche so laut knallen, daß alles weitum, ja die Erde selbst erbebte, so laut war der Knall.

Jetzt nahm der Zigeuner die Faßreifen hervor und fing an, sich damit den Kopf zu bereifen. Der Teufel guckte bloß.

»Was tust du da?«

»Bei mir gibt's einen solchen Knall, daß davon jeder Kopf, der nicht mit einem Reifen versehen ist, auf der Stelle zerplatzt.«

»Oh!«, rief der Teufel. »Bitte, leg auch meinem Kopf Reifen um!«

Der Zigeuner legte dem Teufel die Reifen um den Kopf, so wie man einem Gaul den Hafersack umlegt, dann hieb er mit aller Kraft auf den Kopf drein.

»O weh!«, rief der Teufel. »Nimm lieber die Königstochter, nur schlag mir den Kopf nicht entzwei!«

Auch der kehrte um, auch den hatte der Zigeunerjunge hereingelegt.

»Na, jetzt geh du, mein Sohn mit der Eisengabel!«

Damit schickte Pluto den Teufel mit der Eisengabel. Der machte sich mit seiner zweizinkigen Gabel auf den Weg.

»Gib die Königstochter zurück!«

»So einfach geht das nicht«, entgegnete Zsiga, »wir müssen vorher wetten.«

Ein dichter Zaun befand sich zwischen ihnen. Der Zigeuner nahm einen Eisenspieß, indes der Teufel mit der zweizinkigen Gabel in den Zaun hineinstach. Die Gabel drang aber nicht weit durch den Zaun. Der Zigeuner hingegen stach mit dem Spieß hinein. Wie er mit dem Spieß hineinfuhr, geriet er so in Wut, daß er dem Teufel kreuz und quer den Bauch zerstach. Da sagte der Teufel: »Nimm die Königstochter!« und trollte sich.

Nun schickte Pluto einen andern Teufel: »Du, Schneider, jetzt eil du dem Zigeuner nach!«

Im Fluge eilte der Schneiderteufel dem Zigeuner nach. Der Junge befand sich schon nahe der Grenze, als ihn der Schneider ereilte.

»Halt, du Zigeuner, gib mir die Königstochter her!«

»Ich geb sie dir, wenn wir wetten. Wer schneller ein Paar Hosen näht, dem soll die Königstochter gehören.«

Sie gingen in ein Haus hinein; aber der Teufel nahm einen gar zu langen Faden und mußte deshalb nach jedem Stich durchs Fenster hinausspringen, so lang war der Faden. Dann sprang er wieder hinein, machte einen Stich, sprang wieder hinaus und wieder hinein. Inzwischen aber hatte der Zigeuner seinen Zwirn eingefädelt, nähte flink und war bald fertig. In der Zeit, da der Teufel seine Nadel einfädelte und ständig durchs Fenster hinaus- und hineinsprang, machte es der Zigeuner viel flinker, und so ging er als Sieger hervor.

Darauf schickte Pluto den Schweinehirtteufel.

»Geh jetzt du, mein Sohn Schweinehirt!«

Der Schweinehirt brach auf. Die andern waren schon an der Grenze, unter der Wurzel des Baumes, angelangt und befanden sich bereits auf dem Wege von der Unterwelt in die Oberwelt. Sie begaben sich nun auf ein herrschaftliches Gut, und der Zigeunerjunge sagte zu dem Schweinehirtteufel: »Wetten wir: Wer von uns beiden mehr Schweine austreibt, dem soll die Königstochter gehören. Mir fallen die Schweine mit den gekringelten Schwänzen zu, dir die Schweine mit den geraden Schwänzen.«

»Gut so«, sagte der Teufel.

Der Teufel faßte nach einem Schwein, das war zufällig geradschwänzig. Er frohlockte. Nun stupste er die Schweine hin und her, aber er fand im ganzen bloß drei geradschwänzige, und die waren noch räudig dazu. Der Zigeuner hatte unterdessen alle Schweine ausgetrieben, die drei räudigen ließ er dem Teufel.

»Na«, sagt der Teufel, »die Königstochter sei dein!«

Sie kamen nun aus der Unterwelt heraus, und die Königstochter nahm den Zigeuner mit zu ihren Eltern. Ihr Vater war der Mongolenkönig - oder weiß der Teufel, was er gewesen ist!

Na, machten die aber einen Riesenklimbim! So groß war die Freude, daß die verlorene Königstochter wieder da war. Dem Zigeuner füllten sie den Ranzen mit soviel Geld, daß er's gar nicht zu tragen vermochte. So gab man ihm einen Wagen obendrein, einen Wagen voll Gold, sechs Scheffel Gold waren es!

Von dem Geld ließ er sich einen großen Palast bauen.

Und wenn sie nicht gestorben sind, leben sie noch heute mitsamt den zwölf Zigeunerkindern.

Das verschwundene Mondlicht

Der Lorbeerkönig hatte einen Bären, und er sagte zu ihm: »Dein Leben lang hast du nur von trockener Kost gelebt. Jetzt wirst du so lange Wasser trinken, bis du zerplatzt.«

Der Bär trat bis zu den Kniekehlen ins Wasser, und sieben Jahre lang hielt er seine Nase drein. Der Lorbeerkönig glaubte schon, sein Bär hätte soviel Wasser getrunken, daß er zerplatzen müßte. Als er den Bären aus dem Wasser steigen ließ, sagte er: »Na, wie lange wird's dich nicht dürsten?«

»Mein lieber Herr, gib mir was zu fressen, wenn du willst, daß ich dir ein treuer Diener sei. Wenn du mich nicht gut hältst, ziehe ich in den Wald, suche meine übrige Familie und gehe zurück in meine Höhle. Hältst du mich aber gut, will ich dir ein treuer Diener sein, und solange ich an deinem Hof bin, wird dir kein Leid geschehen, alles werde ich erledigen.«

»Nun gut, was möchtest du fressen?«

»Ich will dir sagen, wonach mich gelüstet. Schlachte mir sieben Schafe und schlachte mir eine Ziege, und das ganze Fleisch laß braten. Wenn das Fleisch gebraten ist, laß es von den Knochen ablösen, damit ich drin nicht herummanschen muß. So fresse ich es dann. Bring mir auch fünfzig Liter Wein, denn meine Kehle ist ganz ausgetrocknet.«

»Wie ist das möglich, deine Nase ist doch sieben Jahre lang im Wasser drin gewesen? Konntest ja trinken, soviel du wolltest! Ich glaubte, du würdest soviel trinken, daß du davon zerplatzt.«

»Mein erhabener Vater König, das Wasser war mir kein Genuß, hab bloß den Wasserdunst durch die Nase gesogen. Davon gewann ich aber solche Kräfte, daß es gewiß keinen Menschen auf der Welt gibt, den ich nicht umlegen könnte.«

»Na, ich erfülle dir deinen Wunsch, aber nachher werde ich dich auf die Probe stellen. Der belgische König hat einen Meisterrecken von hundert Menschenstärken. Wenn du den nicht zu Boden streckst, mache ich dir mit eigener Hand den Garaus. Ich lade die Flinte mit Stahlkugeln und nicht mit Schrot, und so werde ich dich über den Haufen schießen.«

»Einverstanden, erhabener König, Ihr mögt es tun. Ich stehe für mein Wort und werde ihn umlegen. Aber vorher muß ich mich satt fressen, und dann ist der Mensch, der stärker wäre als ich, auf dieser Welt noch nicht geboren.«

Der König ließ nun so viele Lämmer und Ziegen schlachten, wieviel der Bär verlangte, er ließ alles braten und das Fleisch von den Knochen lösen. Dann füllte er einen riesigen Trog mit all dem Fleisch und setzte es dem Bären vor. Als alles aufgefressen war, ließ er ihm fünfzig Liter erstklassigen Wein bringen. Der Bär trank alles aus. Nun sandte der König um den Meisterrecken, damit sich die beiden im Kampfe messen könnten. Sieben Jahre lang, sieben Augenblicke hielten sie sich fest umklammert, doch keiner vermochte den andern zu Boden zu ringen. Der König war des Zuschauens schon überdrüssig und sagte: »Ich möchte wissen, wann dies wohl ein Ende nimmt?«

»Erhabener Vater König, hätte ich diesen Menschen zu Boden gerungen, so wäre die Welt längst zugrunde gegangen – nur deshalb hielt ich ihn so fest umklammert. Aber wenn Ihr es wünscht, Vater König, dann schmeiß ich ihn zu Boden, daß davon das Mondlicht vom Himmel herabstürzt und sich erst in der Mitte des Eismeeres wieder zusammenrafft.«

»Ei, fürwahr, das möchte ich gerne mal sehen!«

»Aber eins sag ich Euch, Vater König, geht vorher hinein und holt einen Haufen Watte; stopft Euch und Eurer ganzen Familie die Ohren damit zu, denn von dem gewaltigen Krach wird alles ringsumher taub. Auch Ihr selber werdet taub und hört dann nicht mehr, was in der Welt vorgeht.«

Der König sagte: »Na, du Bär, wenn du nicht die Wahrheit sprichst, hol ich gleich meine Flinte und erschieße dich auf der Stelle.«

»Macht nur, was ich sage!«

Der König ließ einen Haufen Watte bringen, zupfte die Watte auseinander und stopfte sie mit einer Bleistiftspitze der ganzen Familie und sich selber in die Ohren. Aber dann sagte der Bär: »Ein Stück Watte behalte jeder in der Hand und drücke auch das noch an die Ohren – alle Mädchen und Frauen und auch der König!«

Sie folgten seiner Anweisung und drückten noch ein Stück Watte an die Ohren, die ja schon mit Watte vollgestopft waren. Jetzt packte der Bär den Meisterrecken und schmiß ihn mit solcher Wucht zu Boden, daß sich das Mondlicht – es ging gerade gegen Abend, und am Himmel schien der Mond – in den Grund des Eismeeres flüchtete, siebenundsiebzig Meter tief.

»Oje, das Mondlicht ist vom Himmel verschwunden! Welch ungeheurer Schaden fürs ganze Land! Vor allem im Herbst, wenn die Ernte eingebracht wird – sonst wäre's eher entbehrlich! So viele arme Leute fahren jetzt das Futter fürs Vieh ein, die Kartoffeln, die Rüben und den Mais. Das Mondlicht verlängert den Tag, und die armen Leute können dadurch besser vorwärtskommen. Welch große Sünde hab ich da begangen! Den Meisterrecken hab ich durch den Bären niederwerfen lassen, ich kann's am armen Volk vielleicht nie wieder gutmachen! Drum gelobe ich meine Tochter jenem Manne zum Weibe, wer immer er sei, ob arm oder reich, der es unternimmt, das

Mondlicht wieder an den Himmel zu schaffen! Meine Tochter ist so schön, daß um ihrer Schönheit willen die Sonne alle Tage um zwölf Uhr stille steht. Nur der soll sie bekommen, der das Mondlicht zurück an den Himmel schafft, damit abends wieder Helle sei wie gewöhnlich!«

Viele erboten sich dazu, Hunderttausende von Männern zogen aus, es zu versuchen. Sie ließen sich ins Eismeer hinab und kamen nie wieder zurück. War da auch ein Müller, ein sechzigjähriger Trunkenbold, und der sagte: »Hört, erhabener König, ich könnte es machen. Wenn Ihr mir Eure Tochter gebt, bring ich das Mondlicht wieder hinauf, schon heute abend kann's dann jedermann am Himmel sehen.«

Der König musterte ihn: »He du, da haben sich schon andere Kerle darin versucht! Bist ja auch kein junger Mann mehr, wie ich sehe, gehst vielleicht schon in die Fünfzig?«

»Ich hab sogar die Sechzig schon überschritten, mein Herr König.«

»Was brauchst du dann des Königs Tochter?«

»Na, ich brauch sie, weil der König versprochen hat, sie herzugeben.«

»Nun wohlan, wenn's mein Mund ausgesprochen hat, so soll es auch so sein. Geh also und hau schon dieses Mondlicht an den Himmel! Ich stehe zu meinem Wort und gebe dir dann meine Tochter.«

»Je, mein König, ich muß Euch noch was sagen. Ich bin nämlich ein Mensch, der dem Schnaps zugetan ist. Seid also so gut, mein Herr König, und gebt mir etwas Schnaps zu trinken, muß ich doch in jenes kalte Wasser, um nach dem Mondlicht zu suchen! Es liegt auf dem Grunde des Eismeeres, siebzig Meter unterm Wasser.«

»He, du willst ja gar nicht nach dem Mondlicht suchen! Ich weiß schon, was dir fehlt: Deine Kehle ist trokken, willst sie mit Branntwein einschmieren, was?«

»Oh, mein Herr König, auf Euren Branntwein bin ich nicht erpicht, vielmehr darauf, die Königstochter zur Frau zu bekommen. Mein Weib ist mir vor zehn Jahren gestorben, soll ich jetzt immer nur allein auf dieser Welt leben?«

»Ach nein, laß dich nicht auslachen, guter Mann! Ich will dir Schnaps geben, trink, soviel du magst, ob du das Mondlicht herbeischaffst oder nicht. Du sollst nicht auf dem Grunde des Meeres verderben!«

»Nun, mein Herr König, ich sag Euch was. Wenn ich das Mondlicht nicht herbeischaffe, so werdet Ihr nie und nimmer einen Menschen dazu finden. Solange noch die Welt besteht, wird es kein Mondlicht nicht am Himmel geben, höchstens, wenn man einen Mond aus Blech macht.«

»Wenn ich nur wüßte, wie man aus Blech einen Mond macht, der am Himmel so leuchtet wie unser Mond!«

»Na, ich sag ja nicht, daß er so leuchten würde wie der alte, aber die Form kann sicher aus Blech nachgemacht werden. Es muß sich nur jemand finden, der ihn dann auch an den Himmel schafft. Und selbst das täte ich für Euch, denn so ein Mann bin ich mal! Wenn ich will, gehe ich, wenn ich will, fliege ich, wenn ich will, kann ich mich auch hinlegen. Bin ich besoffen, dann gehe ich freilich nicht, fliege auch nicht, sondern leg mich ins Bett und ruhe mich aus.«

»Ich sehe schon, jedes deiner Worte geht nur auf eins hinaus, du hast nur einen einzigen Wunsch: den Branntwein!«, entgegnete der König.

»Ich hab's ja gesagt, mein Herr König, bringt mir ein bißchen Schnaps zu trinken, dann hol ich Euch das Mondlicht.«

»Nun denn, her mit dem Schnaps! 's ist ja kein so kostbar Ding! Wieviel vermagst du wohl zu trinken, guter Mann?«

»Na, meine fünf Liter Schnaps trink ich schon, wenn ich mag.«

»Fünf Liter ganz allein? Wie willst du dann das Mondlicht vom Grunde des Eismeeres herausholen?«

»Ich bring Euch sogar noch einen Fisch zum Nachtmahl mit, es gibt ja auch Fische auf dem Grunde des Meeres, die schlecken jetzt am Mond herum. Einen preß ich an den Mond und bring ihn Euch! Was soll's denn sein, ein Störfisch, ein Hecht, ein Barsch oder gar eine Forelle? Ich bring Euch, was Ihr nur wünscht!«

»Am liebsten hab ich Störfische. Unterm Eis ist das Wasser kalt und rein, wird durch nichts getrübt und bleibt frisch und klar. Du kannst mir einen Störfisch zum Nachtessen bringen!«

Das sagte der König freilich nur zum Spaß.

Nachdem der Trunkenbold seine fünf Liter Schnaps ausgetrunken hatte, entledigte er sich der Beinkleider, riß sich das Hemd vom Leib und lief bis an den Rand des Eismeeres. Dort stürzte er sich kopfüber ins Wasser und schwamm zu der Stelle hin, wo im Wasser das Mondlicht badete.

»Hör schon auf mit dem Baden, ich will mit dir die Tochter des Königs gewinnen! Wasch dich noch sauber, wo du kotig oder schmutzig bist, dann aber pack ich dich und schleudere dich zurück an den Himmel!«

»Ach, laß mir noch ein Jährchen Zeit, laß mich noch ein wenig baden, nur so kann ich mich ausruhen. Hier hört man keine schmutzigen Reden wie bei den Menschen, wo der eine ärger flucht als der andere. Auch dich hab ich schon oft gehört, du pflegst auch viel zu fluchen.«

»Reden wir nicht davon, sag mir lieber, wo sich im Wasser die Störfische aufhalten. Ich will dem König einen Stör zum Nachtessen bringen, soll er auch mal was Gutes zum Abendbrot haben.«

»Oh! Die Störe sind etwa siebzig Meter tief im Wasser. Sie drücken den Kopf in den Schlamm, weil sie sich vom Naß des Schlammes ernähren.«

»Na, ich geh jetzt dort hinunter. Bis dahin wasch dich gründlich, sonst nehme ich dich so dreckig mit wie du bist.«

Der Mond stieß ein Gelächter aus. Der Mann aber begab sich auf den Grund des Meeres, fing etwa sechs Störfische, jedes Stück acht bis neun Kilo schwer, preßte alle zusammen und hielt sie mit einer Hand am Schwanz. Dann tauchte er wieder an der Stelle auf, wo der Mond badete, packte auch diesen, steckte ihn unter die Achsel und brachte ihn so auf die Erdoberfläche. Doch einer der Störfische schlüpfte ihm aus der Hand, er haschte nach ihm, konnte ihn aber nicht mehr fassen. Und so findet man noch heute den Stör im Wasser des Eismeeres.

»Ach, was soll ich jetzt dem König sagen? Sechs Stück hab ich gefangen und bring ihm nur fünf. Pah! Soll er sich damit zufriedengeben!«

Vorerst legte er den Mond im Hintergarten des Königs nieder, damit er sich nach dem langen Bad erhole. Dann trug er die fünf Störfische dem König hinein.

»Na, mein Herr König, da habt Ihr die Störe! Laßt sie sogleich zubereiten, damit sie zum Nachtessen fertig sind.«

»Ich sehe, guter Mann, Störe hast du zwar gebracht, aber wo ist das Mondlicht?«

»Das Mondlicht ist in Eurem Garten, kommt und schaut's Euch von allen Seiten an! Es ruht sich etwas aus, hat nämlich lange im Wasser gebadet.«

»Je! Wie ist denn der Mond so heiß? Es sind noch etwa hundert Meter bis zu ihm, und ich fühle meine Haut schier verbrennen!«

»Ja, seht, deshalb kann er auch am Himmel leuchten.«

»Und wie soll er hinaufgeschafft werden?«

»Gebt mir noch ein Schlückchen Schnaps, ich werf ihn dann hinauf.«

»Wieviel nur vermagst du zu trinken, guter armer Mann?«

»Was? Bin ich für Euch immer noch der arme Mann? Hab ich vergebens das Mondlicht aus dem Wasser geholt und Euch dazu noch fünf große Störfische gebracht? Es wären ihrer sechs gewesen, doch einer ist mir aus der Hand geschlüpft. Ich bin ihm zwar ins Wasser nach, aber so flink ist dieser Stör, hat sich so verkrochen, daß ich ihn nicht mehr finden konnte. Da hab ich mir gedacht, was soll ich noch länger suchen? Ihr eßt halt, soviel ich Euch bringe.«

»Laß es gut sein mit diesen Störfischen, ich hab dir sowieso nur einen aufgetragen.«

»Ich wollte aber sechs Stück bringen!«

»Sag jetzt, wieviel Schnaps du willst und wie ich dich nennen soll?«

»Wie mich nennen? Habt Ihr mir nicht Eure Tochter zum Weibe versprochen? Dann bin ich doch Euer Schwiegersohn, denk ich! Wenn nicht, dann ... wißt Ihr, was ich dann mache, mein Herr König? Ich zahl's Euch heim! Euch selber hau ich an den Mond. Zwar zerspringt der Mond davon, aber Ihr ebenfalls. Es gibt dann keinen König mehr und auch keinen Mond am Himmel, solange die Welt noch besteht! Gott wird der Erde keinen zweiten Mond geben!«

»Oh, tu das nur ja nicht! Sag, wieviel Schnaps du brauchst, und dann erledige schon diese Hinaufbringerei des Mondes an seine Leuchtstelle.«

»Bringt mir fünf Liter Schnaps, die trink ich schnell aus, und dann erledige ich's. Eurer Tochter aber sagt, sie soll sich schön machen, sich waschen und baden, daß ich mich in sie verlieben kann; wenn nicht, dann bekommt Ihr's von mir!«

»Na so was! Du schäbiger alter Mann, du meinst, du könntest dich in meine Tochter nicht verlieben? Du bist ja häßlich und nicht meine Tochter!«

»Na, na, na, Ihr seht's dann schon; jetzt ist es noch dunkel, ich muß erst den Mond hinauflassen. Wenn ich den Mond an seinen Platz getan habe und zurückkomme, werdet Ihr vor lauter Staunen auf den Hintern fallen!«

Der arme Mann setzte die Korbflasche mit fünf Litern Schnaps an den Mund, trank in einem Zuge aus, dann nahm er das Mondlicht und trug es zurück an seinen Platz am Himmel. Da kam ein so heller Glanz am Himmel auf wie in den Nächten, wenn der Mond am schönsten leuchtet. Nun begab sich der arme Mann in das königliche Schloß. Das Hemd hatte er abgelegt und nur sein Beinkleid anbehalten, sonst nichts.

»Hör mich an, mein Vater, ich bin dein Schwiegersohn, hab meine Pflicht erfüllt, und jetzt befehle ich: Gib mir ein Kleid zum Anziehen! Ich hab dir gesagt, daß ich von armer Geburt bin; ein Kleid, wie es dem Schwiegersohn des Königs geziemt, besitze ich nicht!«

Wie ihn der König jetzt anblickt, sieht er einen so wunderschönen achtzehnjährigen Jüngling vor sich stehen, daß er vor dessen Glanz tatsächlich auf den Hintern fiel.

»Nun, wo ist denn deine Tochter? Zeig sie mir doch?«, sagte der Jüngling, nachdem er sich angekleidet hatte.

Man rief das Mädchen herein.

»Schau her, dies ist dein Bräutigam!«

»Ihr Bräutigam? Erst jetzt sagst du's deiner Tochter, daß sie meine Braut ist? Bin auch nicht bloß ihr Bräutigam, sondern schon ihr Gemahl, denn längst schon hätten die Ringe getauscht werden sollen, mein Vater! Und deiner Tochter hättest du's schon sagen können, als ich im Eismeer war, den Mond zu suchen! Nun denn, du Königstochter, sag, willst du meine Frau werden oder nicht?«

»Ei, warum nicht? Einen so schmucken Jüngling wie dich hab ich in meinem Leben nicht gesehen. Wie wollt ich da nicht deine Frau werden?!«

»Na, dann komm und laß uns die Ringe tauschen. Aber dein Vater soll mir einen Ring geben, den ich gegen deinen tauschen kann.«

Was konnte der König schon tun? Er zog seinen Ehering vom Finger, denn in der Tasche hatte er keinen in Reserve.

Das Fräulein nahm nun ihren Ring mit dem eingravierten Namen und tauschte ihn gegen den des schönen Jünglings. Sodann wurde die Hochzeit verkündet. Die Hochzeit der Königstochter mit dem ritterlichen Jüngling, der es vermochte, das Mondlicht zurück an den Himmel zu bringen, sollte drei Monate lang dauern. Je nun, als der Mann wieder nüchtern war und zu der Tochter des Königs ging, war's ein so verhutzeltes altes Männlein, als wenn ein Karren über sein Gesicht gekippt wäre.

»Wie geht's, mein liebes Täubchen? Morgen wird Hochzeit sein!« Als ihn die Tochter des Königs erblickte, fiel sie schier in Ohnmacht.

»So einer soll mein Gemahl sein? Ein so verhutzeltes altes Männchen, wie wenn ein Karren über sein Gesicht gekippt wäre! Wie alt bist du eigentlich?«

»Wie alt, fragst du? Hab ich's deinem Vater nicht gesagt? Hab schon lange die Sechzig überschritten – vor zehn Jahren.«

»Wie alt bist du dann im ganzen?«

»Nun, rechne es doch aus! Du bist doch eine Königstochter, bist ja zur Schule gegangen, oder vielleicht nicht?«

»Nun, wie ich auch rechne, mußt du jetzt siebzig Jahre alt sein.«

»Du lügst, 's ist ein Jahr mehr!«

»Wie denn, einen einundsiebzigjährigen Mann soll die Tochter des Königs heiraten?«

»Dein Vater hat es mir versprochen! Willst du mich nicht heiraten?«

»Nein!«

»Ich seh schon, ihr spekuliert da was in euren Köpfen, hast gar schon einen Bräutigam? Schau her, wer hat diesen Ring an meinen Finger gesteckt? Dein Name ist darauf.«

»Nicht dir habe ich ihn gegeben, sondern einem schönen jungen Mann.«

»Ei, fürwahr, wenn du ihn einem Jüngeren gegeben hast, dann schwindelst du und nicht ich. Schau nur gut her, erkennst du deinen Namen nicht auf diesem Ring?«

»Ich erkenne ihn wohl, du hast ihn bestimmt jenem Jüngling weggestohlen, vielleicht hast du ihn sogar getötet oder ihm sonstwas angetan!«

Da schlug der Alte einen Purzelbaum und verwandelte sich wieder in den schönen achtzehnjährigen Jüngling von vordem, der mit dem Königsfräulein die Ringe gewechselt hatte.

»Bin ich's oder nicht?«

»Ja, jetzt erkenne ich dich wieder!«

»Dann laß uns schleunigst zur Hochzeit gehen, ich will nicht länger warten.«

»Wir müssen nicht hingehen«, sagte die Tochter des Königs, »mein Vater hat den Priester herbestellt, in zwei Stunden ist er da.«

»Also gut, diese zwei Stunden gehen auch vorüber. Zieh dir inzwischen dein schönstes Gewand an, so wollen wir zur Hochzeit gehen.«

»Ich hab doch gesagt, daß wir nicht gehen müssen, hier im Zimmer werden wir getraut.«

Als sie vor dem Traualtar standen und der Schwur fast schon zur Hälfte geschworen war, hob die Königstochter ihren Blick zu dem armen Mann. Unverwandt schaute sie ihn an.

»O weh! Wir müssen den Schwur widerrufen! Ich will nicht die Braut eines so häßlichen alten Mannes sein!«

Damit fiel die Tochter des Königs um und war tot.

Der arme Mann aber blieb irgendwo verwitwet zurück.

Die Eule und das Rebhuhn

Eines Tages hatten sich alle Vögel versammelt und kamen überein, ihre Kinder in die Schule zu schikken, damit sie lesen und schreiben lernten. Sie fanden auch einen Lehrer und stellten ihn an. Er eröffnete die Schule, und sie kamen mit ihren Kindern und ließen sie einschreiben.

Nach einigen Tagen kamen etliche Kinder in die Schule und konnten ihre Aufgaben nicht. Der Lehrer behielt sie über Mittag da, ohne daß sie etwas zu essen hatten. Unter den Kindern, die zur Strafe nachsitzen mußten, war auch das Kind der Eule.

Sobald die Eule sah, daß am Mittag die Kinder aus der Schule kamen und ihr Kind nicht dabei war, nahm sie ein wenig Brot und ging zur Schule, um es ihm zu bringen.

Als sie so ging, traf sie das Rebhuhn, dessen Kind auch nachsitzen mußte, ohne zu essen, und sie wollte ihm etwas Brot bringen. Da sagte das Rebhuhn zur Eule: »Dir alles Gute, Nachbarin; ich habe viel zu tun und bitte dich, nimm auch für mein Kind das Essen mit.«

»Das tu ich gern, Nachbarin«, sagt die Eule, »aber ich kenne dein Kind nicht.«

»Oh«, erwidert das Rebhuhn, »was das anbetrifft, so kannst du es leicht finden. Mein Kind ist das schönste Kind der ganzen Schule.«

Die Eule ging zur Schule. Sie bat den Lehrer um Erlaubnis, und er willigte ein, daß sie ihrem Kinde das Brot gab. Dann ersuchte sie den Lehrer darum, alle Kinder sehen zu dürfen. Sie besah sich alle gründlich, aber sie fand das Kind des Rebhuhns nicht. Sie kehrte um, traf das Rebhuhn und gab ihm das Brot zurück und sagte: »Was sollte ich tun! Ich habe eine Stunde lang nachgeschaut und hab dein Kind nicht gefunden, denn in der Schule war kein Kind schöner als meines.«

Sagen aus Nord- und Südamerika

Die Schöpfung

Am Anfang gab es da, wo jetzt Erde, Sonne, Mond, Sterne und alle übrigen Dinge dieser Welt sind, nichts. Lange Zeit hindurch ballte sich das Dunkel zusammen, bis es schließlich eine große Masse wurde, in der sich Erddoktors Geist bildete. Dieser trieb, wie eine Baumwollflocke vor dem Winde, hier- und dorthin ohne festen Halt. Endlich beschloß er, da er sich seiner Macht bewußt war, sich eine feste Wohnstätte zu gründen. Daher nahm er von seiner Brust ein wenig Staub und machte daraus einen flachen Kuchen; dann dachte er: »Irgendeine Pflanze soll erscheinen«, und der Kreosotebusch war zur Stelle. Er stellte ihn vor sich hin, sah aber, daß er umfiel, sobald er seine Hand von ihm zog; noch zweimal richtete er ihn auf, aber immer wieder fiel er um, bis er schließlich zum vierten Male stehenblieb. Als der flache Staubkuchen endlich stillstand, tanzte und sang Erddoktor auf ihm.

Jetzt schuf Erddoktor schwarze Insekten, die schwarzes Harz auf dem Kreosotebusch erzeugten, sodann die Termite, die sich ebenfalls sogleich ans Werk machte und den kleinen Staubkuchen bis zum Umfang unserer heutigen Erde anwachsen ließ. Wieder sang und tanzte der Erddoktor, und die Erde entwickelte sich weiter; dann machte er einen Himmel darüber, damit er sie bedecke, und der Himmel war wie die runde Hütte der Pima geformt. Aber die Erde schwankte und dehnte sich, so daß sie sich nicht zur Besiedlung eignete. Da schuf Erddoktor eine graue Spinne, die ein Netz weben mußte, das die Kanten von Himmel und Erde miteinander verband. Jetzt erst war die Erde fest und dauerhaft.

Weiter wurde alles, was wir jetzt auf der Erde sehen – Wasser, Berge, Bäume, Gräser und Kräuter –, geschaffen, dann machte Erddoktor eine Schale, goß Wasser hinein, und das Wasser wurde zu Eis. Er nahm den Eisklumpen heraus und schleuderte ihn gen Norden, wo er an der Stelle niederfiel, wo Erde und Himmel aneinanderstoßen; sogleich glänzte der Eisblock als die leuchtende Scheibe, die wir jetzt Sonne nennen. Die Sonne stieg eine Strecke weit am Himmel empor und fiel sodann wieder hinab. Erddoktor ergriff sie von neuem und warf sie gen Westen, dahin, wo Erde und Himmel zusammengenäht sind, und wieder stieg sie empor und glitt auf den Boden hinab. Zum Süden geschah dasselbe; als Erddoktor sie aber gen Osten warf, stieg sie höher und höher empor, bis sie den Zenit erreicht hatte und nun wieder zum Westen hinabsank; und so ist es bis zum heutigen Tage geblieben.

Als das Abendrot verblaßt war, wurde es pechschwarze Dunkelheit. Da goß Erddoktor wiederum Wasser in die Schüssel, das zu Eis wurde, nahm den Eisblock und warf ihn gen Norden, wo er an den Rändern von Erde und Himmel, da, wo die Spinne beide zusammengewoben hatte, niederfiel. Er wurde zu der glänzenden Scheibe, die wir jetzt Mond nennen. Auch der Mond versuchte nacheinander, wie die Sonne, im Norden, Westen und Süden emporzusteigen, ohne daß es ihm gelang, bis Erddoktor ihn nach Osten warf, von wo er sich erhob und bis zum heutigen Tage seinen Lauf über den Himmel fortgesetzt hat.

Als Erddoktor sah, daß der Mond zwar genügend Licht verbreitete, solange er über dem Horizont stand, daß aber die Dunkelheit noch immer sehr groß war, sobald er verschwand, nahm er etwas Wasser in den Mund und spritzte es an den Himmel, wodurch die Sterne entstanden, und als das immer noch nicht genügte, nahm er seinen Zauberkristall, zerbrach ihn und warf die Stücke an den Himmel, wo sie die größeren Sterne bildeten. Dann ergriff er seinen Wanderstab, tauchte dessen Ende in Asche und zog damit quer über den Himmel einen Strich, um die Milchstraße zu machen.

Nun war die Erde bereit, Bewohner zu empfangen, und Erddoktor schuf daher alle Arten von Vögeln und kriechenden Tieren. Darauf bildete er Figuren aus Ton und befahl ihnen, zu lebenden Menschen zu werden, was denn auch geschah. Eine Zeitlang vermehrten sie sich und verbreiteten sich über die Erde, bis sie so zahlreich waren, daß die Nahrung knapp wurde und auch Wasser nicht mehr genügend vorhanden war, um ihre Bedürfnisse zu befriedigen. Von Krankheit und Tod wußten sie nichts, und zusehends wurden ihrer immer mehr. Erddoktor hatte Mitleid mit ihrer Not, fand aber kein anderes Mittel, um sie von ihrem Elend zu befreien, als daß er sie alle wieder vom Erdboden vertilgte; mit der Zeit sah er ein, daß er dazu gezwungen sein würde.

Da sprach er: »Ich will Erde und Himmel zusammenbringen; die Erde soll wie ein Weib, der Himmel wie ein Mann sein, und aus der Verbindung beider soll mir ein Helfer erstehen. Auch Sonne und Mond sollen sich wie ein Hochzeitspaar vereinen, und auch ihr Sprößling soll mir ein Helfer sein.« Darauf hakte er das gekrümmte Ende seines Stabes in den Himmel und zog ihn herab, wodurch die Menschen und alle anderen Lebewesen zu Tode gedrückt wurden; dann stieß er den Stab durch die Erde, stieg durch das Loch hinab und kam auf der anderen Seite wieder zum Vorschein. Er rief Sonne und Mond, daß sie aus den Trümmern der Welt hervorkämen, und sie gehorchten. Aber es gab weder einen Himmel noch Sterne noch eine Milchstraße mehr, auf denen sie wandeln konnten, und Erddoktor machte alles wieder von neuem. Dann rief er die Nachkommenschaft der Erde und des Himmels. Da keine Antwort erfolgte, schuf er ein neues Menschengeschlecht, die Rsasanatsch.

Fern im Westen gebar der Mond unter Toahafsbüschen den Kojote und ging dann unter. Der Kojote wuchs rasch heran und kam, als er groß und stark war, ins Land der Pima.

Nach einiger Zeit gebar auch die Erde einen Sohn, der nachmals als Itany oder Siuuhu (»Älterbruder«) bekannt war. Dieser kam zu Erddoktor und sprach harte Worte zu ihm, und Erddoktor erzitterte vor seiner Macht. Die Menschen vermehrten sich zwar wieder, aber Älterbruder verkürzte ihr Leben, so daß sie die Erde nicht mehr übervölkerten wie zuvor. Das genügte indessen Älterbruder noch nicht, und er verkündete Erddoktor, er werde dessen Menschen zum zweiten Male vertilgen. Das trug sich aber folgendermaßen zu.

Älterbruder schuf einen hübschen Jüngling, dem er befahl, zu den Pima zu gehen und sich dort mit jeder Frau zu verheiraten, nach der er Verlangen trüge. Er sollte aber jede Frau wieder verlassen, sobald sie ihm das erste Kind geboren habe. Die erste Frau gebar ihm ein Kind vier Monate nach der Hochzeit, die zweite in etwas kürzerer Zeit, die dritte in noch kürzerer und so immer fort, bis schließlich bei der letzten das Kind schon gleich bei der Hochzeit zur Welt kam. Das aber war jenes Kind, welches nachmals die Flut verursachte, die die Menschen vertilgte, und so die Pläne Älterbruders verwirklichte. Es dauerte aber mehrere Jahre, bis es so weit kam, und in dieser Zeit wurden die Menschen durch die Kundgebungen der Macht Älterbruders und die Taten seines Helfershelfers in Furcht und Grauen versetzt. Älterbruder aber hatte, als sich diese merkwürdigen Dinge zutrugen, begonnen, einen Topf zu machen. Sobald er fertig war, sollte die Flut kommen.

Auf seinen Heiratsfahrten kam der junge Mann, Älterbruders Helfershelfer, zu guter Letzt zu Vakolo Makai (»Süddoktor«), der im Süden wohnte und über ähnliche Macht wie Älterbruder verfügte. Er war durch seine Kenntnis aller Dinge und durch seine Fähigkeit, Vorzeichen zu deuten, weit berühmt und hatte erklärt, er wolle Älterbruders schwarzen Plänen ein Ende bereiten. Daher befahl er seiner Tochter, die sich vor dem jungen Mann, Älterbruders Helfershelfer, sehr fürchtete, diesen trotzdem zu heiraten, damit sein göttlicher Plan verwirklicht werde. Als sie aber fortfuhr zu weinen und sich zu fürchten, hieß er sie Kaktusdornen holen und steckte ihr diese an; sie brauche sich nun nicht mehr vor dem jungen Mann zu fürchten und solle, wenn er käme, nur ein wachsames Auge auf alle Waffen haben, die er etwa mitbrächte. Da trocknete das Mädchen ihre Tränen und wartete voll Freude auf die Ankunft des Bräutigams. Sobald dieser da war, nahm sie ihm Bogen und Pfeile fort und tat sie in sicheren Gewahrsam. Dann begaben sich beide in die für sie erbaute Hütte, und sogleich tönte Kindergeschrei daraus hervor. Süddoktor und seine Frau liefen hin, begierig, ihren Enkel zu sehen. Die alte Frau nahm das Kind auf und wollte es der Mutter hinreichen, diese aber wehrte ab und sprach: »Ich bin nicht seine Mutter; er selbst, mein Gatte, hat das Kind geboren. Gib es ihm.« Da nahm der junge Mann das Kind und kehrte zu Älterbruder zurück. Da er sich aber sehr schämte, ließ er das Kind am Wege zurück, und Älterbruder fragte ihn: »Wie kommt es, daß du allein anlangst, ohne das Kind, das dir geboren ist? Bringe es her, wir wollen es warten; das ist das Beste, was wir tun können. Man hat uns überlistet und unsere Pläne zuschanden gemacht.« Der junge Mann ging zu dem weinenden Kinde, dessen Schreie die

Erde erbeben machten und auf weite Entfernungen hin zu hören waren.

Da berief Erddoktor die Menschen, die er geschaffen hatte, und verkündete ihnen, daß es eine große Flut geben werde. Und er stieß seinen Stab in den Boden und bohrte mit ihm ein Loch, das bis auf die andere Seite der Erde reichte. Einige von den Menschen stiegen hinein, andere flehten zu Älterbruder um Erbarmen, aber ihre Bitten wurden nicht erhört. Nur der Kojote, der auch seine Hilfe anrief, wurde angewiesen, einen dicken Baumstamm zu suchen und sich hinaufzusetzen; der würde ihn heil über die Oberfläche des Wassers tragen. Älterbruder selbst kroch in den Topf, den er sich gemacht hatte, und verschloß dessen Öffnung.

Als der junge Mann an den Ort gekommen war, wo er das Kind verlassen hatte, fand er, daß des Kindes Tränen bereits zu einem mächtigen Strom angeschwollen waren, der sich einen tiefen Schlund gegraben hatte. Er neigte sich über das Kind, um es emporzuheben, aber in demselben Augenblick wurden sie beide zu Vögeln, die sich im Fluge über die Erde erhoben, über die sich die Flut nun immer mehr ausbreitete.

(Die Menschen kommen zu Süddoktor, um bei diesem Rettung vor der Flut zu finden. Er weist sie an Erddoktor.)

Erddoktor sagte ihnen, daß sie zu spät kämen; denn er habe bereits alle, die er retten konnte, durch das Loch auf die andere Seite der Erde gesandt. Doch sei noch einige Hoffnung vorhanden, wenn sie den Gipfel des Krummen Berges erklimmen würden. Dann verlieh er Süddoktor Zauberkraft und befahl ihm, dem Volke bis an die Grenzen seiner Macht zu helfen. Süddoktor führte die Menschen auf den Gipfel des Berges und bewirkte, als die Flut bis dorthin gestiegen war, durch seinen Zaubergesang, daß der Berg sich höher und höher über die

Wogen erhob, die sich gegen sie heranwälzten, als sei das Land ganz eben. Dann zog er einen Strich rund um den Berg, der eine Zeitlang der Flut eine Grenze setzte; bald aber stieg sie von neuem und drohte den Gipfel zu überschwemmen.

Viermal stimmte Süddoktor seinen Zaubergesang an und ließ den Berg emporwachsen, dann aber war seine Macht erschöpft. Nur eines konnte er noch für die Menschen tun; er hielt seinen Zauberkristall in der Linken und sang:

»Machtlos! Machtlos!
Machtlos ist mein Zauberkristall!
Machtlos! Machtlos!
Möge ich werden zu Stein!«

Mit diesen Worten schwenkte er seine Rechte, und Donnergrollen erscholl aus allen Richtungen. Er warf seinen Stab ins Wasser, wo er mit lautem Krachen zerbarst. Als er sich umsah, stand ein Hund bei ihm. Den sandte er aus, um nachzusehen, wie hoch die Flut stehe. Da wandte der Hund sich zum Volke und sprach: »Sie ist dem Gipfel nahe.« Sobald die angstvoll Harrenden diese Stimme vernahmen, wurden sie zu Stein. Noch heute sehen wir sie dort in Gruppen beieinander, die Männer zum Teil im Gespräch, die Frauen beim Kochen, einige auch in der Haltung Weinender.

Der Kojote wurde auf seinem Baumstamm nach Süden bis zu einer Stelle getrieben, wo alles Treibholz sich sammelte, und entkam so der Flut. Erddoktor entrann ihr, indem er sich in seinen Rohrstab einschloß, der auf dem Wasser schwamm und im Osten landete. Älterbruder rollte in seinem Topf auf dem Grunde des Wassers dahin und blieb schließlich im Westen jenseits Sonoita nahe der Mündung des Colorado liegen. Noch bis zum heutigen

Tage sieht man dort den Topf, der jetzt der Schwarze Berg heißt. Er ist schwarz, weil das Harz, aus dem der Topf gemacht war, diese Farbe hatte. Als die Gewässer sich verlaufen hatten, kam Älterbruder aus seinem Topf hervor und wanderte umher, bis er fast alle Gegenden der Welt besucht hatte. Dabei stieß er auf Erddoktor und den Kojote, von denen jeder behauptete, er sei der erste gewesen, der nach der Flut wieder zum Vorschein gekommen sei. Endlich einigte man sich dahin, daß Älterbruder der erste gewesen sei, und so wurde er Herrscher über die Welt und gilt als solcher noch bei vielen bis auf den heutigen Tag.

Nun befahl Älterbruder seinen Gefolgsleuten, die Mitte des Landes zu bestimmen, die Hik (»der Erdnabel«) genannt wird. Er sandte Erddoktor nach Osten, den Kojote nach Westen; der letztere kam zuerst zurück, dann, erst nach langer Zeit, Erddoktor. Sie zogen nun alle mehr nach Osten, und wieder wurden die beiden abgesandt, der Kojote nach Osten und Erddoktor nach Westen. Diesmal kam Erddoktor als erster zurück; da gingen sie noch ein Stück weiter nach Osten. Der Kojote, der jetzt nach Westen entsandt war, war zuerst wieder da, und erst, als sie noch etwas östlicher vorgerückt waren, kehrten beide gleichzeitig zurück, und sie wußten nun, daß sie in der Mitte des Landes waren.

Da beugte Älterbruder sein Haupt und kratzte sich; und die Läuse, die herabfielen, wurden zu Ameisen, die rasch den Fleck, auf dem sie standen, trockenlegten, denn die Erde war damals noch allenthalben naß und schlammig. Nun ließen sich alle drei nieder, um die verschiedenen Wesen, die vor der Flut gelebt hatten, wieder zu erschaffen. Jeder saß da, das Gesicht der Himmelsrichtung zugekehrt, von der er gekommen war: Älterbruder dem Westen, der Kojote dem Süden, Erddoktor dem Osten. Denn sie waren übereingekommen, weder hinzusehen, was die andern machten, noch darüber zu sprechen, bis alles fertig wäre; dann erst sollte alles zugleich vorgezeigt werden. Einen Augenblick darauf sagte bereits Älterbruder, er sei fertig, und forderte die andern auf, zu zeigen, was sie gemacht hätten. Da brachten die beiden andern ihrer Hände Werk zu ihm; der Kojote hatte die Tiere mit Schwimmhäuten, die Schlangen und Vögel erschaffen, Erddoktor Wesen, die zwar Menschen glichen, aber mißgestaltet waren, denn die einen hatten nur ein Bein, andere gewaltige Ohren, wieder andere waren ohne Körperöffnungen oder hatten Feuerflammen in ihren Knien. Da hieß Älterbruder den Kojote die Tiere, die er geschaffen hatte, ins Wasser werfen und Erddoktor die seinen in den Westen versetzen. Kaum war das geschehen, so versank Erddoktor in der Erde. Älterbruder wollte ihn festhalten, ohne daß es ihm gelang; dabei besudelte er sich seine Hände mit Schmutz und Blut, wie ein Mann, der ein Tier schlachtet. Er schüttelte sie, und das Blut spritzte über die ganze Erde und verursachte alle Krankheiten, die wir jetzt kennen.

So blieben Älterbruder und der Kojote im Besitz der Erde. Nachdem die Figuren, die der erstere gemacht hatte, vier Tage lang verwahrt worden waren, wurde eine, die zu der Apatschegruppe gehörte (sie waren nämlich in verschiedene Gruppen eingeteilt), lebendig, sagte: »Es ist sehr kalt!« und begann, ihren Körper vor- und rückwärts zu neigen. Älterbruder sprach: »Oh, ich dachte nicht, daß du zuerst erwachen würdest« und wurde darüber so ärgerlich, daß er alle Apatsche ergriff und über das Gebirge warf. Das machte sie böse und ist der Grund, weshalb sie seitdem immer so wild gewesen sind.

Die vier Gruppen von Indianern, die Älterbruder geschaffen hatte, waren aber folgende: die Wá-aki Ap, Apatsche, Marikopa und zuletzt die Prima. Dieser letzteren wurden höhere Fähigkeiten verliehen, als da sind die

Kenntnis der Jahreszeiten, die Macht, Regen vom Himmel zu erlangen, die Fähigkeit, Krankheiten zu heilen, und andere mehr. Diese Stämme verbreiteten sich von nun an über die Erde und vermehrten sich zusehends.

Wie die Sonne gestohlen wurde

Vor vielen, vielen Jahren, lange, bevor es an den Ufern des Großen Sklavensees Menschen gab, lebten alle Tiere friedlich zusammen, halfen einander und redeten eine gemeinsame Sprache. Damals gab es überall genug zu essen, und niemand brauchte Not zu leiden. In einem Winter jedoch blieb der Schnee länger als gewöhnlich liegen. Die Sonne wollte und wollte sich nicht sehen lassen, und in großen Flocken fiel das Schweigen vom Himmel. Bald deckte der Schnee die ganze Erde zu, und die hohen Tannen hatten Mühe, sich gegen den brausenden Sturm zu behaupten. Es gab so viel Schnee, daß selbst die höchsten Spitzen der Bäume unter der weißen Last begraben waren. Der Frühling ließ auf sich warten, und die Sonne schien gestorben zu sein, denn monatelang herrschte völlige Dunkelheit. Die Tiere hatten große Not zu leiden, und viele von ihnen verhungerten oder verirrten sich im Schnee, wo sie jämmerlich erfroren. Da beschlossen die Überlebenden, eine Abordnung in den Himmel zu schicken, die nachsehen sollte, wohin die Sonne wohl verschwunden war.

Mühsam stapften die Tiere nach Norden, denn dort, wo am Himmelseingang die Geister der Verstorbenen zu tanzen pflegten, daß der ganze Himmel leuchtete, dort mußte auch für sie ein Weg sein. Nach langer Suche fanden sie schließlich den Eingang zur oberen Welt und befanden sich bald darauf in einem Lande voller Sonnenschein und Wärme. Gras und Blumen gab es dort, und freundlich spiegelte sich die Sonne im Wasser eines Sees. Am Ufer aber stand das Zelt des Schwarzen Bären, eines Tieres, das damals auf der Erde noch unbekannt war.

Neugierig traten die Tiere näher, betrachteten das Lederzelt aus Rentierhäuten und fanden so drei kleine Schwarzbären, die ängstlich in einer Ecke saßen. Der alte Bär jedoch war nicht daheim, sondern zum See gegangen, um Rentiere zu erlegen. Dies war die Zeit der großen Wanderung, und täglich schwammen die Herden der Karibus über den See, dort, wo sich die beiden Ufer fast berührten. Eigentlich hatte der Schwarze Bär die Aufgabe, den Eingang zur Oberwelt zu bewachen und ungebetene Gäste zu verscheuchen, aber manchmal ging eben der Jagdeifer mit ihm durch. Die drei kleinen Bären hatte er daheim gelassen, damit sie die heiligen Medizinbeutel im Zelt bewachen sollten, in denen ein großer Zauber verborgen war. Die Tiere wunderten sich, was wohl in den Beuteln sein mochte, aber die Bärlein blieben stumm, und selbst der Elch traute sich nicht, sie einfach aufzumachen und nachzuschauen.

Als die Tiere merkten, daß es ihren Brüdern, den Karibus, ans Leben gehen sollte, hatten sie großes Mitleid. Rasch sandten sie die Maus hinunter ans Ufer, damit sie die Paddel im Kanu des Bären zernagen sollte. Sogleich machte sich diese an die Arbeit, aber sie hatte kaum richtig begonnen, als der Schwarze Bär erschien, um auf die Jagd zu gehen. Mit mächtigen Schlägen paddelte er auf den See hinaus, ängstlich drängten sich die Rentiere zusammen, als sie den Jäger nahen sahen, und enttäuscht standen die Tiere am Ufer. Mit einem Male, als sich der Jäger mitten auf dem See befand, zerbrach das angenagte Paddel in seiner Hand, das Kanu kenterte, und der Schwarze Bär verschwand im Wasser.

Die Tiere hatten alles mit angesehen und machten sich sogleich über die heiligen Medizinbeutel her, um sie zu öffnen. Da fanden sie die Sonne, den Mond und die Sterne, die von der Erde verschwunden waren! Rasch warfen sie diese Beute hinunter auf die Welt, wo der Schnee sogleich zu schmelzen begann, als die Sonne plötzlich wieder schien.

Anschließend machte sich die Abordnung auf den beschwerlichen Rückweg, der allerdings nicht ohne Unfälle abging. Bison, seit jeher ein ungeschickter Geselle, der zudem noch äußerst kurzsichtig war, trat dem Biber aus Versehen auf den Schwanz. Das Blut spritzte über die Wildkatze, die neben dem Biber ging. Seit dieser Zeit hat die Wildkatze dunkle Streifen auf ihrem Fell, während der Biber mit einem platten Schwanz durchs Leben gehen muß. Der Elch stolperte über seine eigenen Beine und fiel auf die Nase; noch heute ist sie davon krumm und geschwollen. Die drei kleinen Bären aber folgten den übrigen Tieren aus reiner Neugierde.

Am Ende erreichten die Tiere die Erde; aber wie erstaunt waren sie, als sie nur eine riesige Wasserfläche vor sich sahen, aus der auch nicht ein einziger Baum ragte. Weit und breit war kein Land zu sehen, und niemand wußte sich einen Rat. Schließlich entdeckten die Fische, die bisher brav auf dem Lande gelebt hatten, daß sie schwimmen konnten. So nahmen sie ihre Gefährten auf den Rücken und schwammen davon, trockenes Land zu suchen. Die Enten aber bemühten sich vergeblich, das Land an die Oberfläche zu ziehen; ein Unterfangen, das sie seitdem noch nicht ganz aufgegeben haben, denn jedesmal, wenn sie im Wasser sind, versuchen sie es von neuem.

Als die Fische müde wurden, schickte man die Vögel aus, um nach dem Lande Umschau zu halten. Ein sehr bunter Vogel, der sich auf sein Gefieder viel einbildete, war der Rabe. Er war ebenfalls auf die Suche gegangen. Aber statt sich anzustrengen, fand er einen alten Knochen, den er abzunagen begann. Zur Strafe wurde er ganz schwarz und verlor zu allem Überfluß auch noch seine schöne Stimme. Obgleich er bisher nur Körner und Beeren gefressen hatte, darf er nun nichts wie Abfälle verzehren und muß von dem leben, was andere fortwerfen.

Nach langer Suche fand das Schneehuhn schließlich trockenes Land, und zur Belohnung darf es seit dieser Zeit zwei Kleider tragen, ein weißes im Winter und ein braunes im Sommer. Alle Tiere machten sich auf, um sich ein trockenes Plätzchen zu suchen, und als sie an Land stiegen, wurden sie von den Zurückgebliebenen freudig begrüßt. Langsam verlief sich das Wasser, aber das alte Leben wollte sich nicht wieder einstellen. Jedes Tier zog in eine Gegend, die ihm besonders gefiel. Die Fische blieben im Wasser, die Hirsche zogen in die Wälder, der Biber, der sich seines platten Schwanzes wegen nicht mehr in der Gesellschaft anderer wohl fühlte, ließ sich mitten im See nieder, wo ihn niemand besuchen konnte. Die Vögel flogen in alle Richtungen, und der Elch zog in den Sumpf, um seine Nase zu kühlen. Langsam vergaßen die Tiere ihre gemeinsame Sprache. Lange Zeit danach sind dann die ersten Menschen ins Land gekommen.

Wie Wildkaters Söhne Sonne und Mond wurden

Im Hause des Frosches lebte die Hindin, ohne daß irgend jemand darum wußte. Einst brachte der Hase Wapitifelle ins Haus des Frosches. Jedermann war es bekannt, daß der Frosch viel zu alt war, um sie zu bearbeiten, aber nichtsdestoweniger waren die Felle nach wenigen Tagen fertig zubereitet. Die Leute begannen nun sein Haus zu beobachten und fanden die Spuren eines weiblichen Wesens; aber niemand wußte, wer es war. Nachdem alle Tiere ihm vergeblich nachgespürt hatten, versuchte der Wildkater ausfindig zu machen, wer für den Frosch arbeite. Viele Tage paßte er vergeblich auf, ohne jemand zu sehen. Er suchte sorgfältig nach Spuren rings um das Haus und fand endlich die Stelle, an der die Hindin ihr Wasser abzuschlagen pflegte. Er bemerkte, daß sie versucht hatte, die Spuren zu verbergen, aber trotzdem entdeckte er diese. Er riß sich vier Haare aus, legte sie auf die Erde und befahl ihnen, in den Körper der Hindin einzudringen, wenn diese ihr Wasser abschlüge. Es geschah, wie der Wildkater befohlen hatte, und nach wenigen Stunden gebar sie ein Kind. Die Leute hörten es weinen und entdeckten nun die Hindin in des Frosches Haus. Niemand wußte, wer des Kindes Vater war. Der Frosch ließ die Männer nacheinander das Kind auf den Arm nehmen, da er dachte, daß es aufhören würde zu weinen, wenn sein Vater es aufnähme. Der Präriewolf versuchte das Kind zu beruhigen, doch gelang es ihm nicht. Der alte Rabe dachte: »Gewiß ist mein Sohn der Vater des Kindes« und sandte ihn hin. Das Kind hörte aber nicht auf zu weinen. Alle Leute kamen, aber keiner konnte es beruhigen. Mittlerweile war der Wildkater von der Jagd zurückgekommen. In der Nähe des Dorfes legte er seine guten Kleider ab und begrub sie unter Steinen. Er nahm auch den Feuerstein, den er zum Feuermachen benutzte und im Ohr trug, ab und legte ihn zu den Kleidern. Dann ging er ins Dorf. Als die Leute ihn kommen sahen, sagten sie: »Da kommt der Wildkater.« Kaum hatten sie diese Worte ausgesprochen, als das Kind sich zu beruhigen begann; sobald der Kater es auf die Arme nahm, wurde es ganz ruhig. Da wußten die Leute, daß der Wildkater des Kindes Vater sei. Noch während er es hielt, rissen sie ihm die Kleider vom Leibe und zerfetzten sie. Sie verließen ihn, die Hindin und das Kind, löschten alle Feuer aus, nahmen ihre Vorräte mit und überließen jene dem Hungertode.

Als die Leute fortgegangen waren, führte der Wildkater sein Weib und Kind nach dem Platze, wo er Kleider, Feuerzeug und Proviant verborgen hatte. Er öffnete das Versteck, und sie bauten sich eine Hütte. Das Kind wuchs heran und wurde ein guter Jäger wie sein Vater, so daß sie immer reichlich zu essen hatten. Nach einiger Zeit gebar die Hindin einen zweiten Sohn. Während sie nun Nahrung in Hülle und Fülle hatten, litten die Leute, welche sie verlassen hatten, große Not. Unter ihnen war die Großmutter des Katers, die Elster. Diese dachte: »Ich will doch sehen, was aus meinem Enkel geworden ist.« Wie groß war ihr Erstaunen, als sie fand, daß es ihnen so gutging. Der Wildkater gab ihr reichlich zu essen, verbot ihr aber, den andern Leuten etwas abzugeben.

Erstmals im Sommer verließ der Kater seine Familie, um Lachse zu fischen. Er machte ein Wehr, ließ den Fluß oberhalb desselben sich aufstauen und das Wasser wieder abfließen, wenn das Wehr voller Lachse war. Auf diese Weise fing er viele Lachse. Die Mutter und ihre zwei Söhne waren allein zurückgeblieben. Eines Tages sagte sie zu den jungen Männern: »Wißt ihr, daß die Leute jetzt damit beschäftigt sind, die Sonne zu machen? Geht hin und versucht, ob ihr nicht die Sonne werden könnt. Ihr werdet an der Stelle vorbeikommen, wo euer Vater fischt; sagt ihm, was ihr zu tun gedenkt.« Die Söhne rüsteten sich zur Reise, nahmen Abschied von ihrer Mutter und trafen, als sie einige Tage gewandert waren, ihren Vater. Dieser erkannte sie zuerst nicht, bis sie zu ihm sprachen: »Wir sind deine Söhne und gehen zu dem Platze, wo die Leute die Sonne zu machen versuchen. Wenn es uns gelingt, wirst du uns nicht wiedersehen, sonst kommen wir bald zurück.« Sie wanderten weiter und gelangten endlich zu dem Platze, wo die Leute sich bemühten, die Sonne zu machen. Als sie ankamen, war gerade der Rabe die Sonne. Schwere, schwarze Wolken bedeckten den Himmel, und es war sehr kalt. Die Leute riefen den Raben zurück und hießen den Präriewolf seinen Platz einnehmen. Derselbe lief fort, und nach kurzer Zeit sahen sie ihn hinter den Bergen aufsteigen. Sogleich wurde es schönes Wetter und so heiß, daß die Leute ins Wasser springen mußten, um der Hitze zu entgehen. Nachdem der Präriewolf eine kurze Zeit am Himmel gewesen war, sah er Leute Wildbret braten. Da rief er: »Hallo! Eßt nicht alles auf, was ihr gekocht habt. Ich will auch etwas haben!« und eilte zurück. Daher war der Tag sehr kurz. Zudem erzählte er alles wieder, was er auf Erden gesehen hatte. Da sagten die Leute: »Du sprichst zuviel, du kannst nicht die Sonne sein.« Dann rief der Häuptling mit lauter Stimme: »Laßt die beiden Fremdlinge, die eben angekommen sind, ihr Glück versuchen, den älteren zuerst.« Dieser ging nun hinter den Berg und stieg langsam empor. Da sahen die Leute die Sonne erscheinen, gerade so, wie wir sie heute sehen. Es war nicht zu warm und nicht zu kalt. Mittags stand sie nicht so hoch, daß gar kein Schatten gefallen wäre, und der Tag hatte die richtige Länge. Als er abends zurückkam, fragte der Häuptling: »Was haltet ihr von ihm?« Und alle Tiere priesen ihn. Er wurde daher als Sonne angenommen. Der Häuptling fuhr fort: »Wir müssen aber auch die Sonne für die Nacht haben; laßt den jüngeren Bruder versuchen, ob er es werden kann.« Dieser ging hinter den Berg, stieg in die Höhe, und die Leute sahen, daß er wunderschön hell war. Daher nahmen sie ihn als Mond an.

Die Söhne des Wildkaters waren also Sonne und Mond geworden. Der Präriewolf aber war neidisch auf sie, da er seinen Platz nicht hatte behalten können, und beschloß, die Sonne zu töten. Er ging zur Stätte des Sonnenaufgangs, aber die Sonne blendete ihn so, daß er sie verfehlte. Viermal versuchte er vergeblich, sie zu töten. Beim letzten Versuch verbrannte einer seiner Pfeile, fiel ins Gras und entzündete es. So verursachte er den ersten Präriebrand.

Das Mädchen und die Wolken

Vor alten Zeiten, als die Zuni noch in Kakima wohnten, lebte einst ein Medizinmann der Bogenbrüderschaft, der vier Töchter hatte. Alle vier waren unverheiratet und lebten bei ihren Eltern. Aber während die drei ältesten Mädchen den ganzen Tag lang Mais mahlten, kochten, Körbe flochten, Wasser holten und sich sonst nützlich machten, rührte die jüngste Tochter keinen Finger. Die übrigen Schwestern ärgerten sich über diese Faulheit, und mehr als einmal versuchten sie, ihre Schwester zur Arbeit anzuhalten. »Komm, hilf uns den Mais mahlen« oder: »Sei uns doch beim Backen behilflich« oder: »Wenn du schon nicht zur Hausarbeit taugen magst, dann nimm eine Hacke und hilf den Eltern im Maisfeld«, so ging es tagaus, tagein. Doch plötzlich hielt es die jüngste Schwester nicht mehr aus, sie sprang auf und lief zum Dorfe hinaus, ohne Umhang oder Schuhe mitzunehmen. Aufs Geratewohl lief sie nach Süden, nur von dem Gedanken beseelt, die Ermahnungen ihrer Schwestern nicht mehr hören zu müssen. Kaum aber hatte sie das Dorf hinter sich gelassen, als es zu regnen begann. Ohne auf die Regengüsse zu achten, lief sie weiter und kam schließlich in einen Wald. Dort setzte sie sich unter einen Baum und begann zu weinen. So fand sie ein junger Mann der Uwanami, der Wolkenwesen, die ganz weit im Süden an der Küste wohnen, dort, wo das Land aufhört und der Weltenozean beginnt. Erstaunt betrachtete der junge Mann das weinende Mädchen, das da einsam und verlassen unter dem Baume im Regen saß. Nach einer Weile fragte er: »Woher kommst du?« Da berichtete das Mädchen, warum sie aus dem Dorfe gelaufen sei, und beteuerte, daß sie unter keinen Umständen zu ihren Schwestern zurückkehren wolle.

»Nun, dann komm mit zu meinem Dorf«, sprach der junge Mann, »dort wird dich niemand suchen.« Das Mädchen war einverstanden und drängte: »Laß uns eilen, denn bald werden die Männer des Dorfes kommen und nachsehen, wo ich bin. Wenn sie uns hier finden, nehmen sie uns beide mit zurück zu meinen Schwestern!«

Darauf nahm der Mann das Mädchen auf den Rücken und trug ihr auf, beide Augen ganz fest zuzumachen und nicht eher zu öffnen, als bis er das Zeichen dazu gebe. Rasch erhob er sich mit seiner Last in die Lüfte und eilte nach Süden, dem Lande der Wolkenwesen zu. Erst als er am Ende der Welt angekommen war, setzte er das Mädchen am Strande des allumschließenden Weltenmeeres ab. Dann gestattete er ihr, die Augen zu öffnen. Gemeinsam bestiegen sie einen Hügel und sahen in der Ferne die Hütten eines Dorfes. Doch bevor sie das Dorf der Wolkenwesen erreicht hatten, sprach der junge Mann: »Warte hier auf mich, denn nur wenn du willkommen bist, darfst du unser Dorf betreten. Laß mich vorangehen und fragen, ob du kommen darfst.«

Als der junge Mann vor die Häuptlinge trat, begrüßten diese ihn: »Wir sind schon lange hier, du allein kommst spät. Das aber muß einen Grund haben.« Da erwiderte der Mann: »Die Tochter des Medizinmannes von Kakima bringe ich. Sie wartet vor dem Dorf auf eure Einladung.«

Die Häuptlinge antworteten darauf: »Da sie einmal hier ist, können wir sie nicht zurückschicken, doch hättest du besser getan, sie nicht hierherzubringen. Ihr Vater ist der Medizinmann der Bogenbrüderschaft, eines mächtigen Geheimbundes, und als solcher hat er viele Freunde unter aller Kreatur. Doch da sie hier ist, mag sie bleiben.

Bevor du sie ins Dorf bringst, sage ihr, wie sie sich benehmen soll, denn die Menschen sind ungebildete Wesen, die sich in besserer Gesellschaft nicht benehmen können. Erkläre ihr unsere Sitten, damit sie nicht aus Unwissenheit jemanden beleidigt.«

Rasch eilte der junge Mann zurück zu dem wartenden Mädchen, um sie ins Dorf zu führen. »Du darfst mit mir kommen«, sagte er zu ihr, »aber du mußt alle Sitten genau befolgen. Wenn du die Hütte betrittst, mußt du sagen: ›Meine Väter und Mütter, wie geht es euch heute?‹, denn man soll den Älteren mit Ehrfurcht begegnen. Dann mußt du in die Mitte des Raumes sehen, denn dort wirst du einen Streifen Mehl auf dem Boden finden, dem du folgen mußt. Gehe bis zum Altar und bitte dort um langes Leben und gute Gesundheit. Streue etwas von dem Mehl auf das Geisterbild und setze dich dann zu den übrigen Frauen. Der freie Platz bei ihnen ist für dich bestimmt. Vergiß nichts, damit du niemanden beleidigst durch deine Unwissenheit.«

Das Mädchen versprach, alles genau zu befolgen. Bald darauf stand sie vor dem Altar, streute etwas von dem heiligen Maismehl auf die Steinfigur und setzte sich dann zu den Frauen. Sogleich wurde ihr etwas zu essen angeboten, und nach dem Essen begann einer der Häuptlinge: »Meine Tochter, an diesem Abend haben sich unsere Wege gekreuzt, freiwillig bis du zu uns gekommen. Daher wollen wir dich zu einer der Unseren machen, denn niemand kommt zu uns, der zu den Menschen zurückkehren will. Willst du aber nicht bei uns bleiben, dann gehe sogleich zurück, ehe es zu spät ist.«

Das Mädchen weigerte sich nicht, denn es gab ja niemanden, zu dem sie hätte gehen können. Unter keinen Umständen aber wollte sie ihre Schwestern wiedersehen. Da nahmen die Frauen sie bei den Händen, führten sie in ein Nebengemach, wuschen ihr Haar und ihren Körper und bekleideten sie mit einem weißen Gewande. Anschließend wurde sie zurückgeführt, und einer der Häuptlinge bedeutete ihr, sich in der Mitte des Raumes auf den Boden zu setzen. Alle stimmten Gebete für sie an und lehrten sie die geheimen Zauberformeln der Wolkenwesen.

Daheim in Kakima hatten die Eltern die ganze Nacht über nach ihrer Tochter gesucht, waren von Haus zu Haus gelaufen, hatten alle Bewohner befragt, aber niemand wußte von ihr oder hatte sie fortgehen sehen. Da rief der Vater, der Medizinmann der Bogenbrüderschaft, den Habicht zu Hilfe. Als der Habicht im Dorfe erschien, begrüßte er den Vater mit folgenden Worten: »Da du gewollt hast, daß unsere Wege sich treffen, mußt du einen Grund gehabt haben. Sage mir, was dich bedrückt, denn nur dann vermag ich dir zu helfen. Deine Sorgen sind auch meine Sorgen, denn du bist mein Freund.«

Der Vater erzählte von dem Verschwinden seiner jüngsten Tochter, von der vergeblichen Suche und davon, daß das Mädchen ohne Schuhe und ohne Umhang fortgelaufen sei. Der Habicht hörte geduldig zu und versprach, all sein Können einzusetzen, um die Tochter zu finden. Darauf verließ er die Hütte des Medizinmannes der Bogenbrüderschaft und begann, über dem Dorfe zu kreisen. In immer größeren Kreisen suchte er die ganze Welt ab, flog sogar bis an die Küste des Weltenmeeres, aber nirgendwo vermochte er die Vermißte zu entdecken. Auch das Land der Wolkenwesen besuchte er, und eigentlich hätte er das Mädchen sehen müssen, denn gerade hatte sie mit den übrigen Frauen das Haus verlassen. Aber so dicht waren die Wolken, daß selbst das scharfe Auge des Habichts sie nicht zu durchdringen vermochte. Unverrichteter Dinge kehrte er am Abend zurück nach Kakima, um seinem Freunde zu berichten.

»Die ganze Welt habe ich gesehen, aber von deiner Tochter habe ich nicht eine Spur gefunden. Gräme dich nicht, denn ich bin gewiß, daß sie noch am Leben ist. Ich bin sicher, daß irgendwelche Zauberwesen sie entführt haben, denn nicht einmal ihren Körper habe ich gefunden. Aber ich habe keine Ahnung, wo sie sein könnte. Sprich mit meinen Brüdern, den Raben. Sie finden alles, wenn es überhaupt vorhanden ist. Vielleicht werden sie mehr Glück haben als ich.«

Wieder verbrachte der Vater eine Nacht voller Sorgen. Am nächsten Morgen sandte er seinen Sohn zu den Raben, um diese zu sich zu bitten. »Geh zum Hause deiner Großväter, der schwarzen Götter, und bitte sie zu mir.« Sogleich machte sich der Junge auf den Weg, richtete den Raben den Auftrag aus, und als er wieder im Dorfe ankam, sah er, daß die Raben schneller als er gewesen waren. Eine große Anzahl von ihnen war bereits in der Hütte des Medizinmannes versammelt.

»Hab keine Sorge«, so versuchten sie den betrübten Vater zu beruhigen, »wenn sie überhaupt je vorhanden gewesen ist, dann finden wir sie auch. Wir finden alles, auch das, was man vor uns verstecken will. Jede Schlucht und jeden Berg werden wir absuchen, in alle Winde werden wir fliegen, und nichts soll uns verborgen bleiben.« Und sogleich erhoben sie sich mit schwerem Flügelschlag in die Luft, verteilten sich über die ganze Welt und begannen nach dem Mädchen zu suchen.

Auch in das Land der Uwanami, der Wolkenwesen, flogen sie. Als sie die dichten Wolken sich erheben sahen, sprachen die schwarzen Götter: »Wenn das Mädchen sonst nicht zu finden ist, dann haben die Uwanami sie gestohlen.« Und mit dieser Feststellung hatten sie richtig geraten, denn die Raben sind die Weisesten unter den Vögeln, nichts bleibt ihnen verborgen, und nichts entgeht ihren scharfen Augen. Selbst ein einzelnes Samenkorn, das beim Pflanzen verloren wurde, wissen sie sogleich zu finden.

Als die Uwanami, die Wolkenwesen, die Raben gewahrten, ließen sie das Mädchen in der Hütte zurück. So kam es, daß die Raben die Verlorene nicht zu entdecken vermochten, denn auch die Uwanami sind weise, weiser als alle Menschen. Denn sie sind ja die vor langer Zeit gestorbenen Vorfahren der Menschen. Und sie sind auch der Regen, der die Menschen ernährt, so lehren es uns die alten Leute, die es wiederum von ihren Eltern so gelernt haben. Wer zu den Wolkenwesen betet und fest an seine Gebete glaubt, dem bringen sie den ersehnten Regen. Um zu zeigen, wie groß ihre Macht ist, hatten sie die Tochter des Medizinmannes zu sich geholt, damit die Menschen begreifen sollten, daß die Uwanami mächtiger sind als der Zauber der Medizinmänner.

Am Abend erschienen die Raben wieder im Dorfe. Auch sie hatten das Mädchen nicht finden können. Aber sie waren fest davon überzeugt, daß die Tochter noch am Leben war, denn nicht einen einzigen Tropfen Blut hatten sie gesehen. »Geh zu den Schmetterlingsleuten und bitte sie um ihre Hilfe, wir haben nichts ausrichten können«, rieten die schwarzen Götter dem Medizinmanne. Dann flogen sie krächzend zurück zu ihren Wohnungen in den Klippen.

Wieder wurde der Sohn ausgesandt, diesmal zu den Schmetterlingsleuten. Diese kamen sogleich und versprachen, ihr Bestes zu tun. Nur bei den Wolkenwesen konnte das Mädchen sein, denn sonst hätten die Raben es finden müssen. Daher wurde Gelbflügel, der Zitronenfalter, ausgeschickt, um nachzusehen, aber er kam erfolglos zurück.

Am nächsten Tage sandte der Häuptling der Falter Buntflügel, den buntesten Schmetterling, zu den Wolkenwesen. Als Buntflügel an die Küste des Weltenmeeres kam, waren die Wolken so dicht, daß er nichts sehen konnte, denn alle Wolkenwesen hatten ihre Hütten verlassen. Wie dichter Rauch lag ihr Atem über dem Lande und versteckte die Tochter des Medizinmannes. Immer höher stieg Buntflügel, bis er mit einemmal in dieser nebligen Wolkenwelt tief unter sich eine Feder wahrnahm. Sogleich flog er darauf zu, berührte die Feder und rief: »Tochter des Medizinmannes von Kakima, ich habe dich gefunden!« Denn er wußte, daß die Wolkenwesen keine Federn tragen. Dann flog er zurück, und mit Hilfe aller Schmetterlingsleute wurde das Mädchen zurück zur Erde gebracht. Genau vor dem Haus des erstaunten Vaters setzten sie die Tochter nieder. Denn die Schmetterlingsleute sind die Lieblinge des Sonnenjungen, der Macht hat über alle Wolkenwesen. Nur so hatten sie das Mädchen finden können.

Hier endet die Geschichte vom Mädchen, das die Wolken besuchte.

Vom Sonnengott und den Mondmädchen

Zu der Zeit, als die ersten Menschen auf der Welt lebten und langsam begannen, überall zu siedeln, hatte der Sonnengott zwölf Schwestern als Frauen. Sie lebten alle mit ihm im Himmel, bei Tage leuchteten sie, die Nächte aber waren damals ganz finster und ohne jedes Licht.

Hin und wieder besuchte der Sonnengott die Menschen, um sich von ihnen Fleisch zu holen, und bei der Gelegenheit fragte er sie: »Wie geht es euch? Gibt es etwas, womit ich euch helfen kann?«

»Ja«, sagten sie, »das gibt es. Wir haben es immer sehr schwer in der Nacht, weil wir gar nichts sehen können. Gib uns doch ein Licht für die Nacht!«

Der Sonnengott versprach es. Und nachdem er in den Himmel zurückgekehrt war, sagte er zu seinen Frauen:

»Hört!« sagte er, »die Menschen haben sich beklagt, daß sie während der Nacht nichts sehen. Ich habe nun beschlossen, daß immer sechs von euch bei mir bleiben sollen und mit mir wach sein und mit mir schlafen. Und die sechs anderen sollen am Tage schlafen und in der Nacht über die Himmelswiese gehen. Und in einigen Jahren werden wir wechseln, und dann sollen die Mädchen, die bei mir gewesen sind, in der Nacht auf die Himmelswiese gehen, und die andern sollen mit mir leben.«

Wie der Sonnengott es befohlen hatte, so geschah es. Und die Menschen freuten sich, weil die sechs Mondmädchen in der Nacht ein gutes Licht gaben, so daß man auch während der Nacht auf die Jagd gehen oder fischen konnte.

Es verging einige Zeit. Aber man muß wissen, daß die Mondmädchen sehr heißblütig waren, und die Zeit, da sie nicht mit dem Sonnengott schlafen konnten, machte sie noch hitziger. Und sie konnten den Zeitpunkt nicht mehr erwarten, da sie den Dienst mit ihren sechs Schwestern wechseln sollten. Endlich aber war es soweit, und der Sonnengott sagte zu jenen Mädchen, die bei ihm waren: »Geht zu euren Schwestern und löst sie in ihrem Dienst ab!«

Als nun aber die sechs Mondmädchen, die in der Nacht geleuchtet hatten, zum Sonnengott kamen, da wollte jede von ihnen zuerst auf sein Lager. Sie rissen sich und prügelten sich bis aufs Blut, und da der Sonnengott mitten unter ihnen war, wurde er auch gekratzt und geschlagen, bis er blutete. Das Blut aber tropfte auf die Erde hinunter, und wo es niederfällt, da bildet sich auf einmal Gold, wenn es Blut vom Sonnengott ist, und Silber, wenn es Blut von einem Mondmädchen ist.

Der Sonnengott aber wurde sehr zornig, als er sah, wie es da zuging und wie sich die Mondmädchen um ihn rauften. Und er sagte: »Von jetzt ab werden wir es anders machen, damit ihr nicht mehr so hitzig werdet und übereinander herfallt. Es soll nur mehr eine in der Nacht leuchten, und auch das nur mehr zwanzig Nächte hindurch. Die andern aber sollen bei mir bleiben.«

Und so geschah es.

Wenn nun das Mondmädchen, das seinen Dienst auf der Himmelswiese antritt, kommt, dann ist es so erschöpft, daß es ganz schmal ist und kaum leuchten kann. Aber nach einigen Tagen erholt es sich und wird ganz rund und prall wie eine schöne Frau. Es dauert aber nicht lange, da wird die Sehnsucht nach dem Sonnengott bei ihr so groß, daß sie wieder schmaler wird. Und endlich sehnt sie sich so nach ihrem Mann, daß sie vom Himmel verschwindet, wenn sie auch eigentlich in der Nacht noch ihren Dienst tun und leuchten sollte. Und da die Schwestern einander gern haben, verraten sie die Schwester nicht, die früher heimkommt, denn jede zählt darauf, daß die andern auch sie nicht verraten werden, wenn sie Dienst haben.

Zwei Götter werden Sonne und Mond

Es wird überliefert, daß die Götter, als es in der Welt noch nicht Tag geworden war, sich in dem Orte Teotihuacan versammelten. Sie sprachen zueinander: »Ihr Götter! Wer wird es auf sich nehmen, der Welt Licht zu spenden?« Auf diese Frage antwortete ein Gott namens Tecuciztecatl (»Der aus dem Lande der Meerschnecke«) und sprach: »Ich nehme es auf mich.« Wieder fragten die Götter: »Und wer sonst noch?« Gleichzeitig blickten sie einander an und stellten darüber Betrachtungen an, wer der andere sein würde, aber keiner von ihnen wagte, sich zu diesem Amte anzubieten, denn alle hatten Furcht und machten Ausflüchte. Nur einer von den Göttern, von dem niemand viel Aufhebens machte, weil er mit der Lustseuche behaftet war, sagte nichts, sondern hörte nur zu, was die anderen sprachen; und als diese zu ihm sagten: »Sei du es, armseliger Geschlechtskranker!«, da gehorchte er willig ihrer Aufforderung und erwiderte: »Als ein Zeichen eurer Gunst nehme ich auf mich, was ihr von mir verlangt. Sei es drum.«

Nun begannen die beiden eine viertägige Bußübung. Darauf entzündeten sie Feuer auf einem Herde, der auf dem Felsen errichtet wurde, der heute »Götterofen« heißt. Was der Gott Tecuciztecatl opferte, waren lauter Kostbarkeiten; denn an Stelle der Fichtenzweige brachte er Quetzalfedern dar, an Stelle der Grasballen Ballen aus Gold, an Stelle der Agaveblattspitzen solche aus kostbaren Steinen, an Stelle mit Blut bestrichener Agaveblattspitzen solche aus roter Muschelschale, und der Kopal, den er opferte, war vom besten. Der Geschlechtskranke, der Nanauatzin hieß, brachte dagegen an Stelle der Fichtenzweige grüne Rohrstengel, im ganzen neun, zu je dreien zusammengebunden, dar, er opferte Grasballen und Agaveblattspitzen, die er mit seinem eigenen Blut bestrich, und an Stelle der Kopalkugeln den Schorf seiner Schwären. Für jeden der beiden wurde eine Pyramide wie ein Berg erbaut; auf dieser fasteten sie und kasteiten sich vier Nächte lang. Noch heute liegen diese Pyramiden in der Nähe des Ortes San Juan Teotihuacan.

Sobald die vier Nächte ihrer Bußübung vorüber waren, legte man an jenem Ort die Fichtenzweige und sonstigen Geräte nieder. Damit war die Buße beendet. Bevor man um die Mitte der darauffolgenden Nacht mit der heiligen Handlung begann, stattete man kurz vor Mitternacht Tecuciztecatl mit dem Federschmuck »Reiherfedertopf« und einem Wams aus weißem Stoff aus; dem Nanauatzin setzte man eine Papierkrone, »Papierhaar« genannt, aufs Haupt und legte ihm eine Papierschärpe und eine Schambinde aus dem gleichen Stoff an. Als es Mitternacht geworden war, versammelten sich alle Götter um den Feuerherd »Götterofen«, wo das Feuer bereits vier Tage brannte. Dann ordneten sie sich in zwei Reihen, die einen hüben, die andern drüben, worauf die beiden Götter zwischen die Reihen vor das Feuer traten, die Gesichter ihm zugekehrt. Die Götter hatten sich alle erhoben und sprachen zu Tecuciztecatl: »Wohlan, Tecuciztecatl! Hinein ins Feuer!« Da machte er Anstalten, sich ins Feuer zu stürzen; da aber das Feuer groß war und mächtige Glut ausstrahlte, bekam er es, als er die Hitze spürte, mit der Angst zu tun, wagte den Sprung nicht und verzog sich nach rückwärts. Und als er ein zweites Mal, sich Mut machend, einen Anlauf nahm und dem Feuer nahe kam, stutzte er wiederum und wagte es nicht, auf den Herd zu springen. So versuchte er es viermal, ohne ein einziges Mal den Sprung zu wagen. Es war aber bestimmt worden, daß niemand öfter als viermal es versuchen solle; deshalb sprachen die Götter nunmehr zu Nanauatzin: »Auf, Nanauatzin! Versuche du es!« Kaum hatten die Götter dies gesagt, da nahm er allen Mut zusammen, schloß die Augen, nahm einen Anlauf und sprang ins Feuer. Sogleich prasselte es laut auf, wie wenn etwas brät. Als Tecuciztecatl sah, daß der brannte, nahm auch er einen Anlauf und sprang auf den Herd, und es heißt, daß nach ihm ein Adler sich ins Feuer stürzte und gleichfalls verbrannte; deshalb hat der Adler sein schwärzlich-braunes Gefieder. Zuallerletzt sprang ein Jaguar hinein; der verbrannte nicht mehr, sondern versengte nur noch; deshalb ist der Jaguar hell und dunkel gefleckt. Von dieser Geschichte leitet sich der Brauch her, hervorragende Krieger »Adler-Jaguar« zu nennen, und zwar Adler zuerst, weil der Adler vor dem Jaguar ins Feuer sprang ...

Nachdem die beiden Götter verbrannt waren, setzten sich die übrigen nieder in der Erwartung, daß Nanauatzin alsbald aufgehen werde. Und als sie schon eine ganze Weile so gesessen und gewartet hatten, begann sich der Himmel zu röten, und allenthalben verbreitete sich das Licht der Morgendämmerung. Es heißt, die Götter seien danach auf die Knie gefallen, um so zu warten, bis irgendwo der zur Sonne gewordene Nanauatzin erschiene. Sie blickten allenthalben umher in der Runde, konnten es aber weder richtig erraten noch voraussagen, wo er aufgehen werde, und waren sich völlig unschlüssig darüber. Die einen dachten, er werde im Norden aufgehen, und starrten unablässig dorthin; andere meinten wieder, im Süden – kurz, in allen Himmelsrichtungen vermuteten sie seinen Aufgang, weil der Glanz der Morgenröte alles erfüllte. Einige richteten ihre Blicke auch nach dem Osten und sagten: »Dort wird die Sonne aufgehen.« Das war die richtige Ansicht, und es ist überliefert, daß diejenigen, die sie vertraten, folgende Götter waren: Quetzalcouatl, der auch »Windgott« heißt, sodann [Xipe] Totec, mit anderem Namen »Herr des Küstenlandes« oder »Roter Tezcatlipoca«, die »Wolkenschlangen«, deren Zahl unendlich ist, und vier Frauen, die ältere, jüngere, mittlere und jüngste Schwester [der Tlazolteotl].

Als die Sonne endlich aufging, erschien sie rotglühend und wiegenden Ganges; niemand konnte sie anblicken, weil er sonst das Augenlicht verloren hätte, so groß waren ihr Glanz und die Macht ihrer Strahlen, die sich nach allen Seiten ergossen. Nach ihr ging der Mond an derselben Stelle des Osthimmels neben der Sonne auf – erst die Sonne, dann der Mond, in der Reihenfolge, in der sie ins Feuer gesprungen waren. Und die Märchenerzähler berichten, daß sie ursprünglich in gleichem Glanze leuchteten. Als die Götter dies bemerkten, berieten sie miteinander und sprachen: »Ihr Götter! Was ist da zu machen? Ist es gut, daß sie ganz ebenbürtig sind, daß sie in gleichem Glanz erstrahlen?« Da fällten die Götter den Spruch und sagten: »So sei es denn folgendermaßen.« Und einer der Götter lief hin und schlug mit einem Kaninchen Tecuciztecatl ins Antlitz: Dadurch verdunkelte er es ihm und machte seinen Glanz matt, so daß es wurde, wie es noch heute ist.

Als danach Sonne und Mond sich über der Erde erhoben hatten, standen sie plötzlich still, ohne sich weiter vom Flecke zu rühren. Wiederum berieten die Götter und sprachen: »Werden wir so bestehen können? Die Sonne bewegt sich nicht – sollen wir etwa immer auf gleicher Stufe mit den Menschen leben? So laßt uns denn allesamt sterben und bewirken, daß die Sonne durch unseren Tod neu belebt werde.« Da machte sich der Windgott daran, alle Götter zu opfern. Und während er sie opferte, weigerte sich einer namens Xolotl (»Zwilling«) zu sterben und sprach zu den Göttern: »Ihr Götter, laßt mich am Leben!« Er weinte so, daß ihm die Augen aus den Höhlen quollen; und als die Reihe zu sterben an ihn kam, da ergriff er die Flucht und verbarg sich in einem Maisfeld; hier verwandelte er sich in eine Maisstaude mit doppeltem Stengel, die der Landmann darum Xolotl nennt, wurde aber zwischen den Stauden entdeckt. Da floh er zum zweitenmal, barg sich zwischen den Agaven und verwandelte sich in eine Agave mit doppeltem Schaft, die man darum Mexolotl nennt. Wiederum wurde er ertappt und floh, diesmal ins Wasser, wo er sich in einen Fisch verwandelte, der darum Axolotl heißt. Dort wurde er nun aber doch ergriffen und geopfert.

Es heißt, daß trotz der Opferung der Götter die Sonne sich noch nicht in Bewegung setzte. Da machte sich der Wind auf und begann kräftig zu blasen; so bewirkte er, daß die Sonne wieder in Bewegung kam und ihre Bahn durchlief. Aber der Mond stand noch immer still an dem Platze, wo er sich befand. Erst nachdem die Sonne ihre Bahn durchlaufen hatte, begann auch der Mond seine

Straße zu ziehen. Auf diese Weise kamen sie auseinander, und seitdem gehen sie zu verschiedenen Zeiten auf; die Sonne ist den ganzen Tag über da, der Mond wirkt während der Nacht und spendet ihr sein Licht. –

Als Nanauatzin [nach seiner Selbstverbrennung] im Himmel angekommen war, badeten der Herr und die Herrin unseres Fleisches ihn, setzten ihn auf einen Stuhl aus roten Löffelreiherfedern und umwanden ihm das Haupt mit einem rotgesäumten Tuch. Vier Tage lang verweilte er im Himmel; als Naui olin (= Sonnengott) nahm er nun zwar am Himmel seinen Platz ein, bewegte sich aber diese vier Tage lang nicht, sondern blieb an einer Stelle stehen. Da fragten die Götter: »Warum bewegt er sich nicht?« Und sie sandten den Sperber, daß er zum Sonnengott spreche und ihn danach frage. Er sagte zu ihm, daß er im Auftrage der Götter zu ihm spreche, die als Könige von ihm Antwort heischten, warum er sich nicht bewege. Und der Sonnengott erwiderte: »Mit welchem Rechte fragt mich der hochgeborene Herr danach?«

Nun berieten die Götter miteinander, und der »Herr der Dämmerung« (der Gott des Morgensterns) sprach voll Zorn: »Warum soll ich nicht meine Pfeile auf ihn schießen? Daß er nur ja nicht gleich ganz stehenbleibt!« Darauf schoß er nach dem Sonnengott, konnte ihn aber nicht treffen. Nunmehr schoß der Sonnengott auf den »Herrn der Dämmerung« seinen mit Ararafedern befiederten Pfeil und stürzte ihn kopfüber in den neunfachen Strom; und so wurde der »Herr der Dämmerung« der Gott der Kälte.

Darauf taten sich die Götter Tezcatlipoca und Uitzilopochtli und die Göttinnen Xochiquetzal, »Grünrock« und »Karminrock«, zusammen, und es begab sich, daß diese Götter dort in Teotihuacan geopfert wurden. Und nachdem sich infolgedessen die Sonne am Himmel in Bewegung gesetzt hatte, begann auch der Mond seinen Lauf ... Als er aber am Rande des Himmels angelangt war, bedeckte Papaztac ihn mit einem Papier in Gestalt eines Weinkruges; dann kamen die am Kreuzweg [lauernden] Tzitzimitl-Gespenster über ihn und sprachen zu ihm: »Hierhin sollst du gehen.« Und sie hielten ihn dort fest, indem sie ihn mit einem alten Lappen anbanden; solange der Sonnengott am Himmel war, hielten sie den Mond fest, und erst nach Sonnenuntergang [gaben sie ihn frei]. –

Als die Götter sich opferten, hinterließ jeder seinen Verehrern das Gewand, das er getragen hatte, als Zeichen seiner Zuneigung und Freundschaft. Jene Verehrer und Diener der toten Götter umhüllten mit diesen Gewändern Holzpfähle, in die sie eine Kerbe oder ein Loch machten, worin sie als Herz einen kleinen grünen Stein mit einem Stück Schlangenhaut oder Jaguarfell taten. Diese Bündel nannten sie Tlaquimilolli, und ein jeglicher legte seinem Bündel den Namen des Gottes bei, der ihm das Gewand gegeben hatte. Das war ihr Hauptidol, welches sie hoch verehrten ...

Es heißt nun, daß die Verehrer der toten Götter voll trauriger Gedanken umherzogen, ein jeder mit seinem heiligen Bündel auf dem Rücken, suchend und Ausschau haltend, wo sie ihre Götter erblicken könnten und ob sie ihnen nicht wieder erscheinen würden. Da soll nun dem Verehrer Tezcatlipocas, als er, in dieser seiner Verehrung verharrend, bis an das Gestade des Meeres gelangt war, der Gott dort in drei Formen oder Gestalten erschienen sein, ihn gerufen und zu ihm gesprochen haben: »Komm her zu mir. Da du mir so treu ergeben bist, so will ich, daß du zum Haus der Sonne gehst und von dort Sänger und Musikinstrumente holst, damit wir ein Fest feiern können. Zu diesem Zwecke sollst du den Walfisch, die Meerfrau und die Schildkröte rufen, auf daß sie sich zur

Brücke machen, auf der du hinübergelangst.« Als dann die Brücke hergestellt war und Tezcatlipoca ihn ein Lied gelehrt hatte, das er singen sollte, warnte der Sonnengott, der ihn gehört hatte, sein Gefolge und seine Diener davor, daß sie auf seinen Gesang antworteten, denn diejenigen, die das täten, würde jener mit sich nehmen. Und es begab sich, daß einige von ihnen, die sein Gesang lieblich dünkte, in ihn einstimmten; diese führte er mit sich fort samt der Fellpauke, die man Ueuetl nannte, und dem Teponaztli. Von dieser Zeit an soll man begonnen haben, die Götter mit Festen und Tänzen zu feiern.

Sonnenblut und Mondblut

Vor langer, langer Zeit gab es einmal einen großen, alten und weisen Häuptling, der über viele Stämme und Menschen herrschte. Er lebte auf einem hohen, hohen Berg, und außer seinen eigenen Kindern haben nur ganz wenige Menschen ihn besuchen dürfen.

Weil dieser alte Häuptling so klug war, wollten ihn viele Leute um Rat fragen. Aber er hat keinen unmittelbar vor sich erscheinen lassen, sondern alle, die etwas von ihm wissen oder haben wollten, mußten ihre Gaben einer seiner Töchter bringen, und diese hat dann den Spruch des Vaters eingeholt. Man weiß nur von einem einzigen Fall, da dieser Alte vom Berg hinabgestiegen ist, um einen Streit zu schlichten, der zwischen verschiedenen Stämmen ausgebrochen war. Alle waren mit dem Urteil des Alten einverstanden, und während sie in ihre Gebiete zurückgekehrt sind, ist der Alte, begleitet von seiner Lieblingstochter, wieder auf seinen Berg hinaufgestiegen.

Darüber sind viele Jahre vergangen.

Dann ist der Häuptling alt und krank geworden, und wenn man ihn hat befragen wollen, ist als Antwort nur gekommen: »Ich kann nichts mehr sehen, nichts mehr erkennen, und ich kann nichts mehr sagen.«

Durch das Fehlen des Rates des Alten, durch dessen Hilfe auch viele Kranke geheilt worden, viele Kämpfe vermieden, viele Ehen geschlossen, viele Anpflanzungen gefördert worden waren, so daß die Menschen gut gelebt hatten, durch das Fehlen dieser Beratung also ist es eingetreten, daß vieles verfallen ist. Die Felder wurden nicht mehr so versorgt, der Friede wurde nicht mehr so eingehalten, und auch manches andere ist in Unordnung geraten.

Das ist so lange gegangen, bis sich einige Häuptlinge zusammengesetzt und beraten haben.

Und sie haben beschlossen, man müsse dem Alten helfen.

Und dann ist der junge und starke Sohn eines Häuptlings zur Tochter des Alten gegangen und hat gesagt: »Wir müssen deinem Vater helfen, daß er wieder gesund wird, denn von seinem Rat hängt es ab, ob es uns gutgeht oder nicht.«

»Ja, aber wie soll man ihm helfen?«

»Du mußt ihn selber fragen, ob es eine Möglichkeit gibt, ihn gesund zu machen, und was man dafür tun muß.«

»Gut, ich werde ihn fragen.« Und am andern Tag ist das Mädchen hinaufgestiegen zum Vater: »Vater, warum bist du krank? Und was muß man tun, damit du wieder gesund wirst und zu Kräften kommst?«

»Ich bin alt geworden und krank. Und die Krankheit kann nur mit Mondblut geheilt werden, und die Kraft könnte nur durch Sonnenblut zurückerlangt werden. Denn wer in Mondblut badet, wird gesund, und wer Sonnenblut trinkt, gewinnt Kraft wie ein Jüngling.«

Die Lieblingstochter ist darauf wieder abgestiegen dorthin, wo der Häuptlingssohn gewartet hat, und hat ihm alles erzählt, was sie durch ihren Vater erfahren hatte.

Der Bursche hat überlegt: »Ich könnte schon zu Sonne und Mond gehen. Aber wie kommt man dorthin? Und wer wird mich begleiten? Und wie erlangt man das Blut? Werden Sonne und Mond es freiwillig hergeben?«

Das Mädchen meint: »Ich kann meinen Vater fragen, und es dann wieder dir sagen. Und wenn du jemanden als Begleitung brauchst, so will ich gern mitgehen.«

Der Vater hört sich an, was seine Lieblingstochter berichtet, und sagt: »Das Mondblut ist leicht zu erreichen. Man braucht nur zu warten, bis die Mondfrau sich vom Himmel zurückzieht, weil sie ihre Regel hat. Das Blut, das sie dann verliert, schüttet sie weg. Man braucht es nur in einer Schüssel aus Jade aufzufangen. Schwieriger als bei der Mondfrau ist es beim Sonnenmann. Er wird dir nur von seinem Blut geben, wenn du ihn heiratest, denn dann ist er mit mir verwandt und wird alles für mich tun.«

»Gut, Vater, ich werde mich darum kümmern.«

Das Mädchen ist zu dem Burschen zurückgegangen und hat ihm alles erzählt.

Doch der Bursche: »Und wie kommen wir hinauf in den Himmel?«

Das Mädchen: »Mein Vater hat vier Kondore als Diener. Wir können uns in zwei Körbe setzen, und sie werden uns hinauftragen.«

Und so geschieht es.

Alles ist so, wie der Alte gesagt hat. Die Mondfrau ist vom Himmel verschwunden. Sie pißt das Blut in ein Gefäß und will es wegschütten. Da kommen die Tochter des Alten und der Bursche und bitten sie um das Blut.

Die Mondfrau ist gutmütig: »Da nehmt! Und ich kann euch in Zukunft immer das Blut hinuntergießen auf die Erde.« Sie nehmen das Blut und füllen es um in ihre

Schüssel aus Jade. Sie verschütten dabei einige Tropfen: die fallen auf die Erde und werden zu Silber.

Dann gehen der Bursche und das Mädchen zum Sonnenmann: »Gib uns von deinem Blut, denn mein Vater ist alt und krank!«

»Nur, wenn du meine Frau wirst.«

»Ja.«

Sie wird seine Frau.

Der Sonnenmann aber sticht sich mit einer Smaragdnadel in den rechten Arm, und das grüne Blut tropft in einen Becher aus Jaspis. Einige Tropfen aber fallen daran vorbei und hinunter auf die Erde, wo sie zu Gold werden. Der Bursche aber nimmt die Schüssel mit dem Mondblut und den Becher mit dem Sonnenblut und geht hinunter zum Alten. Und der wird gesund und stark wie ein Jüngling. Er gibt auch dem Burschen zu trinken und sagt: »Du wirst mein Erbe. Und wähle dir unter meinen Töchtern eine Frau!« Und so geschieht es.

Und seitdem gibt es Gold von der Sonne – aber nur wenig – und Silber vom Mond, und das mehr. Man weiß, warum.

Warum der Mond ein fleckiges Gesicht hat

Der Mond und seine Schwester lebten zusammen in einem Haus. Er hatte viele Neffen, die Tiere verschiedenster Art waren. Früh am Morgen erhoben sich diese und stiegen auf den Berg, um zu arbeiten, und am Abend kehrten sie nach Hause zurück. Da es keine anderen Frauen gab, vereinigte sich der Mond mit seiner Schwester. Eines Nachts, während sie schlief, legte er sich zu ihr; aber die Schwester wachte gar nicht auf und schlief weiter. In der darauffolgenden Nacht geschah dasselbe. Die Schwester wollte nun wissen, was das für ein Tier gewesen sei, das sie in der Nacht verführt habe. Da sie aber einen festen Schlaf hatte, erschuf sie die Laus, damit sie von ihr geweckt werde; aber der Versuch mißlang. Hierauf schuf sie den Floh, aber als der Bruder sich näherte, lief das Tier davon. Zuletzt machte sie die Zecke und den Beifuß, den sie unter die Hängematte legte, um ihn demjenigen ins Gesicht zu werfen, der in der Nacht zu ihr kommen würde. Sodann ließ sie alles Wasser vertrocknen, das sich in der Nähe des Hauses befand. Des Nachts, als der Bruder sich näherte, biß die Zecke das Mädchen und weckte es auf diese Weise. Dieses nahm sogleich den Saft des Beifuß und schüttete ihn dem Bruder ins Gesicht. Der lief dorthin, wo das Wasser war, fand aber alles ausgetrocknet und konnte sich nicht waschen. Am Morgen rief das Mädchen all die Neffen zu sich, um ihnen etwas zu trinken zu geben, bevor sie auf den Berg gingen. Es blickte in eines jeden Gesicht, aber auf keinem fand es Flecken. Der Bruder schlief noch. Es ging, um ihn zu wecken, aber er sagte, er habe Kopfschmerzen. Zu Mittag schlief er noch immer. Die Schwester rief ihn abermals, denn er sollte auf die Jagd gehen; aber er antwortete, er könne sich nicht erheben, weil er mit einem Tuch bedeckt sei. Da zog sie es weg, und er erhob sich voll Zorn gegen die Schwester und lief davon. Das Mädchen wollte ihm sagen, daß sie nicht wisse, wer in der Nacht zu ihr gekommen sei; aber er blieb nicht stehen, obwohl sie ihm nachrief, er solle auf sie warten. Sie lief ihm nach, aber es gelang ihr nicht, ihn einzuholen. So kam sie zu einer Stelle, an der sich die Wege kreuzten, und sie fragte sich, welchen ihr Bruder eingeschlagen haben mochte. Sie fragte die Tiere, die in der Nähe arbeiteten, aber die gaben zur Antwort, daß sie es ihr nur dann sagen würden, wenn sie käme, um mit ihnen zu leben. Das Mädchen willigte ein. Hierauf schlug sie den Weg ein, den sie ihr gezeigt hatten, und ging, bis sie zu einem

Fluß kam. Am Ufer lebte eine alte Frau, die Kabayay hieß und mehrere Söhne hatte. Als nun das schwangere Mädchen zu ihrer Hütte kam, wurde es von Kabayay freundlich aufgenommen. Die Söhne waren nicht zu Haus. Als sie kamen, stieg ihnen der Duft von etwas Süßem in die Nase. Sie fragten die Mutter, ob sie etwas Süßes im Hause habe, aber sie sagte nein und schickte sie zum Spielen an das Ufer des Flusses. Das Mädchen war in einem großen Krug versteckt; aber plötzlich kamen die Söhne der Kabayay zurück und sahen es. Und nachdem sie es zum Fluß geschleppt hatten, töteten sie es. Die Mutter sagte ihnen, daß sie den Bauch und die Eingeweide des Mädchens haben wolle. Die Söhne gaben sie ihr, und sie begann sie zu kochen. In dem Augenblick, da sie zu sieden begannen, kam ein Kind aus dem Kessel, hierauf noch eines und dann noch einige mehr.

Kabayay zog die Kinder groß. Als einige Jahre vergangen waren, erzählte sie ihnen, sie seien ihre Söhne. Sie sahen aber, daß Kabayay keine Nase hatte, und so fragten sie, warum sie keine habe. Da ging sie jeden Tag an das Ufer des Flusses, um sich aus Schlamm eine Nase zu machen und sie auf diese Weise zu täuschen. Aber die Jünglinge wollten wissen, wer ihre wirkliche Mutter sei.

Als eines Tages einer der Jünglinge auf den Berg stieg, um zu jagen, hörte er einen Vogel, der folgendermaßen sang: »Die Fische haben deine Mutter gefressen.« Er lief nach Hause und erzählte Kabayay, was er gehört habe, und sie sprach: »Dieser Vogel hat meinen nahen Tod angekündigt.«

Am nächsten Morgen stiegen alle Jünglinge auf den Berg und hörten den Vogel dieselben Worte sagen. So erfuhren sie, daß ihre wirkliche Mutter tot sei und daß die alte Kabayay sie betrogen habe. Und sie sprachen zueinander: »Laßt uns sie in den Fluß werfen, denn sie hat uns getäuscht.« Sie kehrten nach Hause zurück und sprachen:

»Laßt uns zum Fluß gehen, um zu baden!« Als sie bis zur Mitte des Flusses gewatet waren, fiel ein starker Regen. Die Jünglinge gaben der Alten einen Stoß, so daß sie ins Wasser fiel. Sogleich wurde Kabayay von der Strömung erfaßt. Sie verwandelte sich in einen Frosch und begann, wie ein Frosch zu klagen. Die Jünglinge schnitten ihr die Vorderbeine ab und sprachen: »Sobald der Regen fällt, sollst du schreien, damit die Menschen wissen, daß es regnet!«

Nachdem sie viele Jahre auf der Erde gelebt hatten, gingen sie fort, um im Himmel zu wohnen, und so wurden sie zu Sternen. Aus diesem Grund sagt man, daß das Gesicht des Mondes mit dem Saft des Beifuß befleckt sei.

Vom Anfang der Welt

Ein Huinkulché, der über 86 Jahre alt ist und seinen Namen nicht genannt haben will, erzählt:

Es mag vielleicht den Geistern der Heimgegangenen nicht zusagen, wenn ich von Begebnissen und Dingen erzähle, die heilig sind, weil sie sie uns als Erbe hinterlassen haben. Aber jetzt geht der Tag, geht die Nacht durch sie hindurch, die Armen, und wenn ich Glück habe, verzeihen sie mir. Schon auch deswegen, weil ich meinen Namen, der auch ihnen gehörte, nicht nenne und weil ich zu einer guten Stunde erzähle, wie es vorgeschrieben. Nun kommt auch noch hinzu, daß Geschichten ein Ganzes sind, und deshalb soll meine Erzählung so sein, daß sie alles umfaßt, vor allem von der Cordillere ausgeht, wo die Werkstätte des Schöpfers der Mapu war, vom Fücha Wentru, dem Höchsten, der auch Nguenechen genannt wird, weil er der Herr der Menschen ist.

So will ich also zuerst von ihm reden, der früher so groß war, daß er sich in Wolken kleidete und sich mit

Bergen zudeckte. Wollte er nach getaner Arbeit sich umkleiden, waschen oder ausruhen, so rief er eine der kleinen Lämmerwolken, ließ sie wachsen und verbarg sich in ihr, ohne gesehen zu werden. Das tut er heute noch, und deswegen sage ich, hat es keinen Zweck, lange und anhaltend nach ihm, dem Chau, zu rufen: Ungern nur tritt er aus den bergenden Wolken, unser großer Vater, unser König im Himmelsblau. Hat er uns nicht die Tage genannt, die ihn uns nahe bringen? Ja! War ihm nun im Sommer heiß, so rief er die Eiswolken und wälzte sich darin, im Winter rief er die warmen, mit weißen Fellen gefütterten Wolken, die aus dem Eis Schneeflocken machten, und damit bedeckte er die frierende Erde, hüllte sich auch darin ein, wenn er erkältet war, wenn große Tropfen auf die Erde hinunterfielen, so daß die Araukaner annehmen mußten, ein Großer sei gestorben, während es sein Schnupfen war.

Es kann auch vorkommen, daß er herunterschauen will, um zu sehen, was da vorgeht zwischen Menschen und Menschen, zwischen Tieren und Menschen. Er zieht dann eine Wolke, die aus grauen und weißen Sonnenfeldern besteht, vor sich hin. Diese leichten Wolken haben eine besondere Form, eine seltene Farbe und sind durchsichtig, haben manchmal auch bunte Ränder. Wird er dann zornig, weil die Menschen nicht gut sind und nicht wie Brüder leben, so legt er lichte Vliese über die Sonne, die darüber ärgerlich wird und den Wind ruft, sie hinwegzutragen. Da kann es nun sein, daß der Küref in seiner Wut eine wasserträchtige schwarze Wolke so schüttelt, daß diese die Erde mit Wassergüssen bewirft. Manchmal beleuchtet er sie erst mit dem Feuerdämon Blitz, wie um die Menschen zu warnen vor seiner ausbrechenden Wut.

Der Chau erlaubte es früher nicht gerne, daß Eiswolken Eis auf die Erde schickten, das die Tiere gepeinigt oder getötet hätte: Schnee hüllte sie ein und wärmte sie. Alles hing früher vom großen Chau ab, aber dann wurde es ihm zuviel, er gab das Lauschen auf: viel zu viel Menschen und Tiere schrieen zu ihm. So übergab er Antü und Küyén seine Arbeit, legte aber erst eine Welt dazwischen, um mehr Ruhe zu haben; denn er war alt und kleiner geworden, und weh tat ihm sein Körper, seit er die Welt mit Tieren und Menschen versehen hatte. Müde macht es, im kalten Ton zu arbeiten, im Wasser Gestalten zu formen.

Antü war ein Sohn der Berge, Küyén war eine Tochter des Sees Lakar. Sie hatten sich sehr lieb, taten zärtlich miteinander, und nach und nach hatten sie viele Kinder, die sich aber fast alle unabhängig gestalteten und die Eltern nur noch aus der Ferne grüßten. Darunter gehört auch der große Stern, der vielfarbige, der nur manchmal, dann aber nur morgens und abends scheint. Jedem Kind war eine Aufgabe zugewiesen. Manche hatten große Ämter, die sie sehr ernst nahmen. So gab es einen Doktor des Südwindes, einen Doktor des Nordwindes, einen Doktor des Ostwindes und einen des Westwindes. Man nannte sie auch Richter, weil sie über die Winde herrschten, ihnen befahlen, wozu sie ihre Helfer hatten, diese Kinder des Ehepaares, das nun getrennt war. Denn Antü war öfter grob mit seiner Frau. Weil ihm sonst alle gehorchten, vom hohen Windrichter an bis zu den kleinsten Sternen, hatte er nicht zwei Sprachen, sondern behandelte seine Frau gleich den andern. Und da er so unlieb war, schlug er sie einmal. Und da man es heute noch sieht, schämt sie sich, die Göttin Mond, die gute Küyén, und versucht ihr schwarzes Mal, das am Auge sitzt, zu verbergen. Geht nun die Sonne auf, neigt Küyén, der Mond, sich zum Horizont. Manchmal, wenn mittags sich Antü dem Walde zuneigt, blinzelt Küyén verstohlen nach ihm aus, aber wenn er ihr nachläuft, verbirgt sie sich schnell: niemals wird sie ihm verzeihen, dem argen Grobian.

Viel wissen wir nicht über Antü und Küyén, nur noch, daß damals, also früher, als alles anfing zu leben, alles einfacher und besser war. Sonne und Mond verstanden sich, arbeiteten zusammen als Vater und Mutter der Erde, die Kinder stifteten keine Scherereien an, niemand hatte zwei Gesichter als nur der Pülli-Fücha, der Oberste der bösen Dämonen, der zwei Köpfe, zwei Gesichter und zwei Geschlechter hatte, der Menschen fraß oder sie so beschädigte, daß sie sterben mußten. Dieser Dämon gehorchte weder dem Großen noch Sonne und Mond. Die Alten glaubten, daß er in der Zwischenwelt wohne, die über unserer Erde und dem blauen Himmel aufgerichtet ist, so daß er es erschweren kann, daß unsere Stimmen und Bitten zum Chau der Menschen gelangen, wir deshalb oft unnütz unsere Bitten gellen lassen hinauf in den obersten Raum, wo der König, wo die Königin sitzt, die beiden Alten.

Wiederum gibt es Geschichten, die davon wissen wollen, daß Antü eine zweite Frau hatte, die sie Antümalén nennen. Und da Malén ein weibliches Wesen ist, jungfräulich oder verheiratet, so ist es wohl möglich, daß er eine zweite Domo hatte als Gattin.

Antü war ein schöner, in Gold gekleideter Mann; ein Gestirn voller Pracht und Glanz, stand er oben, voller Stolz und Größe. Zu Küyén sagte er hie und da: »Küyén, drehe dich doch so, daß dein Schatten da und da hinfällt.« Und sie sagte dann: »Geliebter, Menschen und Tiere da unten schreien vor Durst, du hast das Wasser zu heiß gemacht. Wirf du nun deinen Schatten auf das Wasser. Meiner reicht nicht aus.« Manchmal zankten sie sich. Da ließ dann Antü aus Wut den Bergwind, der über die Höhen fuhr, in eine andere Richtung fließen, als der untere Wind es tat, dem Küyén befahl. Die Menschen hatten darunter zu leiden: hatten es viel zu heiß, hatten es viel, viel zu kalt, und der Wind zerstörte alles, was sie begannen. Manchmal hatten sich die armen Menschen soeben in ihre Fellmäntel gehüllt, als Antü in launischer Art auch schon seinen Rücken auf die andere Seite wandte, so daß die Wasser heiß wurden, so glühend, daß sie sprudelten vor Hitze, der Sand zu glühen begann, die Steine fast flüssig wurden: Feuer hatte Antü geschickt. Gleich darauf war er wieder imstande, schnell eine ganz dichte schwarze Wolke zu rufen, die aus ihrem schwangern Bauche Blitze, toki kura (Steinbeile), allerlei Tiere oder ungeheure Wassermengen herunterwarf, was wieder den grimmigen Donner aufweckte, der für gewöhnlich in einem Wasserfall oder einer Felsgrotte schlief, alles brummig wiederholte, was er vernahm, tausendmal immer dasselbe sagend, der Unhold.

Gleich nachher befahl Antü einer Wolke, Eis auf die Erde zu werfen, und dies alles nur, um Mutter Küyén zu ärgern, die gleichmäßig ihren Weg ging, ruhig abmagerte, dann wieder zunahm. Oben im Himmelsdunst färbte und entfärbte sie sich, die Gutmütige, die nicht Eis auf den Berggipfeln, den Gebirgen sehen wollte: Leid tat es ihr und weh, zu sehen, wie durch die Kälte den Menschen Finger und Zehen abfielen, sie Nasen und Ohren verloren. Immer haderte sie deswegen mit ihrem Mann, der so maßlos wie groß war, im Guten und Bösen. Daß sie sich oft verspätete, machte er ihr stets zum Vorwurf und auch, daß sie sich hinter Wolken versteckte, um nicht arbeiten zu müssen. Deshalb trennte sie sich auch von ihm und hatte es nicht nötig, mit den Lidern schnell zu schlagen, um weinen zu können: Viel hat Antü zu ihrer Abkehr beigetragen, die keine Voreiligkeit war.

Die Zwillinge

Am Anfang waren nur zwei Menschen, Mann und Frau, und die Frau war schwanger. Der Gatte befahl ihr, Mais zu pflanzen. Als diese Arbeit getan war, befahl er ihr, zurückzukehren und grüne Maiskolben zu suchen. Sie hielt es nicht für möglich, sie zu finden, und gehorchte ihm nicht. Er bestand darauf und fügte hinzu, daß der Sohn, den sie bei sich trug, auch Hunger habe. Da wurde sie zornig und erklärte ihm, daß er nicht der Vater des Sohnes wäre. Der Gatte verließ sie. Die Frau folgte traurig seiner Spur. Von weitem erblickte sie ihn am Horizont, wo er verschwand. Der Sohn gab ihr den Weg an, den sie gehen mußte, aber zur Belohnung bat er sie, ihm Blumen und Früchte zu reichen. Dabei wurde sie verschiedene Male von der Wespe gestochen. Darüber geriet sie in Zorn und züchtigte den Sohn, indem sie sich auf den Leib schlug. Da hörte der Sohn auf, ihr den Weg zu zeigen, und sie verirrte sich.

Sie kam zu der Wohnung der Jaguare, einer Höhle neben einem Abgrund. In dem Eingang stand die alte Jary, die Mutter der Jaguare, und teilte ihr mit, daß die einzigen lebenden Wesen sie und ihre Söhne wären, die bei ihrer Rückkehr sie fressen würden.

Gerührt durch ihre Bitten, gab ihr die Alte ein Viertel eines Hirsches zum Essen und verbarg sie.

Die Jaguare kamen heim mit ihrer Jagdbeute. Nur der letzte, der nichts brachte, schnupperte und sagte: »Da hältst du ja ein gutes Wildbret versteckt, Großmutter. Ich werde es essen.«

Die alte Jaguarin bat, sie sollten ihr den Sohn überlassen, der doch wohl zarter für sie sei, da sie keine Zähne mehr hätte. Die Jaguare fraßen die Mutter auf und überließen die Zwillinge, die sie in ihrem Leibe fanden, Jary. Diese wollte die Kleinen auf den Bratrost legen, aber sie entwischten ihr. Sie wollte sie mit Steinen und in dem Mörser töten, aber sie entsprangen ihren Händen, bis sie ermüdete und die Kinder auf den Boden losließ. Als die Jaguare sich zurückzogen, blieb der Ältere der Zwillinge, Derekey, stehen und bat die Alte, ihm Bogen und Pfeile zu machen, indem er ihr versprach, Vögel für sie zu jagen, was ihr sehr zusagte. Der Jüngere, Derevuy, aß nicht und weinte vor Hunger. Der Ältere erfuhr durch die roten Araras, wie seine Mutter gestorben war. Er suchte in dem Kot der Jaguare ihre Knochen und fügte sie zusammen. Es fehlte nur noch sehr wenig an ihrer Vollendung, da warf sich der jüngere Sohn über sie, um an ihrer Brust zu trinken, und zerstörte das Werk.

Zornig trat Derekey auf ein faules Holz, und heraus kamen gelbe Bienen und eine süße Flüssigkeit, die Honig war.

Er ließ das Brüderchen in der Obhut der Bienen, die es ernährten, bis es heranwuchs und aufhörte zu weinen.

Darauf banden sie die Jaguare an, außer Jary und einer ihrer Töchter, und gingen auf die Suche nach ihrem Vater. Nach vielen Wechselfällen und verschiedenen Trennungen, die der Jüngere verschuldete, kamen sie zur Wohnung des Uhan, mit dessen Tochter sich der Jüngere verheiratete und einen Sohn hatte. Als Uhan einmal ausgegangen war, um nachzusehen, ob die Bäume einem Sturm Widerstand leisten würden, benutzten sie seine Abwesenheit und entflohen und nahmen den Sohn mit.

Von einem hohen Baum rief Derekey: »Unser Vater!« Und dieser antwortete von fern: »Kommt alle! Ich bin hier.«

Sie kamen und fanden den Vater, der ein alter weißer Mann war mit einer Krone von roten Arara- und Tukanfedern und feurigen Augen.

Er nahm sie mit in sein Haus und fragte sie, wie sie leben wollten. Da wählte der Ältere den Tag und der Jüngere die Nacht, und sie verwandelten sich in die Sonne und den Mond.

Der Mond

Die Kutanaua wollten die Marinaua töten. Der Marinaua floh. Da kam der Kutanaua und brachte viele Pfeile mit und gab sie dem Marinaua, um ihn zu versöhnen. Dieser freute sich. Er nahm die Pfeile an und hing sie oben in seiner Hütte auf. Darauf unterhielten sie sich miteinander. Als sie damit fertig waren, sagte Kutanaua zu Marinaua: »Nun komm mit mir und besuche auch mein Haus. Mein Weib möchte dich sehen.« Da freute sich Marinaua. Er ergriff alle seine Pfeile und setzte sich eine Krone aus Schwanzfedern des Japu auf das Haupt. Dann gingen sie weg.

Sie traten in den Wald und zupften Nisch'po ab. Auf dem ganzen Weg kaute Marinaua Nisch'po, so daß seine Zähne ganz schwarz wurden. Als er sich der Hütte des Kutanaua näherte, schämte sich Marinaua und blieb stehen.

Da fragte ihn Kutanaua: »Warum bleibst du stehen?«

»Aus keinem besonderen Grund«, antwortete ihm jener, »ich schäme mich vor deiner Frau; deshalb tue ich es.«

»Du brauchst dich nicht zu schämen. Geh weiter, Marinaua!«

Da kämmte sich Marinaua. Er holte seine Armbänder hervor und legte sie um seine Arme. Er putzte sich. Dann gingen sie weiter, Kutanaua an der Spitze.

Sie traten ein in die Hütte. Kutanaua band eine sehr große, bunte Hängematte mitten im Haus an und ließ Marinaua darauf niedersitzen. Dann befahl er seinem Weib: »Frau, hier bringe ich dir Marinaua. Gib ihm recht viel zu essen, damit er satt wird zum Platzen.« Die Frau sagte: »Ja!« Sie füllte eine sehr große Schale mit Stärkebrühe und gab sie jenem. Marinaua löffelte die Stärkebrühe aus und legte sich nieder. Darauf gab sie ihm gekochte Makaschera und gekochte Bananen; reife Bananen und geröstete Erdnüsse gab sie ihm; sie gab ihm Klöße aus Erdnüssen, gekochte Kürbisse, Kara und Inhame; sie gab ihm gerösteten Mais und Maiskuchen. So viele Speisen trug sie ihm auf. Marinaua aß von allen Speisen ein bißchen und wickelte sich ein bißchen ein, um es mitzunehmen und zu Hause zu essen. Marinauas Haare waren sehr lang.

Als sich die Sonne neigte, wollte er heimkehren, und er sprach zu Kutanaua: »Ich gehe weg, Kutanaua!« Dieser antwortete: »Du kannst gehen, Marinaua!« Da sagte Marinaua: »Gut!« und stand auf. Er verabschiedete sich auch von Kutanauas Frau. Jetzt ging Marinaua voraus. Kutanaua ergriff sein mächtiges, scharf geschliffenes Waldmesser und nahm seine Pfeile. Da fragte ihn Marinaua: »Kutanaua, warum nimmst du ein so großes Waldmesser mit?«

»Ich sah einen schönen Baum, den will ich auf dem Rückweg umhauen und heimtragen«, erwiderte ihm dieser.

»Wozu willst du den Baum haben?« fragte ihn jener weiter.

»Ich will mir ein Grabscheit daraus machen«, antwortete ihm Kutanaua. Dann nahm Marinaua das große Bündel mit den vielen Speisen unter den Arm, und sie machten sich auf den Weg.

Als sie sich der Hütte Marinauas näherten, schwang Kutanaua sein Waldmesser mit aller Kraft und hieb Marinaua das Haupt ab, daß es zu Boden fiel. Nur sein Körper blieb stehen; er konnte nicht mehr weiterschreiten. So stand er da und zitterte und zitterte. Da schlug ihn Kutanaua in den Rücken, und er stürzte nieder. Nun blickte ihm Kutanaua in die Augen; da zuckte er mit den Wimpern. Als Kutanaua dies sah, schnitt er einen Stock, spitzte ihn zu, spießte den Kopf darauf und pflanzte ihn mitten in den Weg. Dann ging er heim.

Nun ging ein anderer Marinaua weit auf die Jagd. Er kam den Weg daher und gelangte an diesen Ort. Mitten auf dem Weg schüttelte der Wind die langen Haare des Kopfes, und die Haare flatterten. Der Marinaua dachte, es sei ein böser Geist, und fürchtete sich. Er machte von ferne kehrt und lief den Weg zurück. Dann kehrte er wieder um. »Was mag das nur sein?«, sagte er. »Ich will doch hingehen und nachsehen!« Er kam und erblickte zuerst den Körper. Dann lief er hin und sah den Kopf da hängen. Er blickte ihn an. Der Kopf war nicht tot; die Augen glänzten; die Wimpern zuckten; der Mund öffnete sich. Da rief der andere Marinaua: »Oh!« Er fürchtete sich vor dem Kopf und weinte. »Oh!«, rief er. »Warum haben sie dich geköpft und haben deinen Kopf auf eine Stange gespießt und hier in die Erde gesteckt und sind dann weggelaufen?«

Aber der Kopf konnte seinem Bruder nicht antworten. Nur seine Augen blinzelten. Da sagte der andere: »Ich will gehen und es meinen Leuten sagen!«, und er lief davon. Der Kopf blieb allein da hängen und weinte, und seine Tränen tropften herab.

Da kam der andere Marinaua heim und sprach: »Freunde, einer hat unserem Bruder den Kopf abgeschlagen. Ich weiß nicht, wer es war. Sie haben den Kopf auf eine Stange gespießt und mitten im Weg aufgepflanzt und sind dann weggegangen. Dort hängt nun sein Kopf; er ist nicht tot; dort hängt er. Ich habe um ihn getrauert. Lange Zeit habe ich geweint. Dann kam ich hierher.« So sagte er zu seinen Leuten. Da sagten diese: »Vorwärts! Wir wollen ihn holen!« Und sie machten sich auf.

Viele machten sich auf. Der eine ergriff einen Wurfspeer, der andere seine Pfeile, der andere eine Keule; ein anderer nahm einen Korb, ein anderer nahm noch einen Korb. Dann verließen sie die Hütte und gingen hin, laut schreiend den ganzen Weg.

Kutanaua hatte sich dort, wo er den Marinaua enthauptet hatte, versteckt und erwartete sie da. Er hörte, wie alle Marinaua laut schreiend daherkamen. Kutanaua hörte, wie sie schrieen, und kletterte auf einen sehr hohen Mulattenbaum. Dort verbarg er sich gut und setzte sich nieder. Der Marinaua, der den Kopf gesehen hatte, ging an der Spitze und zeigte ihn den anderen.

Der Kopf war nicht tot; er blinzelte mit den Augen; da hing er und weinte, und seine Tränen tropften herab; sein Mund war offen, aber er konnte nicht sprechen. So hing er da, der Kopf des Marinaua. Alle seine Verwandten trauerten um ihn. Alle setzten sich bei dem Kopf nieder und weinten.

Als sie damit fertig waren, ergriff einer den Kopf; ein anderer riß die Stange aus und warf sie beiseite. Kutanaua sah sie von dem hohen Baum, aber er rührte sich nicht und blieb sitzen. Die Marinaua steckten den Kopf in einen Korb und gingen zurück, schreiend den ganzen Weg. Mitten auf dem Weg durchbrach der Kopf den Korb und fiel heraus. Da nahm ihn der andere auf und tat ihn in seinen Korb, aber auch dieser Korb zerriß, und der Kopf fiel heraus. Da gingen die beiden heim, um neue Körbe zu holen, und derweil bestatteten die anderen den Leichnam. Sie gruben ein sehr tiefes Loch und beerdigten den Marinaua. Dann gingen sie weg. Die beiden anderen kamen mit neuen Körben. Abermals steckten sie den Kopf nacheinander in die beiden Körbe, aber er durchbrach beide Körbe und fiel heraus. Sie sahen nicht, daß der Kopf mit den Zähnen den Korb durchbiß. Da nahm ihn der eine auf den Rücken und ging weiter, aber der

Kopf biß ihn in den Hintern. Der Mann schrie laut und warf den Kopf schleunigst fort. Wiederum taten sie den Kopf in einen Korb, aber er fiel heraus. Da meinte ein Marinaua: »Wir sind gekommen, den Kopf zu suchen; wir haben ihn mehrmals in einen Korb gesteckt, aber jedesmal ist er herausgefallen. Wer weiß, wer ihn enthauptet hat! Vielleicht will er uns bezaubern. Wir wollen ihn nicht mehr mitnehmen!« Die anderen waren damit einverstanden. Sie ließen den Kopf am Wege liegen und gingen davon. Da sagte der Kopf: »Soll ich hinter meinen Leuten hergehen?« Und er tat es und rollte den ganzen Weg dahin. Da erblickte ihn einer von den Marinaua und rief: »Dort kommt der Kopf hinter uns hergerollt! Vielleicht will er uns bezaubern! Laßt uns laufen!«, und sie liefen davon. Der Kopf aber rief: »Freunde, wartet auf mich! Ich will mit euch heimgehen!« Sie hörten es und liefen weiter. Nun kamen sie an einen angeschwollenen Bach und schwammen hinüber. Der Kopf war hinter ihnen und weinte auf dem ganzen Weg. Am anderen Ufer stand ein sehr hoher Bakupary-Baum mit reifen Früchten. Weinend machte der Kopf am Ufer halt. Da sagte der Marinaua: »Laßt uns langsam gehen! Der Kopf kann doch nicht über den Fluß!« Aber der Kopf rollte weiter, stürzte sich in den Fluß und schwamm hinüber. Da erblickte ihn ein Marinaua und rief: »Dort kommt der Kopf geschwommen!« Eilends liefen sie weiter und kletterten auf den Bakupary. Der Kopf kam aus dem Wasser auf das hohe Ufer und rollte weiter. Als er seine Leute sah, blieb er unter dem Bakupary liegen. »Freunde«, rief er, »kommt schnell herab! Ich habe euch schon gesehen.«

Die Leute aßen Bakupary-Früchte. Da bat sie der Kopf: »Freunde, gebt mir auch Bakupary!« Da riß ein Marinaua eine grüne Frucht von dem Baum und warf sie ihm zu, aber der Kopf aß sie nicht. »Ich esse sie nicht«, sagte er, »sie ist ja noch grün! Gib mir eine andere, reife!«

Da pflückten sie eine reife Frucht ab und gaben sie ihm. Der Kopf ergriff die Frucht und wollte sie hinunterschlucken, aber sie fiel aus dem Loch seines Halses wieder heraus. Wiederum bat er um eine Bakupary. Da pflückte ein Marinaua eine Frucht und warf sie mitten in den Fluß. Der Kopf aber sagte: »Du hast sie ja mitten in den Fluß geworfen! Von dort hole ich sie nicht. Gib mir eine andere!« Da kam ein Marianaua auf einen anderen Gedanken. Er sprach zu seinen Gefährten: »Pflücke eine Bakupary und wirf sie weit weg!« Dieser riß eine sehr große Frucht ab und warf sie weit weg. Der Kopf rollte den ganzen Weg dahin, sie zu holen, und alle Marinaua stiegen vom Baum herab und liefen davon. Nach einer Weile blieben sie stehen und sagten: »Ob wohl der Kopf wieder hinter uns herkommen wird?«

Der Kutanaua hatte sie die ganze Zeit beobachtet und gesehen, wie sie weggingen. Da stieg er von dem Baum herab und ging heim.

Inzwischen hatte sich der Kopf die Frucht geholt. Er kam zurück und machte am Bakupary-Baum halt. Er blickte in die Höhe und sah sie nicht mehr. Da machte er sich wieder auf den Weg und rollte weiter. Seine Leute standen da und warteten. Der Kopf kam hinter ihnen hergerollt. Da erblickte ihn einer und rief: »Dort kommt der Kopf!«, und sie liefen weiter. Der Kopf sah sie und rief: »Freunde, wartet auf mich!«, aber sie blieben nicht stehen, sondern rannten weiter. Sie liefen in ihr Haus und verschlossen es. Da sprach der Kopf zu ihnen: »Freunde, öffnet das Haus! Ich will hinein!«, aber seine Leute öffneten das Haus nicht. Nun rollte der Kopf um das Haus herum und weinte. Seine Leute öffneten das Haus nicht, und der Kopf weinte und wischte seine Tränen mit seinen Haaren ab. Dann sagte er zu seinen Leuten: »Freunde, öffnet mir doch! Ich will mir nur meine Sachen holen!« Aber sie öffneten nicht, und der Kopf weinte.

Dann sagte er: »Soll ich mich verwandeln?« Und er dachte nach und sprach: »Kutanaua hat mir den Kopf abgeschlagen, so daß ich meine Leute nicht sehen kann. Nur mein Kopf kam hinter ihnen her, aber meine Leute fürchteten sich vor mir und verschlossen das Haus, so daß ich nicht eintreten und meine Sachen holen kann.«

Dann rief er seinen Leuten zu: »Freunde, ihr habt euch vor mir gefürchtet und das Haus verschlossen, so daß ich nicht eindringen und meine Sachen holen kann. Ich will mich verwandeln.«

Und seine Leute fragten: »Marinaua, in was willst du dich denn verwandeln?«

»Ich habe darüber nachgedacht, wie ich mich verwandeln soll«, antwortete er. »Ich werde mein Blut verwandeln und ebenso meine Augen und meinen Kopf.«

»Freunde«, fuhr er fort, »wenn ich mein Blut verwandele, werde ich den ›Weg der Fremden‹ (Regenbogen) machen. Ich gedenke aber auch meine Augen und meinen Kopf zu verwandeln. Was soll ich nun werden? Wollte ich Gemüse sein, so könnt ihr mich essen. Wollte ich Makaschera sein, so könnt ihr mich essen. Wollte ich Banane sein und ihr pflücktet Bananen und kochtet sie, so könnt ihr mich essen. Wollte ich Kara sein, so könnt ihr mich essen. Wollte ich Inhame sein, so könnt ihr mich essen. Wollte ich Batate sein, so könnt ihr mich essen. Wollte ich Bohne sein, so könnt ihr mich essen. Wollte ich Pflanzung sein und ihr pflanztet Früchte auf mich und die Früchte reifen, so könnt ihr mich essen. Wollte ich Erde sein, so könnt ihr auf mir herumgehen. Wollte ich Wasser sein, so könnt ihr mich trinken. Wollte ich Fisch sein und ihr finget Fische, so könnt ihr mich essen. Wollte ich Timbo sein und ihr risset Timbo aus und löstet ihn im Wasser auf und ich tötete Fische und ihr zöget sie heraus, so könnt ihr die Fische essen. Wollte ich Jagdtier sein und ihr tötetet mich, so könnt ihr mich essen. Wollte ich

Schlange sein und ich würde über euch ärgerlich und bisse euch, so könnt ihr mich töten. Wollte ich Skorpion sein und ich bisse euch, so könnt ihr mich töten. Wollte ich Baum sein und ihr hiebet mich nieder und ich wäre trocken und ihr spaltetet Brennholz und kochtet Speise, so könnt ihr mich essen.

Was soll ich denn werden?

Wollte ich Fledermaus sein und ich käme in der Dunkelheit und bisse euch, so könnt ihr mich töten.

Wollte ich Sonne sein und ihr fröret, so kann ich euch erwärmen.

Wollte ich Regen sein und ich regnete und füllte die Flüsse und ihr finget die Fische und eßt sie und ich feuchtete das Gras an und das Gras wächst, so können mich die Jagdtiere essen.

Wollte ich Kälte sein und die Sonne brennt euch, so kann ich euch abkühlen.

Wollte ich Nacht sein und ich dunkelte, so könnt ihr schlafen.

Wollte ich Morgen sein und ihr schliefet im Dunkel die ganze Nacht und es würde Morgen und ihr erwachtet, so könnt ihr gehen.

Was soll ich also werden?

Ich denke an etwas anderes. Mein Blut verwandle ich in den ›Weg der Feinde‹ (Regenbogen). Meine Augen aber verwandle ich in Sterne. Und mein Kopf soll Mond werden.«

Dann rief der Kopf des Marinaua seine Leute und sprach zu ihnen: »Freunde, mein Kopf wird Mond werden. Wenn meine Augen Sterne sein werden und mein Blut Regenbogen, dann werden auch eure Weiber und alle Mädchen bluten.«

Alle Weiber und alle Mädchen hörten es und fürchteten sich. Dann fragten sie den Kopf: »Warum sollen wir alle bluten, Marinaua?«

Der Kopf antwortete: »Um nichts weiter! Wenn mein Kopf Mond geworden ist und der Vollmond glänzt, dann werdet ihr bluten.«

Die Weiber hörten, was der Kopf des Marinaua zu seinen Leuten sagte.

Dann zog der Marinaua sein Blut heraus, schüttete es auf einen Teller und schleuderte es aufwärts in den Himmel. Im Himmel ergoß sich sein Blut und lief auseinander, und es bildete sich der »Weg der Fremden« (Regenbogen).

Dann riß er seine Augen aus und warf sie aufwärts, und schon verwandelten sich seine Augen in viele Sterne.

Darauf bat der Kopf seine Leute um seine beiden Garnknäuel, und sie warfen sie ihm hinaus. Er ergriff die beiden Garnknäuel und warf sie aufwärts in den Himmel. Da kam der himmlische Aasgeier geflogen, nahm die Garnknäuel in den Schnabel und flog damit aufwärts. Im Himmel befestigte der himmlische Aasgeier die Garnknäuel für den Kopf.

Nun sprach der Kopf zu seinen Leuten: »Freunde, jetzt gehe ich in den Himmel und werde Mond. Wenn ich Mond geworden bin, und es ist Vollmond, dann werden alle eure Frauen bluten.«

So sprach er zu ihnen. Dann nahm er die beiden Fäden in den Mund und sagte zu seinen Leuten: »Freunde, jetzt werde ich Mond«, und er schwebte dahin.

Da riefen seine Leute: »Laßt uns den Kopf des Marinaua sehen!« Sie öffneten das Haus, liefen hinaus und blieben auf dem Platz stehen. Sie schauten aufwärts und erblickten den Kopf, wie er hängend dahinging den ganzen Weg. Dann sahen sie den Regenbogen. Aus Marinauas Blut ist der Regenbogen entstanden. Sein Blut hat er in ihn verwandelt.

Dann, als es dunkelte, sahen sie, daß sein Kopf zum Vollmond geworden war und seine Augen zu funkelnden

Sternen. Nun glänzte der Vollmond, und alle Weiber bluteten, und es bluteten alle Jungfrauen. Als die Weiber bluteten, wohnten ihre Gatten ihnen bei. Dann schwieg das Blut, und die Weiber wurden schwanger.

Sie sahen den Kopf des Marinaua als Vollmond und sagten: »Siehe da diesen Vollmond!« Und einer sprach: »Marinauas Kopf ist Mond geworden. Da glänzt er! Diesen Vollmond, diese Sterne, diesen Regenbogen hat er selbst verwandelt. Dieser Regenbogen ist sein Blut; diese Sterne sind seine Augen; dieser Vollmond ist sein Kopf!«

So sprachen sie, als Marinauas Kopf sich in den Mond verwandelte.

Marinaua wurde von Kutanaua enthauptet, und sein Kopf verwandelte sich in den Mond.

Soweit erinnere ich mich der Geschichte von Marinaua, der von Kutanaua enthauptet wurde.

Akalapischeima und die Sonne

In alter Zeit war ein sehr hoher Baum. Waloma, die Kröte, kletterte ganz hinauf. Ein Mann namens Akalapischeima lauerte jeden Nachmittag am Fuß des Baumes, um Waloma zu fangen. Waloma sagte: »Wenn mich Akalapischeima fängt, werfe ich ihn ins Meer!« Der Mann faßte sie. Da packte ihn Waloma bei den Händen und stieß ihn mit dem Fuß ins Meer. Sie lud ihn auf den Rücken, tauchte unter und schwamm mit ihm nach einer Insel. Dort ließ sie ihn und schwamm zurück. Sie ließ ihn unter einem Baum, auf dem Aasgeier saßen, die ihn, als er schlief, ganz beschmutzten.

Es war sehr kalt auf der Insel, und der Mann fror sehr. Da begegnete ihm Kaiuanog, der Morgenstern, als er voll Kot der Aasgeier war und sehr stank. Er bat den Stern, ihn zum Himmel zu nehmen. Dieser antwortete: »Ich kann dich nicht mit hinaufnehmen. Du hast mir noch nichts gegeben. Du hast nur immer der Sonne Maniokfladen gegeben.« Der Mann bat den Stern um Feuer, weil er sehr fror. Kaiuanog sagte: »Ich will dir nicht helfen! Die Sonne kann dir helfen. Sie erhält mehr Maniokfladen.« Kaluanog ging weg.

Da kam Kapei, der Mond. Akalapischeima bat Kapei, ihn nach seiner Heimat zu bringen. Der Mond wollte ihn nicht hinbringen, weil er der Sonne so viel Maniokfladen gegeben habe und ihm gar nichts. Er bat auch den Mond um Feuer, aber auch dies gab ihm der Mond nicht. Der Mann fror sehr, und die Aasgeier beschmutzten ihn immer mehr, denn die Insel war sehr klein.

Da kam Wei, die Sonne. Die Sonne nahm ihn in ihr Boot. Sie ließ ihn durch ihre Töchter waschen und ihm die Haare schneiden. Sie machte ihn wieder schön. Wei wollte ihn zum Schwiegersohn haben. Akalapischeima wußte nicht, daß es die Sonne war, und bat Wei, die Sonne zu rufen, um sich zu wärmen, denn er fror sehr, als er gewaschen und in das Vorderteil des Bootes gesetzt war.

Da setzte sich Wei einen Kopfputz aus Papageifedern auf. Akalapischeima hatte mit dem Rücken nach dem Boot zu gesessen. Jetzt sagte Wei zu ihm: »Dreh dich um!« Als er sich umwandte, setzte Wei über den Federkopfputz einen Hut aus Silber auf und legte Ohrschmuck aus glänzenden Käferflügeldecken an. Da wurde es warm. Wei erwärmte den Mann. Es wurde sehr warm, und er litt unter der Hitze. Wei führte ihn immer weiter mit sich in die Höhe. Als Akalapischeima sehr unter der Hitze litt, gab ihm Wei Kleider. Da fühlte er die Hitze nicht mehr.

Wei wollte ihn zum Schwiegersohn haben. Er sagte zu ihm: »Du sollst eine meiner Töchter heiraten, aber lasse dich nicht mit einer anderen Frau ein!« Wei machte halt an einem Haus und ging mit seinen Töchtern an Land und in das Haus hinein. Er befahl Akalapischeima, das Boot nicht zu verlassen und sich nicht in eine andere Frau zu verlieben. Wei ging ins Haus. Akalapischeima ging trotzdem an Land. Da begegneten ihm einige junge Mädchen, die Töchter des Aasgeiers.

Der Mann fand sie sehr hübsch und verliebte sich in sie. Wei und seine Töchter wußten nichts davon, denn sie waren ins Haus gegangen. Als sie zum Boot zurückkamen, trafen sie ihn schäkernd inmitten der Töchter des Aasgeiers.

Die Töchter der Sonne schalten ihn aus und sagten: »Hat dir unser Vater nicht gesagt, du sollst im Boot bleiben und nicht an Land gehen? Hat dir unser Vater nicht geholfen, von der Insel wegzukommen? Wenn er dir nicht geholfen hätte, wärst du nicht in diesem guten Zustand, und jetzt verliebst du dich schon in die Töchter des Aasgeiers!« Da zürnte ihm Wei und sagte zu ihm: »Wenn du meinem Rat gefolgt wärst und eine meiner Töchter geheiratet hättest, so wärst du immer jung und schön geblieben wie ich. Jetzt bleibst du nur kurze Zeit jung und schön. Dann wirst du alt und häßlich!« Dann gingen sie schlafen, jeder in einem besonderen Raum, Wei und seine Töchter allein und Akalapischeima allein.

Am anderen Tag frühmorgens fuhr Wei mit seinen Töchtern weg und ließ Akalapischeima schlafend zurück. Als er erwachte, fand er sich inmitten der Aasgeier, alt und häßlich, wie Wei gesagt hatte. Die Töchter der Sonne zerstreuten sich und beleuchteten nun den Weg der Toten. Akalapischeima heiratete eine Tochter des Aasgeiers und gewöhnte sich an das Leben. Er war unser Vorfahr, der Vater aller Indianer.

Deshalb leben wir heute noch in diesem Zustand. Wir bleiben nur kurze Zeit jung und hübsch und werden dann alt und häßlich.

Keri und Kame

Kamuschini begegnete, da er im Walde Blätter der Tukumpalme suchte, um sich Schnur für Bogensehnen zu verschaffen, dem Jaguar Oka, fürchtete sich vor ihm und versprach, ihm Frauen zu machen, wenn er ihn verschone.

Zuerst fällte er Bäume mit rotem Holz, brachte die Klötze nach Hause, stellte sie an einen Maismörser, blies sie an und zog sich ein Weilchen zurück. Als er wiederkam, waren es aber lauter Männer geworden, die Pfeile schnitzten! Er tötete sie, ging wieder fort und fällte nun mit seinem Steinbeil fünf oder sechs andere Bäume, verfuhr damit ebenso wie mit den ersten und fand dieses Mal, als er die Angeblasenen sich ein Weilchen überlassen hatte, daß es Frauen geworden waren. Sie sagten alle »Papa« zu ihm, und mit Ausnahme der letzten, die faul dasaßen, und er sie deshalb erzürnt sofort tötete, stampften sie eifrig Mais – Maniok soll es damals noch nicht gegeben haben – und machten Fladen und Getränke.

Die beiden älteren, Rimagakaniro und Tchoge, gab Kamuschini dem Jaguar Oka, und dieser führte sie nach Hause. Unterwegs aber verunglückte Tchoge; sie kletterte auf eine Buritipalme, um sich Nüsse zu holen, und stürzte hinab.

Rimagakaniro verschluckte zwei Bakari-Fingerknochen, von denen viele im Hause waren, weil Oka sie für seine Pfeilspitzen gebrauchte und viele Bakari tötete, deren Fleisch er aß. Von den Fingerknochen wurde die Frau schwanger.

Ihre Schwiegermutter Mero aber, die außer Oka noch zwei Jaguarsöhne hatte, Kuara und Zaupannuar, kam zu Besuch, als Oka auf der Jagd war. Sie wollte nicht, daß er von einer Bakari Söhne habe, denn sie haßte und aß die Bakari: Sie riß Rimagakaniro mit ihren Krallen die Augen aus und ging wieder. Rimagakaniro starb, aber der Oheim Kuara schnitt ihr den Leib auf, holte die Zwillinge Keri und Kame hervor und legte sie in eine Kalabasse wie junge Papageien. Dann schnitten er und seine Leute Rimagakaniro in Stücke, brieten und verzehren sie und setzten den Rest dem heimkehrenden Oka vor, der ihn ahnungslos aß. Heftig erzürnt, als er den Hergang erfuhr, lief er, Mero zu töten, stand aber davon ab, weil sie sagte: »Ich bin deine Mutter.«

Keri und Kame zog der Pflegevater Jaguar auf. Er ließ sie auf seinem Rücken reiten und lehrte sie mit Pfeilen schießen. Nun fragten sie ihn aber nach ihrer Mutter. Er hatte von ihrem Tod geschwiegen, weil er sich schämte, von ihrem Fleisch gegessen zu haben, und gab auch jetzt keine Auskunft. Doch die Großmutter oder Tante Ewaki berichtete die Untat Meros. Keri und Kame gingen hin und töteten Mero, obwohl diese sie freundlich mit dem Gruß »O, meine Enkel« empfing.

Die verdammte Mero wurde nicht beerdigt, o nein, sie wurde verbrannt. Keri und Kame trugen Scheite zusammen und legten Feuer an; dann gruben sie sich ein Loch, um zuzuschauen. Mero brannte »bopopopo« ... Man sieht das Feuer noch heute am Himmel. Zu jener Zeit hatten Keri und Kame noch keine menschliche Gestalt. Kame kroch aus seinem Loch neugierig hervor und fing Feuer. Er verbrannte, starb. Keri blies ihn an und machte ihm Nase und Hände und Füße, wie die Menschen haben. Aber auch Keri fing Feuer, verbrannte, starb, wurde von Kame lebendig geblasen und menschlich gestaltet. Auch diese Feuer sieht man am Himmel. Da kamen drei Tierarten, die man auch noch am Himmel sieht, der kleine Fischotter, der sich den Schwanz, der große, der sich Hände und Füße, und der Tukan, der sich den Schnabel von Keri und Kame nahm. Keri hatte einen größeren Schnabel gehabt als Kame.

Keri und Kame zankten mit dem Vater und wollten ihn töten, weil sie ihre Mutter nicht gesehen hatten. Sie sagten dem Vater: »Mach viele Pfeile zurecht!« Dieser tat es und gab sie ihnen. Nun machten sie Kanabi. Sie rammten die Pfeile in einen Kreis aufrecht in den Boden und bliesen sie an. Da kamen die Kanabi. Keri hieß diese, auf Oka zu schießen, aber sie fehlten. Da schoß Keri selbst. Der Pfeil drang in das Knie des Jaguars ein. Der Jaguar stürzte sich ins Wasser und entkam.

Die Brüder empfingen nun von ihrer Tante Ewaki den Auftrag, die Sonne zu holen, die der Königsgeier besaß. Bisher war es Nacht, wenn nicht der Königsgeier mit der Sonne erschien. Am Himmel gab es ein schwarzes Loch, das den Geiern gehörte. In dieses Loch stürzte der Tapir, weil es finstere Nacht war. Man sieht ihn noch in der Milchstraße. Keri sah den Tapir und ging in seinen Vorderfuß hinein. Kame aber ging in einen kleinen gelben Singvogel und setzte sich auf einen Ast; er sollte Keri, der nichts sehen konnte von allem, was vorging, unterrichten. Der Königsgeier öffnete die Sonne; es wurde hell, und so erblickten die Aasgeier den Tapir. Alle schwarzen und weißen Geier - nur der rote, der Königsgeier, blieb noch fern - stürzten sich auf den Tapir. Sie holten Schlingpflanzenstricke herbei, zogen ihn mit aller Mühe aus dem Loch und wollten ihn zerteilen. Da machte Kame auf seinem Ast »neng-neng-neng«, Keri blies, und die Geier konnten mit ihren Schnäbeln den Tapir nicht öffnen. Sie riefen den Königsgeier zu Hilfe. Dieser kam, und Kame hörte auf »neng-neng-neng« zu machen. Der rote Geier öffnete den Tapir mit seinem Schnabel. In diesem Augenblick ergriff ihn Keri und packte ihn so fest, daß er fast starb. Nur wenn er die Sonne hergebe, solle er am Leben bleiben. Da schickte der Königsgeier seinen Bruder, den weißen Geier, die Sonne zu holen. Dieser brachte die Morgenröte. »Ist das recht?«, fragte Kame

Keri, der festhalten mußte. »Nein, nicht die Morgenröte«, erwiderte Keri. Da brachte der weiße Geier den Mond. »Ist das recht?«, fragte Kame. »Ach was!«, erwiderte Keri. Nun brachte der weiße Geier die Sonne, und als Kame fragte: »Ist das recht?«, antwortete Keri: »Jetzt ja!« Dann gab er den Königsgeier frei, der sehr erzürnt war.

Der Mond bestand damals aus (gelben) Tapu-Federn, die Sonne aus Federn des Tukan und des roten Arara, die Morgenröte aus Tukan-Federn. So haben es die Alten gewußt. Wenn es jetzt, wie ihr sagt, anders sein soll, so weiß ich davon nichts, und niemand weiß es. Dann muß man geblasen haben, daß sie wie Feuer ist.

Keri sann und sann, was er nun mit der Sonne und dem Mond anfangen sollte. Es war immer hell. Ewaki wußte ihm auch nicht zu raten. Endlich machte er einen großen Topf und stülpte ihn darüber. Da war es dunkel. Er gab den Mond Kame. Sonne und Mond waren beide unter dem Topf. Wenn der Topf aufgehoben wird, ist es Tag.

Keri und Kame wollten nun gern schlafen und konnten es zu ihrem Leidwesen nicht. Sie gingen zu Ewaki, und diese sagte ihnen, wo sie den Schlaf holen sollten. Po, die Eidechse, war im Besitz des Schlafes. Sie empfing Keri und Kame freundlich und sagte: »Oh, meine Enkel!« – Sie blieben in ihrem Hause, legten sich in die Hängematte und schliefen. Als sie erwachten, fühlten sie sich wieder wohl.

Am anderen Morgen sagten sie Lebewohl und zogen mit der Hängematte, die ihnen die Eidechse geschenkt hatte, von dannen. Unterwegs, als sie eine Weile gegangen waren, wollten sie nun das Schlafen versuchen. Sie legten sich in die Hängematte und versuchten, aber es ging nicht. Sie quälten sich vergebens. Da gingen sie wieder zum Haus der Eidechse zurück, ergriffen sie und zogen ihr das Augenlid aus. Sie nahmen sich ein großes

Stück, und die Eidechse war sehr böse. Nun hatten sie Augenlider und konnten schlafen.

Keri und Kame gingen zu Ewaki, und diese befahl ihnen, das Feuer zu holen. Der Kampfuchs war der Herr des Feuers. Er hatte es in den Augen und schlug es sich heraus, wenn er Holz anzünden wollte. Der Kampfuchs hatte eine Reuse angelegt, um Fische zu fangen. Zu der Reuse gingen Keri und Kame. Sie fanden darin einen Fisch und eine Schnecke. Keri ging in den Fisch, und Kame ging in die Schnecke. Beide waren gut darin versteckt. Singend kam der Kampfuchs gegangen und machte Feuer an. Dann sah er nach, was in der Reuse war, holte den Fisch und die Schnecke und legte sie in das Feuer, um sie zu braten. Aber die beiden gossen Wasser in das Feuer. Erzürnt griff der Kampfuchs die Schnecke; die hüpfte aber in den Fluß und holte neues Wasser und goß es ins Feuer, daß dieses beinahe ganz verlöschte. Der Kampfuchs ergriff sie wieder und wollte sie auf einem Holz in Stücke schlagen, die Schnecke aber entglitt ihm und fiel auf die andere Seite. Das wurde dem Kampfuchs zuviel; ärgerlich lief er davon. Keri und Kame aber bliesen das Feuer wieder an und gingen damit zu Ewaki.

Ewaki schickte die beiden Knaben aus, das Wasser zu holen. Sie wanderten drei Tage. Sie fanden drei Töpfe, die der Wasserschlange gehörten. In den Töpfen war Wasser; in zweien war gutes Wasser, aber in dem dritten war schlechtes, von dem man nicht trinken kann, ohne zu sterben. Diesen dritten Topf ließen sie ganz; sie wollten gutes Wasser haben. Die zwei anderen Töpfe zerschlugen sie. Das Wasser, das aus dem einem abfloß, war der Paranatinga, das Wasser des anderen der Ronuro und Kulisehu. Keri nahm sich des Paranatingawassers, Kame des Ronuro-Kulisehuwassers an. Beide Flüsse liefen weiter, und Keri und Kame liefen jeder hinter dem seinen; sie riefen einander zu, damit sie sich nicht verlören. Auf einmal hörte Kames Rufen auf. Keri schrie und schrie, doch die Antwort blieb aus. Da ließ er den Paranatinga stillstehen und warten und ging zum Ronuro. Der dumme Kame hatte sich den schlechtesten Fluß ausgesucht; er konnte nicht mit ihm fertig werden. Das Wasser wurde groß und breit, und Kame ertrank. Ein gewaltiger Jahufisch verschluckte ihn. Keri kam und fand den Ronuro stillstehend, Kame verschwunden. Sogleich begab er sich ans Fischen. Er fing drei Jahus, und einer war dick geschwollen. Dem riß er den Bauch auf und erblickte nun Kame, der tot war. Er legte die Leiche auf große grüne Blätter und blies sie an. Da stand Kame auf und sagte: »Ich habe gut geschlafen.«

»Nein«, rief Keri, »du hast ganz und gar nicht geschlafen! Ein Jahu hat dich gefressen.«

Mit dem Ronuro wollten sie nichts mehr zu tun haben. Keri ließ eine Ente kommen und befahl ihr, das Wasser mitzunehmen. So geleitete die Ente den Fluß wieder weiter, und die beiden Knaben begaben sich zu Keris Paranatinga, der noch geduldig wartete. »Das ist das Wasser«, sagte Keri, »das wir mitnehmen wollen.«

Drei Tage liefen sie mit ihm talwärts. Da kamen sie zum Katarakt des Paranatinga, allein es war noch kein Wasserfall, sondern nur trockener Fels. Sie selbst brachten jetzt das Wasser zum Katarakt und ließen es jenseits des Falles warten. Aber da sie nun hierblieben, ließ Keri bald Enten und Tauben kommen und andere Vögel, die das Wasser mitnahmen und weiterführten.

Keri begegnete dem Kampfuchs und vereinigte sich mit ihm zur Jagd, indem der Kampfuchs das Gras im Kreis anzündete. Was von Getier eingeschlossen war, sollte verbrennen. Nun war der dumme Kame gerade in eine Maus gegangen. Keri wußte nichts davon; er dachte, Kame sei draußen. Das Feuer hörte auf, und die beiden streiften umher, ob sie Beute fänden. Keri fand keinen

Braten. Der Fuchs fand eine verbrannte Maus und aß sie auf. Dann trafen sich die beiden wieder. »Großpapa, was für Braten hast du gegessen?«, sagte Keri zum Fuchs. »Nur eine Maus habe ich gegessen«, antwortete dieser. Da merkte Keri, daß der Kampfuchs den Bruder verschluckt hatte, und ersann ein Mittel, diesen zu retten, ohne den Fuchs töten und aufschneiden zu müssen. »Laß uns rennen, Großpapa«, sagte Keri. »Jawohl, mein Enkelkind.« Sie rannten eine lange Strecke. Dann standen sie still. Als der Fuchs stillstand, erbrach er sich. Darauf lief er eiligst davon. Keri ging dorthin, wo sich der Fuchs erbrochen hatte. Er sah die Mäuseknochen und sammelte sie. Dann blies er. Nachdem er geblasen hatte, erhob sich Kame. »Ich habe gut geschlafen«, sagte er. »Du hast ganz und gar nicht geschlafen! Der Kampfuchs hatte dich gefressen.«

Die Plejaden

Ein Mann hatte sieben Söhne, die jeden Tag weinten und nach den Eltern riefen: »Papa, ich will etwas zu essen haben! Mama, ich will etwas zu essen haben!«

»Ach, Kinder, ich gab euch schon zu essen, und jetzt ist es genug!«

Man sagt, daß sie immer weiter greinten, und die Mutter sie deswegen anfuhr: »Ihr seid Freßsäcke!«

»Du willst uns also nichts zu essen geben, Mutter?«, riefen sie. Man sagt, daß die Mutter eine Tapirkinnlade vom Bratrost nahm und sie ihnen hinwarf mit den Worten: »Da habt ihr zu essen!«

»Das reicht nicht für uns, meine Mutter«, riefen die Kinder. Da nahm der älteste Sohn seine jüngeren Brüder und gab jedem von ihnen ein Stück zu essen.

»Da habt ihr zu essen, meine Brüder, aber es reicht immer noch nicht für uns.«

Man sagt, daß jeder sein Stück nahm und es verzehrte. Dann sprach der älteste Bruder: »Gut, meine Brüderchen, wir wollen zum Himmel gehen, um Sterne zu sein!« Er packte darauf seine kleinen Brüder unter seine beiden Arme, und sie tanzten und sangen: »Laßt uns gehen zum Onkel Ueré! Laßt uns gehen zu Ueré! Ueré!«

Und tanzend stiegen sie empor und entfernten sich.

Die Mutter kam heraus, schaute ihnen nach und sah, wie sie davongingen.

»Ach, meine Söhne, wohin geht ihr? Hier ist Speise für euch!«

»Es ist umsonst, meine Mutter! Bleibe da! Wir gehen jetzt zum Himmel, um bei unserem Onkel zu wohnen und Sterne zu sein!«

So zogen sie tanzend dahin in Kreisen wie der Aasgeier und stiegen höher und höher, bis sie zum Himmel kamen.

Der Besuch im Himmel

In alter Zeit war ein Krieg zwischen zwei Stämmen. Der eine Stamm hieß Kuyalakog, der andere Palawiyang. Der Krieg war in der Gegend des Uraukaima-Gebirges. Die Palawiyang griffen die Kuyalakog an. Sie töteten einige, als sie zur Pflanzung gegangen waren. Da vereinigten sich die Kuyalakog, um die Palawiyang zu vernichten. Sie kamen und griffen sie an. Sie kamen an das Dorf, das aus fünf Häusern bestand, und zündeten es an zwei Stellen an, bei Nacht, damit es hell wurde, und die Feinde nicht im Dunkeln entfliehen konnten. Sie töteten viele mit der Keule, als sie aus den Häusern entweichen wollten.

Ein Mann namens Maitchaule legte sich unversehrt zwischen einen Haufen Toter und bestrich das Gesicht und den Leib mit Blut, um die Feinde zu täuschen. Die Kuyalakog gingen weg. Sie glaubten, alle seien tot. Der Mann blieb allein zurück. Dann ging er weg, badete und ging nach einem anderen Haus, das nicht weit entfernt war. Er dachte, es seien Leute dort, aber er fand niemanden. Alle waren geflohen. Er fand nur Maniokfladen und alten Rostbraten und aß. Dann dachte er nach. Er ging aus dem Haus hinaus und weit weg. Dann setzte er sich hin und dachte nach. Er dachte an seinen Vater und an seine Mutter, die die Kuyalakog getötet hatten, und daß er nun niemanden mehr habe. Dann sagte er: »Ich will mich zu meinen Gefährten legen, die tot sind!« Er kehrte voll Furcht nach dem verbrannten Dorf zurück. Dort waren sehr viele Aasgeier. Maitchaule war ein Zauberarzt und hatte von einem wunderschönen Mädchen geträumt. Er verscheuchte die Aasgeier und legte sich neben seine toten Gefährten. Er hatte sich wieder mit Blut beschmiert. Er hielt die Hände an den Kopf, damit er sofort zugreifen konnte. Dann kamen die Aasgeier wieder und stritten sich um die Leichen. Da kam die Tochter des Königsgeiers. Was tat nun die Tochter des Königsgeiers? Sie setzte sich Maitchaule auf die Brust. Als sie ihm in den Leib hacken wollte, ergriff er sie. Die Aasgeier flogen weg. Er sagte zur Tochter des Königsgeiers: »Verwandle dich in eine Frau! Ich bin so allein hier und habe niemanden, der mir hilft.« Er nahm sie mit nach dem verlassenen Haus. Dort hielt er sie wie einen zahmen Vogel. Er sagte zu ihr: »Ich gehe jetzt fischen. Wenn ich zurückkehre, will ich dich in eine Frau verwandelt wiederfinden!« Die Leute, die geflohen waren, hatten eine Pflanzung, Bananen usw.

Er ging fischen und verschloß das Haus und ließ die Tochter des Königsgeiers zurück. Da verwandelte sie sich in eine Frau. Es war viel Mais im Haus. Sie entkörnte den Mais, zerstieß ihn im Mörser, setzte einen Topf an das Feuer und tat alle Arbeit einer Frau. Sie machte Kaschiri und tat es in eine Kürbisflasche. Dann verwandelte sie sich wieder in einen Aasgeier, denn sie schämte sich noch vor dem Mann. Da kam Maitchaule zurück mit Fischen und Wildbret, einem Hirsch. Er kam in das Haus und hatte großen Durst. Er fand das Haus offen, aber der Aasgeier war drinnen. Er legte den Hirsch und die Fische nieder. Dann ging er aus dem Haus und fand Spuren von Menschen. Es waren die Spuren der Frau, die Brennholz geholt hatte. Er ging den Spuren nach und fand, daß jemand im Wald Brennholz gebrochen hatte. Da wurde er mißtrauisch. Dann ging er den Spuren nach, die zurückführten, und kam so nach dem Hause zurück. Er fand auch Spuren, die zum Hafen gingen, wo das Mädchen Wasser geholt hatte. Er ging ihnen nach und kam zum Hafen. Alle Spuren, die er fand, führten zum Hause zurück. Er kam zum Haus und fand die Kürbisflasche mit Kaschiri. Er fand eine Kalabasse und trank Kaschiri. Dann legte er sich nieder und dachte nach. Er dachte über die Menschenspuren nach. Vielleicht seien es Leute, die ihn angreifen wollten. Er fand auch Wasser im Haus und Brennholz. Es fehlte nichts. Dann zerlegte er den Hirsch, machte einen Bratrost, röstete den Hirsch und gab der Tochter des Aasgeiers davon zu essen. Diese aß davon. Er briet auch alle Fische und schlief dann in dieser Nacht.

Vor Tagesanbruch verwandelte sich die Tochter des Königsgeiers wieder in einen Menschen und ging weg, Wasser zu holen. Sie brachte Wasser und ließ das Haus offen. Er hatte das Haus wohl verschlossen. Er schlief. Sie machte Feuer an, stellte den Pfeffertopf ans Feuer und tat ein Stück Hirschbraten hinein. Sie kochte es und ließ es am Feuer stehen. Als Maitchaule am Morgen erwachte, war das Essen fertig. Er hatte Maniokfladen. Er blieb mißtrauisch, als er den Topf am Feuer fand, und sagte: »Hier sind Leute!« Das Mädchen hatte sich wieder in einen Aasgeier verwandelt. Sie wollte sich ihm nicht zeigen. Dann ging er weg mit Bogen und Pfeilen, verschloß das Haus, ging ein Stück weit und kehrte dann zurück. Er wollte sehen, wer dies alles tat. Er verbarg sich in der Nähe des Hauses. Er hatte seine Angelrute absichtlich mitten im Haus liegen lassen. Er blieb versteckt und wartete. Da öffnete das Mädchen das Haus und trat heraus. Es war ein sehr schönes Mädchen mit vielen Perlenschnüren an der Brust, an den Armen und Beinen. Sie hatte eine schöne Perlenschürze an. Das Mädchen ging zum Hafen. Maitchaule ging in das Haus, nahm die Angelrute und verbarg sich hinter dem Eingang. Da kam das Mädchen zum Hause zurück. Sie wußte von nichts und glaubte, der Mann sei weit. Sie kam in das Haus zurück mit Wasser. Sie stellte das Wasser hin und legte sich in die Hängematte. Da kam Maitchaule hinter dem Eingang hervor mit der Angelrute in der Hand. Er sagte: »Jetzt habe ich eine Frau!« Sie war sehr schön und voll Perlen an Armen und Beinen. Sie wickelte sich voll Scham in die Hängematte. Er sagte: »Schäme dich nicht!« und legte sich zu ihr.

Dann sagte er zu ihr: »Habe ich es dir nicht gesagt, du solltest dich in eine Frau verwandeln, um mit mir zu leben? Jetzt habe ich keine Mutter mehr. Ich habe niemanden mehr. Ich bin ganz allein. Jetzt gehe nicht weg! Bleibe hier als meine Frau! Wir haben Pflanzungen. Ich habe die Pflanzungen nicht angelegt, aber ich habe sie übernommen. Meine Verwandten sind alle geflohen aus Furcht vor dem Krieg mit den Kuyalakog. Ich bin ganz allein. Jetzt kommen meine Verwandten nicht mehr. Wenn Essen fehlt, gehe ich jagen und fischen. Ich bringe dir Hirsch, Tapir oder Fische. Ich bin da, daß du keinen Hunger leidest. Jetzt bleibe hier im Haus und mache Maniokfladen für uns zu essen! Ich gehe jagen! Gehe nicht weg!«

Er ging jagen und fischen und ließ sie im Hause zurück. Er tötete einen Hirsch und zwei Schweine und brachte zuerst den Hirsch heim. Sie machte gerade Maniokfladen, als er zurückkehrte. Er ging wieder weg, um die Schweine zu holen. Er brachte das eine heim und ging wieder weg, das andere zu holen. Er brachte auch das andere. Sie hatte Maniokfladen bereitet und war dabei, Kaschirimasse zu machen. Er zerlegte den Hirsch und die beiden Schweine und legte die Stücke auf den Bratrost. Dann sagte er: »Das kannst du essen, wie du willst, roh oder gekocht!« Dann aß er mit ihr, und sie gewöhnte sich schnell an ihn. Sie hatte ihn gern, denn er brachte viel Wildbret heim. Er schlief die Nacht mit ihr.

Danach blieben sie einige Zeit in diesem Haus. Dann sagte sie: »Jetzt will ich meine Familie sehen! Habe Geduld!« Maitchaule wollte sie nicht lassen. Er sagte zu ihr, wenn sie wegginge, würde er einen Strick nehmen und sich erhängen. Da sagte sie: »Nein! Ich gehe nicht weg! Ich gehe rasch, um meine Familie zu besuchen. Bleibe hier und erwarte mich hier! Gehe nicht weg von hier! Ich kann dich nicht mitnehmen, ohne daß dich mein Vater sieht. Ich gehe, Kumi holen und Kleider, dich zu bekleiden, damit du fliegen kannst, wie wir fliegen. Ich werde meinem Vater sagen, daß ich mit dir verheiratet bin.« – Dann sagte sie: »Weine nicht, wenn du mich vor dem Hause zum Himmel fliegen siehst!«

Er ging mit ihr zum Haus hinaus und sagte zu ihr: »Gehe nicht weg! Bleibe bei mir! Laß deinen Vater!« Sie beruhigte ihn und sagte: »Ich werde dich nicht verlassen. Ich will nur meinem Vater sagen, daß er jetzt einen Schwiegersohn hat.« Maitchaule wollte sie nicht weglassen. Da sagte sie: »Gut! Schneide mir meine Haare ab!« Der Mann schnitt ihr die Haare ab. Dann sagte sie:

»Schneide ein Stück Bambus ab, stopfe die Haare hinein, blase Tabakrauch darauf und verstopfe es mit Bienenwachs! Wenn ich morgen nicht zurückkehre, so verstopfe es mit Pech! Dann muß ich dort sterben!« Dann verabschiedete sie sich und sagte: »Wenn ich nicht morgen sehr früh zurückkomme, komme ich nachmittags.« Dann ging sie weg, und er schaute ihr nach. Sie hüpfte mehrmals auf, verwandelte sich in einen Aasgeier und flog in Kreisen hoch und immer höher. Er schaute ihr nach, bis sie ganz klein wurde und verschwand. Da trat er ins Haus zurück, legte sich in die Hängematte und dachte viel nach. Er schlief nicht in dieser Nacht, sondern dachte immer nach.

Es wurde Morgen. Als sie wegging, hatte sie zu ihm gesagt: »Gehe morgen sehr früh vor das Haus und erwarte mich! Wenn ich nicht zurückkomme, erwarte mich bis zum Abend!« Er machte sich eine Zigarre im Haus. Dann ging er aus dem Haus und setzte sich hin. Als er mit dem Rauchen fertig war, ging er ins Haus und legte sich schlafen. Er träumte. Im Traum sagte sie zu ihm: »Ich bin schon auf dem Heimweg mit zwei Schwägern.« Er erwachte plötzlich, ging vor das Haus und setzte sich nieder. Er war aufgeregt durch den Traum. Er schaute in die Höhe. Da sah er drei Aasgeier, wie er geträumt hatte, zwei weiße und einen schwarzen. Er wurde froh, als er sie erblickte. Sie kamen, in Kreisen fliegend, herab, bis sie ganz nahe über ihm waren. Sie sagte zu ihm: »Hier sind meine Brüder! Schäme dich meiner nicht! Ich schäme mich deiner auch nicht! Ebenso kannst du mit diesen da verkehren.«

Die Schwäger gewannen ihn lieb. Dann sagte sie: »Wir bleiben hier zwei Tage und gehen dann weg zum Himmel.« Da forderten ihn die Schwäger auf, einen Hirsch für sie zum Essen zu töten. Er schoß einen Hirsch und brachte ihn heim. Die Schwäger zerlegten den Hirsch, kochten ihn und aßen ihn. Es blieb ein Rest übrig, den sie auf dem Bratrost rösteten.

So blieben sie zwei Tage im Hause des Schwagers. Dieser zeigte ihnen seine Pflanzung, seinen Mais. Als sie kamen, hatten sie ihm ein Federkleid der Königsgeier mitgebracht. Die Frau befahl, ihren Mann damit zu bekleiden. Er zog das Kleid an und verwandelte sich in einen Aasgeier. Die Frau kaute Kumi und blies ihren Mann damit an. Sie sagte: »Jetzt wollen wir weggehen! Habe keine Furcht! Ich komme hinter dir her.« Die Schwäger flogen schon in Kreisen über ihm und erwarteten ihn. Sie sagte zu ihm: »Jetzt schlage mit den Flügeln! Wenn du mit den Flügeln schlägst, wirst du die Leiter sehen, die dort festgebunden ist.« Als er mit den Flügeln schlug, wurde er leicht. Er sah die Leiter und stieg auf ihr hinter den Schwägern her. Seine Frau flog hinter ihm her, um ihn aufzufangen, wenn er fiel. Er stieg empor, bis er dem Himmel nahe war. Als er dem Himmel nahe war, sah er den Eingang des Königsgeiers. Seine Frau war dicht hinter ihm, um ihn aufzufangen, wenn er fiel. Sie kamen an den Eingang und traten ein. Das Haus des Königsgeiers war nicht weit vom Eingang des Himmels. Die Schwäger und die Frau gingen voraus. Er blieb zurück. Sie sagten: »Wir wollen unsern Vater rufen, damit er dich sieht!«

Sie kamen in das Haus des Königsgeiers, Kasanapodole, des Vaters der Königsgeier, und sagten zu ihm, daß der Mann dort stehe. Der Alte freute sich und ging mit seinen Söhnen hinaus, um den Mann seiner Tochter zu sehen. Er fand Maitchaule und sagte zu ihm: »Wir wollen ins Haus gehen!« Er nahm ihn mit in sein Haus. Er nahm ihn sehr gut auf. Es waren viele Leute da. – Wenn sie im Himmel ankommen, ziehen die Königsgeier die Kleider aus und sind dann Leute.

Es vergingen einige Tage. Da sagte seine Frau zu ihm: »Wenn du Hunger hast, so gehe in das Haus der Periquitos! Sie haben Maiskaschiri. Du brauchst nicht zu trinken, was wir hier trinken. Gehe in das Haus des Papagei! Dort bekommst du Maiskaschiri. Gehe in das Haus der gelben Perikitos! Sie haben Maiskaschiri.« – Alle Papageien, Perikitos und Araras haben Maiskaschiri. Im Himmel sind sie alle Leute. – Er ging in das Haus der Papageien und trank dort Maiskaschiri und führte ein gutes Leben mit den Papageien, Araras und Perikitos.

Eines Tages sagte der Königsgeier zu seiner Tochter: »Sage deinem Manne, daß er den See Kapöpiakupö in zwei Tagen austrocknet!« Es war ein sehr großer See. Als Maitchaule aus dem Haus der Perikitos zurückkehrte, sagte seine Frau zu ihm: »Mein Vater hat gesagt, du solltest den See Kapöpiakupö in zwei Tagen austrocknen.« Wenn er dies nicht fertigbrächte, wollte der Königsgeier ihn töten und fressen. Maitchaule sagte zu seiner Frau: »Ich weiß nicht, wie ich diesen See austrocknen soll.«

Dann verstopfte er den Zufluß des Sees und fing an, das Wasser auszuschöpfen, so daß es zum Fluß ablief. Da begegnete ihm die Wasserjungfer. Sie sagte zu ihm: »Was machst du da, Schwager?« Er antwortete: »Kasanapodole hat mir befohlen, diesen See auszutrocknen. Er hat mich auf die Probe gestellt. Er will mich fressen.« Da sagte die Wasserjungfer: »Er wird dich nicht fressen! Wir helfen dir! Wir trocknen den See aus!« Dann begegnete ihm der Vogel Uoimeg. Er fragte ihn: »Was machst du da, Schwager?« Da antwortete die Wasserjungfer: »Dieser Mann hier ist beauftragt von Kasanapodole.« Uoimeg fragte: »Wozu?« Die Wasserjungfer antwortete: »Er soll diesen See austrocknen.« Uoimeg sagte: »Gut! Ihr könnt ihn abdämmen! Ihr könnt ihm helfen!« Da sagte die Wasserjungfer: »Wir helfen ihm. Wir schöpfen das Wasser aus.« Sie sagte zu Uoimeg: »Du gehst auf den Weg und benachrichtigst mich, wenn Leute kommen!« Uoimeg antwortete: »Gut! Ich gehe auf den Weg und gebe acht.

Wenn Leute kommen, rufe ich: ›Uoimeg – uoimeg!‹ Dann versteckt ihr euch!« Er ging auf den Weg.

Die Wasserjungfern – es waren viele – fingen an, Wasser auszuschöpfen. Sie befahlen Maitchaule, sich niederzusetzen, und sagten zu ihm: »Wenn Uoimeg singt, nimmst du die Kalabasse und schöpfst Wasser aus.« Die Wasserjungfern schöpften nun in aller Eile Wasser aus. Uoimeg lauerte auf dem Weg, ob Leute kämen. Sie schöpften so viel Wasser aus, daß der See schon anfing trocken zu werden. Da sang Uoimeg auf dem Weg. Alle Wasserjungfern versteckten sich, und Maitchaule ergriff die Kalabasse. Da kam seine Frau und sagte: »Mein Vater schickt mich, zu fragen, ob du fertig seist.« Er antwortete: »Ich bin noch nicht fertig.« Da sagte sie: »Wenn du bis morgen nicht fertig bist, kommt mein Vater hierher.« Er antwortete: »Ich weiß nicht, ob ich heute fertig werde.« Die Wasserjungfern hatten sich alle versteckt. Die Frau ging weg. Da erschienen die Wasserjungfern wieder, und er setzte sich hin. Die Wasserjungfern begannen wieder Wasser auszuschöpfen. Sie schöpften viel Wasser aus, und der See wurde immer trockner. Es fehlte nur noch ein kleines Stück. Da kam die Frau wieder. Die Wasserjungfern versteckten sich wieder alle, und Maitchaule nahm die Kalabasse in die Hand. Die Frau sagte: »Mein Vater schickt mich, zu fragen, ob du fertig seist. Er hat Hunger.« Sie sagte: »Ich will hier warten!« Er aber erwiderte: »Nein! Gehe weg! Ich bleibe allein hier. In kurzem bin ich dort!« Als sie weg war, erschienen die Wasserjungfern wieder. Sie schöpften viel Wasser aus, und der See wurde trocken. Da kamen alle Tiere zum Vorschein, die in dem See waren: viele große Wasserschlangen, Alligatoren, Fische, Schildkröten u.a. Dann sagte die Wasserjungfer: »Fertig, Schwager! Jetzt kannst du es deinem Schwiegervater sagen! Wir gehen weg! Gehe hin, deinen Schwiegervater zu rufen.« Sie gingen weg.

Maitchaule ging weg mit Uoimeg. Er kam in das Haus. Uoimeg blieb draußen nahe beim Haus. Maitchaule sagte zu seinem Schwiegervater: »Der See ist fertig!« Da freute sich der Alte. Maitchaule sagte: »Es sind dort viele Fische, Wasserschlangen, Alligatoren!« Da schickte Kasanapodole einen seiner Söhne aus, nachzusehen, ob es nicht vielleicht eine Lüge seines Schwiegersohnes sei. Der Sohn des Königsgeiers ging hin nachzusehen und fand sehr viele Fische, Alligatoren, Schlangen, denn der See war sehr groß. Er kehrte zurück und sagte: »Es war keine Lüge, mein Vater. Der See ist trocken. Es sind dort sehr viele Fische, Wasserschlangen, Alligatoren, Schildkröten und andere Tiere.« Da sagte der Alte: »Morgen wollen wir alle anderen Leute einladen, um die Fische zu greifen!«

Am anderen Morgen kamen viele Leute, um die Fische zu fangen. Sie gingen hin. Der Alte blieb zu Hause und sagte zu ihnen: »Verliert nichts! Fangt alles, was im See ist!« Die Leute fingen viele Tiere und brachten Tragkörbe voll nach Hause. Der Alte freute sich über die vielen Fische. Er befahl, Blätter abzuschneiden. Die Leute brachten Blätter und breiteten sie auf dem Boden aus. Dann befahl der Alte, alle Fische aufzuschneiden und auf die Blätter zu legen. Sie zerschnitten alle Tiere und legten sie auf die Blätter. Dann befahl er, sie mit Blättern zuzudekken. Sie aßen viele davon. –

Was tat dann Kasanapodole? Er befahl seinem Schwiegersohn, auf einem Felsen ein Haus zu bauen. Wenn er es nicht fertigbrächte, wollte er ihn töten und fressen. Er befahl dies alles in der Absicht, ihn zu töten. Maitchaule ging weg. Kasanapodole hatte ihm ein Grabscheit mitgegeben. Maitchaule kam zum Felsen und stieß mit dem Grabscheit dagegen, konnte aber kein Loch machen. Da begegnete ihm der Regenwurm. Er fragte ihn: »Was machst du da, Schwager?« Maitchaule antwortete: »Kasanapodole hat mich beauftragt, hier auf dem Felsen für ihn ein Haus zu bauen.« Der Regenwurm sagte: »Gut! Ich will hier in den Felsen eindringen! Wenn ich eingedrungen bin, setze sofort die Hauspfosten in das Loch!« Sogleich drangen viele Regenwürmer hier und dort in den Felsen ein. Die Hauspfosten lagen fertig da. Der Alte hatte sie schlagen lassen. Maitchaule setzte alle Hauspfosten ein, fügte die Querbalken an und setzte das Dachgerüst darauf.

Als er das Dachgerüst fertig hatte, begegnete ihm der Webervogel. Dieser fragte ihn: »Was machst du da, Schwager?« Er antwortete: »Kasanapodole hat mir befohlen, hier auf diesem Felsen ein Haus für ihn zu bauen. Ich bin dabei, es hier zu bauen.« Da sagte der Webervogel: »Gut, Schwager! Ich will dir helfen! Setze dich hierher! Schaue mir nicht nach! Ich klettere in die Höhe.« Der Webervogel kletterte in die Höhe. Maitchaule blieb unten sitzen und blickte ihm nicht nach. Der Webervogel deckte das Haus in einem Augenblick. Dann stieg er herab. Er sagte zu Maitchaule: »Fertig! Jetzt kannst du hinsehen!« Maitchaule schaute aufwärts. Das ganze Haus war gedeckt. Alles war verschlossen. Der Webervogel schickte ihn aus dem Haus und sagte zu ihm: »Setze dich hierher, und blicke nicht nach dem Haus!« Maitchaule ging hinaus und setzte sich hin mit abgewendetem Gesicht. Der Webervogel deckte nun alle Wände und machte einen Zugang vorn und hinten. Dann befahl er ihm, sich umzuwenden und sagte: »Fertig! Das Haus ist fertig, Schwager!« Maitchaule sah das ganze Haus gedeckt, mit Wänden und Zugängen. Dann sagte der Webervogel: »Jetzt kannst du zu deinem Schwiegervater gehen und ihm sagen, daß das Haus fertig ist. Ich gehe weg! Erzähle nicht, daß ich das Haus gebaut habe!« Der Webervogel ging weg. Der Regenwurm ging auch weg. Maitchaule ging zum Hause seines Schwiegervaters und sagte ihm, das Haus sei fertig. Der Alte freute sich und ging hin, das Haus zu sehen. Er fand das Haus schön und kehrte nach Hause zurück.

Dann sagte er zu seinem Schwiegersohn: »Jetzt mache mir eine Bank aus Stein mit zwei Köpfen wie mein Kopf!« Maitchaule dachte nach. Dann ging er weg. Der Alte wollte die Bank für sein neues Haus haben. Nahe dem Haus war ein runder Fels. Maitchaule schlug darauf. Es flog auch ein Stück davon ab, aber es reichte zu nichts. Da begegneten ihm die weißen Termiten. Sie fragten ihn: »Was machst du da, Schwager?« Er antwortete: »Ich bin dabei, hier eine Bank zu machen für Kasanapodole. Er befahl, zwei Köpfe daran zu machen wie sein Kopf.« Da befahlen ihm die Termiten, seine Hängematte im Hause anzubinden, und sagten zu ihm: »Schaue nicht auf uns! Wir wollen dir alle helfen! Wir wollen eine Bank machen, aber eine Bank, die geht, wie die Leute!« Maitchaule ging ins Haus, band seine Hängematte an und legte sich hinein. Die Termiten blieben draußen und machten die Bank. Es war morgens, als er ihnen begegnet war. Sie machten die Bank in einem Augenblick. Bis zum Mittag waren sie damit fertig. Dann riefen sie: »Fertig, Schwager! Die Bank ist fertig!« Da ging er hinaus, und die Termiten sagten zu ihm: »Erschrick nicht, Schwager. Wir wollen die Bank in das Haus gehen lassen!« Dann sagten sie zur Bank: »Gehe ins Haus!« Die Bank hatte zwei Köpfe wie Kasanapodole. Die Bank ging dahin, wie eine Schildkröte geht. Maitchaule erschrak. Die Termiten sagten zu ihm: »Erschrick nicht! Sie frißt niemanden!« Die Bank ging ins Haus. Dann sagten sie zu Maitchaule: »Fürchte dich nicht! Wenn du zur Bank sagst: ›Gehe dahin! Wechsele deinen Platz, meine Bank!‹, dann geht sie. Wenn du zu ihr sagst: ›Bleibe stehen, meine Bank!‹, dann bleibt sie stehen.« Dann befahlen sie ihm, der Bank zu sagen, sie solle gehen. Da befahl er der Bank zu gehen:

»Ich will, daß du hinausgehst, meine Bank! Bleibe gegenüber dem Eingang stehen!« Die Bank ging hinaus und blieb gegenüber dem Eingang des Hauses stehen. Dann sagten die Termiten: »Jetzt kannst du zu deinem Schwiegervater sagen, die Bank sei fertig. Erzähle ihm aber nichts von uns! Wir gehen weg!« Die Termiten gingen weg. Er ging zum Hause seines Schwiegervaters. Kasanapodole gab ihm Kaschiri zu trinken. Es waren alle die verfaulten Tiere aus dem See, Fische, Alligatoren, Schlangen, die voll Würmer waren. Das ist das Payua für die Königsgeier. Er trank nichts davon, sondern gab alles seiner Frau. Diese trank das Payua. Er trank Maiskaschiri im Hause der Perikitos, Papageien und Araras. Er trank auch Maniokkaschiri im Hause der Enten. Diese hatten Maniokpflanzungen. Maitchaule verbarg heimlich ein Maiskorn in seinem Mund und nahm es mit, als er wieder hinunter auf die Erde ging. In jener Zeit hatten die Leute auf Erden noch keinen Mais.

An diesem Tag, als er seinem Schwiegervater gemeldet hatte, die Bank sei fertig, sagte er zu ihm: »Erschrick nicht vor der Bank!« Kasanapodole sagte zu Maitchaule: »Komm mit mir!« Er lud auch seine Söhne ein, mitzugehen und die Bank zu sehen. Sie gingen zu dem neuen Haus. – Als die Bank fertig war, hatte Maitchaule die Wespen darangesetzt und zu ihnen gesagt: »Wenn Kasanapodole sich auf die Bank setzt, stecht ihn!« – Maitchaule forderte nun seinen Schwiegervater auf, sich auf die Bank zu setzen, und sagte zu ihm: »Erschrick nicht!« Dann sagte er zur Bank: »Gehe ins Haus!« Als sich Kasanapodole auf die Bank setzte, wurde er von den Wespen zerstochen, und die Bank lief mit ihm weg. Da erschrak der Alte so, daß er aufsprang und weglief, ganz zerstochen von den Wespen. Er stieß mit dem Kopf wider einen Baum und fiel zu Boden. Auch seine Söhne liefen alle weg. Der Alte wälzte sich, ganz wirr im Kopf, auf dem

Boden umher und konnte nicht gehen. Darauf befahl Maitchaule der Bank, sie solle nahe zu dem Alten hingehen. Als die Bank ankam, stieß sie der Alte zurück. Aber die Bank kam immer wieder hinter ihm her. Maitchaule befahl der Bank, immer hinter dem Alten herzulaufen. Er sagte zu ihr: »Wenn der Alte nach seinem Haus geht, kommst du hinter ihm her und bleibst am Eingang stehen!« Der Alte lief wie verrückt nach seinem Haus; die Bank immer hinter ihm her. Der Alte lief in sein Haus und verschloß die Tür hinter sich. Die Bank blieb am Eingang stehen.

Dann dachte Maitchaule nach, wie er wieder auf die Erde hinunterkommen könnte. Da begegnete ihm der Vogel Murumuruta, die Nachtigall. Sie fragte ihn: »Was machst du da, Schwager?« Maitchaule antwortete: »Ich denke nach, wie ich nach unten zurückkehren kann.« Da sagte Murumuruta: »Warte, ich hole Kumi!« Sie ging weg, um Kumi zu holen. Maitchaule blieb zurück. In kurzem kam Murumuruta wieder mit Kumi. Sie sagte zu Maitchaule: »Bücke dich! Ich will dich mit Kumi anblasen!« Sie kaute Kumi und blies ihn damit an. Maitchaule wurde sehr leicht. Dann befahl ihm Murumuruta, ihr Kleid anzuziehen. Maitchaule zog das Kleid an. Dann sagte der Vogel: »Jetzt schlage mit den Flügeln!« Da flog Maitchaule. Sie flogen weg. Sie kamen zum Eingang des Himmels. Da sagte der Vogel: »Jetzt bücke dich!« Maitchaule bückte sich und flog durch den Eingang des Himmels. Sie flogen weg, abwärts. Murumuruta wußte, wo Maitchaules Verwandten waren. Sie führte Maitchaule zum Hause seiner Verwandten. Nahe dem Haus war ein Bach, wo der Hafen war. Der Vogel ließ ihn am Hafen und sagte zu ihm: »Jetzt gehe hin nach dem Hause deiner Verwandten! Ich gehe weg!« Murumuruta ging weg.

Maitchaule kam in das Haus seiner Verwandten. Sie erkannten ihn und fragten ihn: »Wo kommst du her? Wo bist du gewesen?« Er antwortete: »Ich war im Himmel im Hause des Königsgeiers.« Er erzählte, er habe eine Tochter des Königsgeiers gefangen und sei von ihr zum Himmel getragen worden. Kasanapodole habe ihn fressen wollen. Deshalb sei er weggegangen. Mururumuta habe ihn hergebracht.

Er blieb hier bei seinen Verwandten. Sie hatten eine neue Pflanzung. Da pflanzte er das Maiskorn an, das er mitgebracht hatte. Daraus entstand Mais mit zwei Kolben. Da wollten die Verwandten den Mais essen. Er aber sagte: »Nein! Laßt ihn als Samen, um viel zu pflanzen!« Der Mais wurde trocken. Dann schlugen sie eine andere Rodung und brannten sie. Dort pflanzten sie Mais. Die anderen Verwandten erfuhren es, daß er Mais hatte. Sie kamen und erbaten von ihm Mais. Er gab ihnen aber nicht gleich einen Kolben, sondern nur ein Korn. Er verkaufte es ihnen für eine Hängematte. Er sagte zu ihnen: »Ich habe nur ein Korn vom Himmel gebracht und es dort bezahlt. Hier unten hättet ihr niemals Mais gefunden. Ich habe ihn vom Himmel holen müssen.« Dann verbreitete sich der Mais. Die Leute pflanzten viel Mais, und alles blieb uns. Es ist der Mais, den wir heute haben.

Maitchaule setzte auch die Wespen neben die Webervögel. Seit dieser Zeit sind die Webervögel immer vereinigt mit den Wespen. Die Webervögel machen Nester bei dem Haus der Wespen. Sie sind Freunde bis auf den heutigen Tag. – Das ist das Ende der Geschichte.

Eteto

Es war einmal ein Jüngling namens Eteto. Er war verheiratet und hatte einen Schwager. Dieser sagte zu ihm, er töte ja gar nichts, obwohl er doch jeden Tag auf die Jagd ginge.

Eines Tages nun fand Eteto eine kleine Kürbisflasche. Sie gehörte Salo, dem Fischotter, der sie zur Hälfte mit Wasser füllte und am Ufer ausschüttete. Dann kamen viele Fische aus der Kürbisflasche. Salo hatte die Kürbisflasche am Ufer ausgeschüttet und war den Fischen, die herauskamen, nachgelaufen, um sie mit einem Stock totzuschlagen. Salo gab nicht acht auf die Kürbisflasche. Da kam Eteto, der alles gesehen hatte, ergriff die Kürbisflasche und lief davon. Salo tötete derweil Fische und merkte von alldem nichts.

Eteto kam ganz oben an einen Bach, an einen Ort, den er kannte, und füllte die Kürbisflasche bis zur Hälfte. Dann schüttete er sie am Ufer des Baches aus. Da kamen viele Fische heraus, Fische jeder Art. Davon tötete er viele. Er hielt die Kürbisflasche in der Achselhöhle, damit er sie nicht verlor. Dann verbarg er sie in dem Loch eines Baumstamms und ging mit den Fischen nach Hause. Niemals hatte er Fische heimgebracht. Sein Schwager, seine Frau, sein Schwiegervater, alle wurden mißtrauisch wegen dieser Beute. Aber sie aßen die Fische.

Eteto brachte nun alle Tage Fische heim. Eines Tages ging er nach Sonnenaufgang weg. Sein Schwager folgte seinen Spuren. Er fand Eteto, als er Fische fing und die Kürbisflasche in der Achselhöhle hielt. Er fragte ihn: »Hier tötest du also jeden Tag Fische, Schwager?« Eteto antwortete: »Ja, hier.« Dann sagte er: »Töte Fische, Schwager! Ich gehe unterdessen in den Wald.«

Er ging in den Wald und verbarg die Kürbisflasche. Der Schwager tötete Fische, aber er hatte gesehen, daß Eteto die Kürbisflasche verborgen hatte. Eteto hatte sie in dem Loch eines Baumstamms versteckt und kam nun zurück. Er befahl seinem Schwager: »Zieh die Fische auf eine Liane. Wir wollen nach Hause gehen!« Der Schwager antwortete: »Du kannst die Fische nach Hause tragen. Ich gehe noch ein bißchen in den Wald jagen.«

Eteto begab sich nach Hause. Was machte nun der Schwager? Er ging ein Stückchen den Bach entlang und wartete dort, ob Eteto auch wirklich nach Hause gegangen war. Dann folgte er den Spuren, suchte die Kürbisflasche und fand sie auch in dem Loch des Baumstamms. Er nahm sie und ging ans Ufer des Flusses. Dort füllte er sie ein wenig mit Wasser. Dann schüttete er es am Ufer des Flusses aus und ließ die Flasche liegen. Als er den Fischen nachlief, um sie zu fangen, rollte die Kürbisflasche das Ufer hinab und fiel ins Wasser. Ein Pirandirafisch ergriff sie und verschluckte sie. Die Kürbisflasche blieb in den Eingeweiden der Fische und wurde in eine Blase verwandelt.

Der Schwager fing viele Fische. Dann suchte er die Kürbisflasche, fand sie aber nicht mehr. Er ging mit den Fischen nach Hause. Als er dort ankam, sagte er sofort Eteto, er habe die Kürbisflasche verloren. Da zankte Eteto mit ihm und sagte, er habe die Kürbisflasche nicht zu nehmen brauchen, da er jeden Tag durch sie Fische zu essen gehabt habe. Dann zog Eteto aus, die Kürbisflasche zu suchen. Er suchte und suchte. Dann wußte er, daß die Fische sie verschluckt hatten.

Er ging flußabwärts und fand Palua, den Fischotter, mit einem Ruder. Palua sperrte den Fluß ab. Er steckte das Ruder am Ufer in das Wasser. Da wurde der Fluß abwärts ganz trocken. Als Palua flußabwärts gegangen war, um Fische zu fangen, und das Ruder hatte steckenlassen, kam Eteto hinter ihm her und riß es an sich. Da kam das Wasser mit aller Kraft und riß Palua mit sich. Eteto lief mit dem Ruder flußaufwärts davon. Er gelangte an einen Bach, in dem Fische waren, und steckte das Ruder ins Wasser, wie es Palua getan hatte. Da trocknete der Bach aus, und er fing viele Fische. Er verwahrte das Ruder in dem Loch eines Baumstamms und ging nach Hause. Der Schwager dachte, Eteto habe die Kürbisflasche wiedergefunden. Dann brachte Eteto jeden Tag Fische.

Eines Tages ging der Schwager hinter ihm her. Er sah, wie Eteto es mit dem Ruder machte, blieb aber von ihm unbemerkt. Wieder fing Eteto viele Fische. Dann versteckte er das Ruder erneut in dem Loch des Baumes und ging mit den Fischen nach Hause. Als er weg war, kam der Schwager hervor und holte sich das Ruder, ging ans Ufer des Flusses und steckte es in das Wasser. Dann fing er viele Fische. Das Wasser staute sich so sehr, daß das Ruder es nicht mehr aufhalten konnte. Da riß das Wasser das Ruder mit sich fort, und der Krebs verschluckte es. Das Ruder blieb in seinen Armen bis auf den heutigen Tag.

Der Schwager kehrte mit den Fischen nach Hause zurück und sagte zu Eteto, er habe sein Ruder verloren. Eteto stritt mit ihm, weil alle Sachen durch ihn verloren würden! Dann zog er aus, das Ruder zu suchen. Er ging am Ufer des Flusses hinter dem Ruder her und sah Yalima, der mit einem Pfeil ohne Ziel in die Luft schoß. Da fielen alle jagdbaren Vögel herunter. Eteto gab acht, wo der Pfeil hinfiel. Der Pfeil fiel weit. Während Yalima die Vögel aufsammelte, die auf dem Weg des Pfeils niedergefallen waren, lief Eteto dem Pfeil nach, nahm ihn auf und rannte mit ihm davon. Yalima blieb da. Eteto kam nahe an sein Haus und erprobte den Pfeil. Da fielen viele jagdbare Vögel herab. Er lief sofort dem Pfeil nach und nahm ihn zuerst an sich. Dann sammelte er die Vögel ein. Er versteckte den Pfeil in dem Loch eines Baumstamms und ging nach Hause.

Der Schwager mißtraute ihm. er dachte, Eteto habe wieder ein Zaubergerät gefunden. Dieser brachte jeden Tag Vögel heim, alle Vögel der Jagd. Er ging sehr früh in der Morgendämmerung weg, damit der Schwager es nicht wahrnehmen konnte.

Eines Tages schlich der Schwager hinter ihm her. Er ging seinen Spuren nach und fand Eteto, wie er auf einem

Baumstamm saß und den Morgen erwartete. Der Schwager wollte wissen, was Eteto beabsichtigte. Er versteckte sich hinter einem Baum und wartete, was Eteto machen würde. Dieser ging auf den Baumstamm los, wo der Pfeil versteckt war, und zog ihn heraus. Der Schwager sah es. Eteto schoß. Da fielen viele Vögel herab. Eteto ging fort, den Pfeil zu holen. Dann sammelte er die Vögel auf und verbarg den Pfeil im Loch des Baumstamms. Der Schwager sah auch dies. Mit den Vögeln machte sich Eteto dann auf den Heimweg.

Der Schwager jedoch blieb in seinem Versteck. Als Eteto weg war, ging er hin und zog den Pfeil heraus. Dann schoß er damit in die Luft und tötete viele Vögel. Der Pfeil fiel nieder. Er ging hin und sammelte die Vögel auf und kümmerte sich nicht weiter um den Pfeil. Yalima nahm ihm den Pfeil weg. Dann ging der Schwager dem Pfeil nach, fand ihn aber nicht mehr. Yalima hatte ihn mitgenommen.

So ging der Schwager mit den Vögeln nach Hause. Er sagte zu Eteto, daß er den Pfeil verloren habe. Da zankte Eteto mit ihm und sagte: »Du hattest gut zu essen durch diesen Pfeil!« Dann ging Eteto aus, den Pfeil zu suchen. Er fand Kaikang, das große Gürteltier, am Eingang seines Loches sitzend. Kaikang hatte eine Kürbisrassel in der Hand und sang: »Der Jagdtiere Rassel schüttle ich!« Er schüttelte die Rassel. Da kamen alle Jagdtiere, Tapire, Wildschweine, Hirsche und andere. Wenn Kaikang gerasselt hatte, verschwand er in dem Loch. Die Tiere liefen vorüber. Eteto hatte sich versteckt und sah zu.

Als Kaikang wieder an den Eingang des Loches kam und von neuem sang, stieß ihn Eteto mit dem Blasrohr gegen den Hintern. Da ließ Kaikang die Rassel fallen und schlüpfte ins Loch. Eteto ergriff die Rassel und lief davon. Er ging weit weg, stieg auf einen Baum und fing an zu singen, wie Kaikang gesungen hatte. Dann schüttelte er die Rassel. Da kamen viele Jagdtiere, Tapire, Wildschweine, Hirsche und andere Tiere. Mit seinem Blasrohr schoß er zwei Schweine und ging damit nach Hause.

Als er mit den Schweinen kam, mißtraute der Schwager wieder. Er dachte, Eteto habe wiederum ein Zaubergerät gefunden. Dann brachte Eteto jeden Tag Schweine heim. Als er eines Tages wegging, folgte ihm der Schwager. Er hörte den Lärm der Schweine, die Eteto mit seiner Rassel herbeigerufen hatte. Die Schweine, die er mit dem Blasrohr geschossen hatte, schrien laut. Der Schwager horchte. Eteto war mit den Schweinen auf dem Rücken nach Hause gegangen. Der Schwager ging dem Gechrei der Schweine nach und fand Spuren und Blut. Er fand auch die Spuren von Eteto und fand die Rassel, die Eteto in dem Loch eines Baumstamms verborgen hatte. Er erstieg einen Baum und sang den Gesang, den Eteto zu Hause in der Hängematte zum Zeitvertreib gesungen hatte. Dann schüttelte er die Rassel. Da kamen viele Schweine. Er legte die Rassel auf den Baum. Als er nach den Schweinen schoß, stieß er gegen die Rassel. Da fiel sie auf den Boden, und die Schweine nahmen sie mit. Er tötete ein Schwein und ging damit nach Hause. Dort sagte er zu Eteto, er habe die Rassel verloren. Da zankte Eteto mit ihm und sagte: »Jetzt ißt du nichts mehr! Jetzt leidest du Hunger!«

Eteto wußte, daß er jetzt nichts mehr finden würde. Er ging fischen. Er dachte viel nach und fing gar keine Fische. Dann kehrte er nach Hause zurück. Dort machte er einen Angelhaken aus einem Stückchen Eisen. Er sagte zum Angelhaken: »Wenn mein Schwager dich erproben will, dann dringe in seine Hand ein!« Dann bog er den Angelhaken um. Da kam der Schwager. Er faßte alle Sachen an, die Eteto hatte. Er fragte ihn: »Ist deine Angel gut, Schwager?«

Eteto antwortete: »Ich weiß nicht, ob sie gut ist.«

Da sagte der Schwager: »Laß mich sehen.« Eteto gab ihm die Angel. Der Schwager probierte die Angel an der Handfläche. Da drang die Angel ein. Der Schwager schrie laut. Die Angel zog ihn in die Höhe über die Tür des Hauses und fraß ihn auf. Sie ging ihm durch den Arm, kam an der Schulter heraus, drang an der einen Seite der Brust wieder ein, kam auf der anderen Seite heraus, drang in den anderen Arm ein, kam an der Hand wieder heraus, ging ihm durch die Beine und durch den ganzen Körper und machte ihn voll Wunden. Der Schwager verfaulte und starb. Die Angel verwandelte sich in ein Geschwür.

Da sagte die Mutter des Schwagers zu seinem Schatten: »Wenn Eteto fischen geht und auf dem Weg Hunger hat, dann verwandle dich in einen Baum voller Früchte! Verwandle dich in gekochtes Hirschfleisch!« Sie wollte Eteto töten.

Eines Tages ging Eteto fischen. Er fischte im Fluß und fing nichts. Er ging morgens weg und kam gegen Abend heim. Da fand er einen Acajubaum mit Früchten. Er ging vorüber, denn er wußte, daß es der Schwager war. Dann fand er Mais. Er ging vorüber, denn er wußte, daß es der Schwager war. dann fand er eine Kürbisflasche voll Kaschiri. Er hatte großen Hunger. Er zerschlug die Kürbisflasche. Er ging weiter und fand gekochtes Hirschfleisch mit Maniokfladen. Da sagte er: »Dieses gekochte Hirschfleisch, sagte meine Schwiegermutter, sei für mich zum Essen, aber ich esse es nicht!« Er warf den Topf um, daß er zerbrach.

Dann ging er weiter und fand einen Bananenbaum voller reifer Früchte. Er hatte großen Hunger, denn seit dem frühen Morgen hatte er noch nichts im Magen. Er sagte: »Überall ißt man diese Bananen! Ich werde sie sofort essen!« Und er aß von den Bananen. Je mehr er davon aß, desto mehr Lust bekam er zu essen. Er aß alle Bananen. Dann verschluckte er seinen Bogen und seine Pfeile und verwandelte sich in Wöwöpodole, den Vater des Vielfraßes.

Es wurde Nacht, und er ging immer den Weg weiter. Er kam in die Nähe seines Hauses, setzte sich auf einen Stein und schrie: »Bring Feuer! Ich finde den Weg nicht mehr! Beleuchte den Weg!« Da kam seine Frau mit einem Feuerbrand. Er verschluckte den Feuerbrand. Dann verschluckte er die Frau. Darauf sagte er: »Ach, ich habe meine Frau verschluckt!« Dann schrie er von neuem. Da kam seine Schwiegermutter mit einem Feuerbrand. Er verschluckte den Feuerbrand. Dann verschluckte er die Schwiegermutter. Dann schrie er von neuem: »Bring anderes Feuer! Das Feuer ist erloschen!«

Da kamen drei Männer. Einer brachte einen Feuerbrand. Die beiden anderen blieben ein wenig zurück, um zu sehen, was da los wäre. Er sprach vom Felsen herab, als wenn die Leute, die er verschluckt hatte, noch um ihn herumstünden: »Sofort, als du mir das Feuer brachtest, ist es erloschen!« Da kam der Mann mit dem Feuerbrand. Möwö verschluckte das Feuer. Dann verschluckte er den Mann. Die beiden anderen lauschten. Da sagte Möwö: »Jetzt habe ich meinen Schwager verschluckt!«

Da sagten die anderen: »Ach, er ist in ein Gespenst verwandelt!« und kehrten ins Haus zurück. Sie verschlossen die Tür und verrammelten sie ganz mit Baumrinde. Möwö schrie fortwährend laut: »Bring Feuer!« Um Mitternacht hörte er schließlich auf zu schreien. Er sah, daß niemand mehr kam, und ging zum Eingang des Hauses und setzte sich dort nieder.

Als der Morgen kam, saß er immer noch vor dem Eingang. Die Leute sagten: »Er ist weg!« Doch Möwö lauerte draußen. Da öffneten die Leute die Tür. Als ein Mann herauskam, setzte sich ihm Möwö auf die Schulter. Der

Mann sah ihn nicht. Er hörte ihn nur sprechen. Da litt der Mann großen Hunger, denn Möwö ließ ihn nicht essen. Er verschluckte alles, was der Mann essen wollte.

Eines Tages nahm der Mann die Angelrute und ging damit fischen. Er angelte Fische. Die Fische fielen nahe bei ihm nieder. Möwö kam von seiner Schulter herab und verschluckte die Fische sofort. Was tat nun der Mann? Als wieder ein Fisch an seine Angel biß, riß er ihn mit aller Kraft aus dem Wasser, so daß er von der Angel ab weit weg flog. Möwö sprang von seiner Schulter und lief dem Fisch nach. Der Mann lief sofort nach der anderen Seite weg den Bach entlang. Möwö kehrte zurück und fand den Mann nicht mehr. Er lief seinen Spuren nach. Der Mann lief auf dem Weg eines Tapirs. Möwö war dicht hinter ihm, um ihn zu fassen. Da begegnete der Mann dem Tapir, und der Tapir lief weg.

Der Mann verließ sofort den Weg des Tapirs und blieb zur Seite stehen. Möwö hörte den Lärm, den der Tapir machte, und lief hinter diesem her, weil er glaubte, es sei der Mann. Er faßte den Tapir an der Schulter und setzte sich darauf. Er ließ ihn nicht mehr fressen. Wenn der Tapir Früchte essen wollte, verschluckte Möwö sie. Der Tapir starb Hungers.

Möwö blieb bei dem toten Tapir und wartete, wer kommen würde. Der Tapir verweste und stank. Da kamen die Aasgeier. Möwö sah zu. Des Nachts kam der Königsgeier, der Vater der Aasgeier. Möwö faßte ihn an der Schulter und setzte sich darauf. Da wurde der Königsgeier sehr froh und sagte: »Ah, Gefährte meines Kopfes.« Er freute sich sehr über ihn und dachte nicht mehr daran, den Tapir zu essen. Er flog mit Eteto zum Himmel.

Seit dieser Zeit hat der Königsgeier zwei Köpfe. Eteto ist sein linker Kopf. Vorher hatte er nur einen Kopf.

Sagen aus Asien

Der Schakal und die Amsel

Auf dem Wipfel eines Baumes hatte eine Amsel ein Nest gebaut. Dort hatte sie drei Junge zur Welt gebracht. Eines Tages rief ein Schakal von unten ihr zu: »Nachbar Amsel, Nachbar Amsel! Entweder wirfst du mir eins von deinen Jungen herunter, oder ich werde dein Nest zerstören.«

Was sollte die arme Amsel machen! Sie küßte und koste weinend eins ihrer Jungen und warf es dann zum Schakal hinunter.

Am folgenden Tag kam der Schakal noch mal und wünschte wieder ein Junges. Aus Furcht gab ihm die Amsel noch eins ihrer Jungen.

Bei dem letzten, allein gebliebenen Jungen weinte sie. Als ein Rabe, der dort ein Nest gebaut hatte, bemerkte, daß die Amsel aus Schmerz über ihre Jungen litt, hatte er Mitleid mit ihr und sprach zu ihr: »Du Dumme, weshalb gibst du denn deine Jungen hin? Wenn er kommt, so sag ihm: ›Du hast keine Sichel, um zu schneiden, und keine Axt, um zu fällen.‹ Schimpf ihn doch fort, den krätzigen Schakal der Berge.«

Am folgenden Tag kam der Schakal wieder. Als er das Junge wünschte, widersprach ihm die Amsel, wie sie der Rabe belehrt hatte: »Du hast keine Sichel, um zu schneiden, und keine Axt, um zu fällen. Scher dich fort, du räudiger Schakal der Berge!«

Als der Schakal diese Worte vernommen hatte, war er erstarrt und erzürnt und wußte, daß die Amsel diese

Worte von dem Raben erfahren hatte. Am folgenden Tag machte er seinen Bauch ganz rot, indem er ihn an den Sträuchern rieb, und legte sich in die Sonne.

Da der Rabe ihn für einen Kadaver hielt, ging er zu ihm hin und pickte an ihm. Da packte der Schakal zu und faßte ihn. Dann sprach er zum Raben: »Du hast mich um mein Brot gebracht. Soll ich dich jetzt fressen oder in diesen furchtbaren Abgrund stürzen?«

Der Rabe erwiderte: »Gnade, wirf mich nicht in den Abgrund, und friß mich lieber!«

Als der Schakal ihn in den Abgrund geworfen hatte, um nicht zu tun, was der Rabe sich wünschte, flog der schlaue Vogel davon.

Die Rekkenk

Einst lebte ein Volk von Rekkenk [böse Geister], die viele Rentiere besaßen. Einer von ihnen wollte die Menschen besuchen und sagte zu seiner Frau: »Wir wollen zu den Menschen gehen.« Das Wetter war kalt, seine Frau erwiderte daher: »Es ist kalt.« Er aber sprach: »Es schadet nichts; laßt uns gehen, wenn wir richtige Jäger sind. Natürlich werden wir die Herde, die Hirten sowie das schwere Zelt hierlassen. Wir wollen nur ein leichtes Zelt mitnehmen, wenn wir sie besuchen.«

So machten sie sich denn auf die Fahrt. Das obere Wesen sah, wie sich der lange Zug ihrer Schlitten dahinbewegte. Da sprach es: »Oh, wie wunderbar, sie sind schon wieder dabei, die Menschen zu töten. Die Menschen bitten mich immerfort um Hilfe, doch werden sie immer noch umgebracht. Das bekümmert mich, daher will ich wenigstens diesem einen bösen Geiste eine Lehre erteilen.«

Damit nahm er seinen Stab und ging davon. Die Rekkenk und seine Frau waren unterwegs eingeschlafen. Das obere Wesen kam zu einem bedeckten Schlitten und hob die Decke auf, da sah er darunter ein kleines Kind schlafen, das etwa ein Jahr alt sein mochte und in einer kleinen Mütze lag. An deren Spitze war eine Troddel aus menschlichen Fingern befestigt. Er berührte die Troddel mit seinem Stabe, und die Finger klebten daran fest. Er nahm darauf das Kind fort und brachte es zu seiner Frau.

»Siehst du, ich habe es hergebracht«, sagte er.

»Es ist gut.«

»Aber was sollen wir mit ihm anfangen?«

»Ich weiß es nicht, ich habe niemals Kinder gehabt.«

»Ich werde wohl zum Töter-Walfisch gehen müssen. Vielleicht weiß er einen Rat.«

Der Töter-Walfisch und seine Frau wohnten in einem großen Steinhause; auch diese beiden hatten keine Kinder. Das obere Wesen kam zu ihrem Hause, legte das Kind nahe bei der Tür hin und ging davon. Als der Töter-Walfisch heraustrat, erblickte er das Kind, das noch schlief. Er freute sich darüber sehr und rief seiner Frau zu: »Ich habe einen Helfer gefunden, wir haben einen Helfer gefunden. Jetzt werden wir in unserm Alter nicht allein sein. Wir wollen versuchen, dies Kind großzuziehen.«

»Einverstanden.«

Nachdem die bösen Geister die Menschen aufgesucht und viele von ihnen umgebracht hatten, machten sie sich mit ihrer Beute beladen auf den Heimweg. Zu Hause angekommen, schlugen sie ihr Zelt auf, und die Frau machte sich daran, das Schlafzimmer herzurichten. Ihr Gatte sagte: »Ich will doch einmal nach dem Kinde sehen.«

Er hob die Decke des Schlittens auf; da erst bemerkten sie, daß das Kind verschwunden war. Der Gatte rief: »Heda!«

»Heda!«, antwortete seine Frau.

»Wo ist das Kind? Hast du es in das Zelt gebracht?«

»Nein, es muß im Schlitten sein.«
»Es ist nicht hier.«
»Wo mag es denn sein? Vielleicht haben es die Nachbarn genommen.
Aber warum sollten sie ein Kind anderer Leute zu sich nehmen? Ich glaube, daß uns ein andrer diesen Streich gespielt hat, während wir schliefen. Was können wir da bloß tun?«
Die Frau suchte einen Schamanen auf, der war ein Rabe und fragte, als sie ankam: »Wer ist gekommen?«
»Ich bin es, mein Mann hat mich hergeschickt. Er sagte: ›Ich bin betrübt; laß den Wissenden kommen, ich will ihn sehen.‹«
»A-ta-ta-ta, ich komme schon.«
Als der Rabe bei den Rekkenk ankam, fragte der Mann: »Nun, bist du gekommen?«
»Ja, ich bin gekommen. Was willst du?«
»Jemand hat unser Kind fortgenommen. Vermagst du es zu finden?«
»Ich werde es versuchen.«
Der Rabe flog zum Hause des Töter-Walfisches.
»Heda!«
»Heda!«
»Wer ist da?«
»Ich bin es. Ich komme, um das Kind zu holen.«
»Du bekommst es nicht.«
»Gib es doch wieder, ich möchte es haben.«
»Ich werde es nicht hergeben.«
»So, du willst nicht?«
Der Rabe flog in die Höhe und ließ einen großen Steinpfeiler auf das Haus herabfallen, doch dieser prallte zurück, denn das Haus des Töter-Walfisches war allzu fest gebaut.
Der Rabe kehrte zu den Rekkenk zurück und sagte: »Es ist mir nicht gelungen.«

»Ach«, sagte der Hausherr, »sogar du konntest nichts erreichen!«

Am folgenden Tage sagte er wieder zu seiner Frau: »Ich bin betrübt. Geh und bringe zwei Winde herbei, den Westwind, den kalten, und den Ostwind, den schneidenden.«

Die beiden Windbrüder kamen zu ihm und fragten: »Was willst du?«

»Jemand hat mir mein Kindchen geraubt. Ihr seht doch alles. Wollt ihr nicht auch nach dem Kinde sehen?«

»Ja«, sagten sie und gingen davon. Unterwegs kamen sie am Hause des oberen Wesens vorbei. Da sprach der Ostwind: »Warum gehen wir hier vorüber? Hier wohnt doch das obere Wesen. Wir wollen ihn doch wenigstens fragen. Was er wohl sagen wird? Heda!«

»Heda!«

»Höre, eine Familie von bösen Geistern hat ihr kleines Kind verloren, und sie grämen sich deswegen. Wir suchen nach ihrem Kinde. Weißt du vielleicht, wo es sein mag?«

»Nicht wahr, jetzt grämen sie sich, und doch gehen sie jedes Jahr zu den Menschen und rauben viele von ihnen. Die Menschen nehmen dadurch ab. Es geschieht ihnen ganz recht. Aber wir wollen gehen.«

Die Winde und das obere Wesen kamen darauf zu dem Hause der Töter-Walfische.

»Heda!«

»Heda!«

»Ich bin gekommen, um das Kind abzuholen, das ich neulich hergebracht habe.«

»Du sollst es nicht haben.«

»Wieso sollte ich es nicht wiederbekommen, da ich es doch selber hergebracht habe? Gib es zurück!«

»Ich will nicht, ich will es zu meinem Gehilfen erziehen.«

»Aber wie kannst du es mir verweigern, da du doch mein Geschöpf bist? Ich habe deinen Augen die Gabe des Sehens verliehen. Wie darfst du es verweigern?«

»Und doch verweigere ich es.«

»So, du weigerst dich; dann tretet ein, Winde!«

Die beiden Winde traten in das Haus des Töter-Walfisches, da wurde es schrecklich kalt, so daß die Töter-Walfische gar sehr froren. Sie froren so sehr, daß sie starben. Dann sagte das obere Wesen zu den Winden: »Nun geht hinaus.« Sie gingen hinaus, es wurde wärmer im Hause, und die Töter-Walfische wurden wieder lebendig.

»Nun, wollt ihr das Kind zurückgeben?«

»Ja, ja.«

»Also flink, beeilt euch!«

»Einen Augenblick.«

»Da nimm es und bring es den Eltern wieder.«

Von jener Zeit an kamen die bösen Geister nicht mehr in dies Land.

Yingeangeut und der Erdmacher

Einst gingen Yingeangeut, Tschanaingaut, Kilu und Kitschimengeut, die Nieren-Frau, aus, um Beeren zu pflücken und Wurzeln zu graben. Sie schlugen in der Wildnis ein Zelt auf und lebten dort. Eines Morgens gingen die Mädchen Beeren lesen, und Yingeangeut trennte sich von ihren Freundinnen. Sie ließ ihren Korb auf der Erde liegen, entfernte sich, pflückte Beeren und kehrte zu ihrem Korbe zurück. Als sie ihren Korb sah, erblickte sie etwas Mark vom Beine eines Rentiers darin; dies aß sie.

Yingeangeut wurde durch den Genuß dieses Marks schwanger und sagte am folgenden Tage zu ihren Schwestern: »Geht allein Beeren und Wurzeln suchen, ich werde zu Hause bleiben.« So gingen denn die Schwestern ohne sie in den Wald. Als sie fort waren, gebar Yingeangeut einen Knaben; sie legte ihn in einen Trog und brachte ihn in das Vorratshaus. Als ihre Schwestern am Abend heimkehrten, sagte Yingeangeut zu ihnen: »Ich habe keinen Mann gesehen und dennoch einen Knaben bekommen.«

Am folgenden Tage sagte Kilu zu ihren Freundinnen: »Geht ihr Beeren suchen, ich will zu Hause bleiben.« Als sie fort waren, legte Kilu einen Hund in den Trog und brachte ihn in das Vorratshaus. Als am Abend ihre Freundinnen wieder heimkamen, sprach sie zu ihnen: »Auch ich habe keinen Mann gesehen und dennoch geboren.«

Der Herbst kam heran. Die Brüder fuhren flußaufwärts in ihren Fellbooten, um ihre Schwester abzuholen; und sie beluden die Fellboote mit den Beeren, Wurzeln und Fliegenpilzen, welche die Mädchen gesammelt hatten.

Als sie den Trog bemerkten, in welchem das Kind lag, und ihn in das Boot trugen, sagte Yingeangeut: »Seid vorsichtig mit dem Trog.« Ebenso bat Kilu ihren Bruder Illa, vorsichtig zu sein, indem sie auf den Trog wies, in welchem sich der Hund befand. Illa brachte ihn in das Boot, doch er fiel dabei aus seinen Händen, weil er sehr schwer war; da heulte der Hund, doch Illa nahm den Trog wieder auf und verstaute ihn im Boote. Darauf fuhren die Brüder und Schwestern in ihren Ruderbooten den Fluß bis zur Mündung hinab, dort landeten sie und luden ihre Fracht in den Vorratshäusern ab; dann feierten sie das Walfischfest.

Die Rentier-Leute kamen an, auch der Zwielicht-Mann, Frost-Mann, Neidisch, Nebel-Mann und andere kamen herbei. Der Große Rabe ließ sie alle sich versammeln und befahl, das Kind im Trog hereinzubringen. Er sprach zu dem Kinde: »Sieh dir die Rentier-Leute an. Ist dein Vater unter ihnen?«

Das Kind aber wies auf keinen von ihnen. Darauf brachte Kilu den Trog mit dem Hunde herbei, und als er ihn öffnete, erkannte Ememqut den Hund als einen von denen, die ihm gehörten. Nach dem Walfischfeste zogen die Gäste davon.

Eine Zeitlang lebte die Familie des Großen Raben allein.

Eines Abends kam jemand auf einem Rentierschlitten herbeigefahren. Ememqut trat heraus, ihn zu begrüßen, und sah, daß der Fremde ein ganz junger Mann, beinahe noch ein Knabe war. Er hieß Erdmacher. Ememqut sprach zu ihm: »Du bist wohl gekommen, um dich nach deinem Sohne zu erkundigen?«

»Allerdings«, erwiderte Erdmacher. »Ich bin gekommen, ihn zu sehen. Ich schämte mich, in menschlicher Gestalt zu Yingeangeut zu kommen und um sie zu werben. Ich habe mich daher in Rentiermark verwandelt, welches sie aß und wovon sie schwanger wurde.«

Erdmacher trat in das Haus, blieb über Nacht dort, und am folgenden Morgen fuhr er zusammen mit Yingeangeut auf einem großen Zuge von Rentierschlitten nach Hause.

Als Erdmacher auf sein Haus zugefahren kam, traten seine Verwandten heraus, um zu sehen, wer angekommen sei, und als sie die Yingeangeut mit einem Kinde auf dem Arm sahen, sprachen sie: »Diese Frau hat, ohne verheiratet zu sein, ein Kind bekommen.« Yingeangeut schämte sich so, daß sie in Stein verwandelt wurde.

Als dies der Erdmacher sah, dachte er: »Jetzt ist Yingeangeut tot. Ich werde umkehren und die Rentiere dem Großen Raben zurückgeben.« So kehrte er denn gleich um und betrat nicht einmal das Haus. Als er beim Hause des Großen Raben angekommen war, sah er dort sogleich die Yingeangeut. »Hier bist du?«, rief er. »Ich dachte, du wärest tot!«

»Ich schämte mich vor deinen Verwandten«, erwiderte Yingeangeut, »daher habe ich mich in Stein verwandelt und bin allein hierhergekommen.«

Am nächsten Tage fuhren sie wiederum fort. Als sie zum Hause des Erdmachers kamen, sahen sie dort noch den Stein stehen. Yingeangeut stieß ihn an, und eine zweite Yingeangeut stand da. Diese gaben sie dem Frost-Manne zur Frau. Von dieser Zeit an wurde Yingeangeut kränklich; der Erdmacher sorgte sich um sie und paßte nicht mehr auf seine Rentierherden auf.

Eines Tages ging der Erdmacher aus und stolperte über einen großen Schneehaufen. Er sah näher hin, da entdeckte er den Eingang eines unterirdischen Hauses. Er blickte hinein und sah einen jungen Mann, welcher auf und ab ging. Dieser war der Wolken-Mann; als er ihn sah, rief er: »Erdmacher, bist du es?«

»Freilich«, erwiderte der Erdmacher. »Komm herein«, sagte der Wolken-Mann. Erdmacher stieg in die Hütte hinab und erblickte einen alten Mann und eine alte Frau, welche schliefen; der Alte war der Aufseher, der Vater des Wolken-Mannes. Wolken-Mann fragte den Erdmacher: »Was denkst du? Warum mag deine Frau kränkeln?«

»Ich weiß nicht«, erwiderte der Erdmacher. »Ihre Gesundheit läßt nach«, meinte der Wolken-Mann, »weil du das doppelköpfige Rentier nicht erlegt hast, das sich in der Herde deines Vaters befindet. Das hättest du tun sollen, bevor du deine Frau heimführtest. Jetzt sieh ins Herdfeuer, sieh, wie mein Vater deine Frau hineinwirft.« Er sah hinein und erblickte tatsächlich seine Frau, die auf Steinen saß, welche den Herd umgaben. Er sah auch kleine Knaben mit kurzen Riemen an den Daumen. »Siehst du diese kleinen Knaben?«, sagte der Wolken-Mann, »das sind deine künftigen Kinder, sie werden zwar zur Welt kommen, aber nicht lange am Leben bleiben. Sieh nur, ihre Riemen sind kurz.« Ferner zeigte der

Wolken-Mann dem Erdmacher ein Mädchen mit sechs Fingern, das auf dem Dachsparren eines Hauses saß, und sprach: »Wecke den alten Mann auf und bitte ihn um jenes Mädchen. Sie hat einen langen Riemen um den Hals, daher wird sie lange leben. Um die Knaben bitte ihn nicht.«

Nun versuchte der Erdmacher, den Aufseher und dessen Frau aufzuwecken, doch mußte er lange rufen, bis der Aufseher erwachte. Erdmacher fragte ihn: »Warum schläfst du, warum gibst du nicht auf die Erde acht?«

»Wir sind schlafen gegangen«, erwiderte der Aufseher, »weil du deine Frau mit nach Hause genommen hast und nicht bei dieser Gelegenheit für uns das doppelköpfige Rentier getötet hast. Daher schlafen wir und stoßen deine Frau ins Feuer.« Erdmacher erwiderte: »Sobald ich nach Hause komme, werde ich das doppelköpfige Rentier töten.« Darauf fragte der Aufseher den Erdmacher: »Möchtest du einen Sohn haben?«

»Nein«, entgegnete dieser, »ich möchte keinen Sohn haben, gib mir eine Tochter mit sechs Fingern.«

»Schön«, sagte der Aufseher, und nach einer Weile fügte er hinzu: »Geh jetzt nach Hause. Unterwegs wirst du einen Wolf erlegen. Das Wolfsfell mußt du deiner Frau geben.« Der Erdmacher ging aus dem Hause, und siehe, da war kein Schneehügel. Er befand sich im Himmel. Er blickte durch eine Öffnung auf die Erde hinunter und sah mehrere Dörfer, auch erkannte er sein eigenes Haus. Darauf kam er wieder zur Erde herab. Unterwegs rannte ein Wolf auf ihn zu; den erlegte er und nahm ihn mit nach Hause.

Als der Erdmacher bei der Hütte seines Vaters angekommen war, begab er sich sogleich zu dessen Herde, ergriff das doppelköpfige Rentier und opferte es dem Wolken-Manne. Darauf wurde die Yingeangeut wieder gesund. Dann veranstalteten sie ein Wolfsfest. Yingeangeut legte das Fell des Wolfes an und umschritt den Feuerherd. Damit war das Wolfsfest beendet.

Nicht lange hernach gebar Yingeangeut eine Tochter mit sechs Fingern. Eines Tages sagte der Erdmacher: »Jetzt will ich dich zu deinen Eltern bringen, sonst denken sie, daß du schon lange gestorben bist.« So machten sie sich denn reisefertig und besuchten den Großen Raben; dort fanden sie den Wolken-Mann, der um die Tschanaingaut warb. Erdmacher und Yingeangeut brachten ihre Tochter ins Haus; der Wolken-Mann sah sie an und fragte: »Wißt ihr, woher sie ihre Tochter erhalten haben?« Groß-Licht, ein jüngerer Sohn des Großen Raben, war ein Zauberer; der sagte: »Sie ist das Mädchen vom Dachsparren im Hause deines Vaters.«

Bald darauf heiratete der Wolken-Mann die Tschanaingaut, und später erhielten sie einen Sohn. Danach sprach er: »Ich will gehen und meinen Vater von mir hören lassen.« So begab er sich denn in den Himmel und kam zum Aufseher. Sein Vater fragte ihn: »Nun, hast du dich verheiratet?«

»Jawohl«, antwortete der Wolken-Mann, »ich habe sogar bereits einen Sohn.« Darauf begab er sich wieder zu seiner Frau. Als er ins Haus des Großen Raben kam, fragte ihn Groß-Licht: »Nun, ist dein Vater nicht böse wegen deiner Heirat geworden?«

»Gar nicht«, erwiderte der Wolken-Mann.

Der Panther, der Wolf, der Fuchs und das Kamel

Lang, lang ist es her, da lebten vier Brüder: ein Panther, ein Wolf, ein Fuchs und ein Kamel. Der Winter zog sich hinaus. Die Vorräte schmolzen zusammen. Die Brüder mußten hungern. Eines Tages sprach nun der Fuchs:

»Wir haben nichts zu essen, unsere Kräfte schwinden. Bald werden wir alle tot sein. Damit wir nicht des Hungers sterben, müssen wir jemanden auffressen und zwar bald.«

Der Panther und der Wolf sprachen: »Richtig. Wir fressen dich.«

»Nein, wenn ihr mich freßt, habt ihr wenig davon. Was für Fleisch habe ich denn? Davon wird keiner satt. Wenn wir aber das Kamel fressen, wird es uns allen reichen, wir werden alle satt.«

»Nun«, sprach das Kamel, »wenn das zu eurer Rettung beiträgt, dann freßt mich.«

Sie rissen das Kamel. Der Panther nahm einen Strick und ging Holz holen.

Der Wolf und der Fuchs begannen damit, das Kamel abzuhäuten und auszuweiden. Als sich ihre Arbeit dem Ende näherte, schnappte sich der Fuchs ein fettes Stück Pansen und begann, es schnell herunterzuschlingen.

»Was machst du da?«, schrie der Wolf. »Der Panther wird doch zurückkommen und sehen, daß ein Stück fehlt. Dann wird es dir schlecht ergehen!«

»Hör zu, Wolf, das Kamel war doch dumm. Und die Dummen haben keine Pansen. So sagen wir es auch dem Panther.«

Der Wolf dachte nach: »Unser Kamel war in der Tat dumm. Und woher soll denn so ein Narr fette Pansen haben?«

Der Fuchs frißt aber schon das Fett aus dem Innern. Sprach wiederum der Wolf: »Was machst du da, Fuchs? Der Panther wird kommen, und dann fragt er: ›Wo ist das Fett aus dem Innern?‹«

»Ach, wie begriffsstutzig du doch bist, Wolf! Das Kamel war doch dumm. Und gibt es etwa bei Dummköpfen inneres Fett? So sagen wir es dem Panther.«

Der Wolf überlegte: »Er hat recht, haben denn Dummköpfe Fett im Innern? Wahrscheinlich haben sie keines. Der Fuchs weiß ja alles.«

Der Fuchs frißt aber schon den Cagan Machan.

»Was machst du denn da, Fuchs, du wirst dich und mich ins Verderben stürzen!«, schrie der Wolf.

Der Fuchs antwortete aber: »Mach dir nur keine Sorgen. Ich werde alles in Ordnung bringen. Wenn der Panther dich fragt, wo der Cagan Machan ist, dann sag kein Wort, sondern zeig mit dem Kopf auf mich, und ich weiß schon, was ich ihm antworten werde.«

Der Panther erschien wieder.

»Nun, wie sieht es bei euch aus? Alles in Ordnung? Alles an Ort und Stelle?«

»Alles in Ordnung«, antwortete der Wolf.

Der Panther begann, alles zu untersuchen. »Und wo ist der fette Teil der Pansen?«

Der Fuchs antwortete: »Unser Kamel war doch dumm. Und Dummköpfe haben keinen fetten Pansenteil.«

»Ja-a, ich habe davon nichts gehört, aber es kann sein, daß es so ist«, dachte der Panther.

»Und wo ist das innere Fett?«, fragte er drohend.

»Ach, Panther, du bist der Klügste der Klügsten und urteilst doch wie ein Kind. Das Kamel war doch dumm, und haben Dummköpfe etwa inneres Fett?«

Der Panther begann zu überlegen. Er überlegte hin und her und entschied: »Wahrscheinlich hat der Fuchs recht. Dummköpfe haben kein Fett im Innern.«

»Nun, und wo ist der Cagan Machan?«

Alle schwiegen. Der Panther warf einen Blick auf den Wolf, der aber wies mit dem Kopf auf den Fuchs. Der Fuchs sprach: »Ach, Panther, Klügster unter den Klügsten, siehst du, wie der Wolf dich betrügt? Hat den Cagan Machan aufgefressen und zeigt mit dem Kopf auf mich!«

Der Panther stürzte sich auf den Wolf. Der Wolf nahm Reißaus. Der Fuchs begann aber, während sie fort waren, das Fleisch in eine Grube zu schleifen. Er schleppte das ganze Fleisch dorthin und schüttete es mit Erde zu.

Der Panther holte den Wolf ein, tötete ihn und lief zurück.

»Wo ist denn das Fleisch?«

»Ach, Panther, was hier geschehen ist, kann man nicht beschreiben. Das Kamel ist wieder lebendig geworden und hat gesagt: ›Wenn wir uns im Winter gegenseitig auffressen, was wird dann im Frühling sein?‹ Es war sehr böse. Es sagte: ›Ich werde mich vor euch in die Erde verkriechen, damit ich euch nicht sehe.‹ Und es hat sich in die Erde verkrochen. Sieh mal, sein Schwanz sieht dort heraus.« Und der Fuchs wies auf einen dünnen Baumstumpf.

Der Panther packte dieses Baumstümpfchen und begann, aus vollen Kräften zu ziehen. Doch er konnte ihn nicht herausziehen. Vor Anspannung platzte ihm die Hauptader, und er verreckte. Nun begann der Fuchs in aller Ruhe, das schmackhafte Kamelfleisch zu fressen.

Der freigebige Hase

Einstmals, als Brahmadatta zu Benares regierte, wurde der Bōdhisatta als Hase wiedergeboren und lebte im Walde. Auf einer Seite dieses Waldes waren die Vorhügel eines Gebirges, auf der anderen war ein Fluß und auf der dritten ein Grenzdorf. Der Bōdhisatta hatte drei Freunde, einen Affen, einen Schakal und einen Fischotter. Diese vier Weisen lebten nun zusammen, und wenn sie sich ihre Nahrung, ein jeder auf seinem eigenen Jagdgrund, gesucht hatten, kamen sie zur Abendzeit immer zusammen. Der weise Hase pflegte dann die drei anderen in der Lehre zu unterweisen, indem er sie ermahnte:

»Man muß Almosen geben, die Gebote halten und die Fasttagsbräuche beobachten.«

Sie nahmen seine Ermahnung gut auf, und jeder begab sich dann in den Teil des Dickichts, wo er seine Wohnung hatte, und blieb dort.

So verging die Zeit. Da guckte der Bōdhisatta eines Tages in die Luft und sah den Mond. Und als er gesehen hatte, daß am nächsten Tage Fasttag sei, sagte er zu den drei anderen: »Morgen ist Fasttag. Feiert ihr drei den Fasttag, indem ihr das Gelübde, die Gebote zu halten, auf euch nehmt! Wenn einer sich fest an die Gebote hält, dann bringt das Geben von Gaben großen Lohn. Wenn daher ein Bettler kommt, gebt ihm von eurer eigenen Mahlzeit und esset selbst erst hinterher!« Sie erklärten sich damit einverstanden, und jeder blieb in seiner Wohnstätte.

Am nächsten Tag am frühen Morgen zog von den vieren der Fischotter aus, um sich Futter zu suchen, und ging zum Ufer des Ganges. Da hatte nun ein Fischer sieben Rotkarpfen gefangen, hatte sie auf eine Rute gezogen, sie am Ufer des Ganges mit Sand bedeckt und schritt nun, Fische fangend, den Ganges abwärts. Der Otter spürte den Geruch der Fische, scharrte den Sand weg, entdeckte die Fische und zog sie heraus. Dann rief er dreimal laut: »Gehören diese Fische jemandem?«, und als er keinen Eigentümer sah, packte er die Rute mit den Zähnen und stapelte die Fische in dem Teil des Dickichts, wo er seine Wohnung hatte, auf. »Erst wenn es an der Zeit ist, werde ich sie essen«, dachte er, und dann legte er sich, über seine Pflichterfüllung nachdenkend, nieder.

Auch der Schakal zog aus, um sich Futter zu suchen. Da sah er in der Hütte eines Feldhüters zwei Spieße mit Fleisch, eine Eidechse und einen Topf Dickmilch. Dreimal rief er laut: »Gehört dies jemandem?«, und als er keinen Eigentümer sah, tat er sich den Strick zum Tragen des Dickmilchtopfes um den Hals, packte mit dem Maule die Fleischspieße und die Eidechse, schleppte sie fort und stapelte sie in dem Teil des Dickichts, wo er seine Wohnung hatte, auf. »Erst wenn es an der Zeit ist, werde ich sie essen«, dachte er, und dann legte er sich, über seine Pflichterfüllung nachdenkend, nieder.

Auch der Affe ging in den Wald und holte sich ein Bündel Mangos und stapelte es in dem Teil des Dickichts, wo er seine Wohnung hatte, auf. »Erst wenn es an der Zeit ist, werde ich sie essen«, dachte er, und dann legte er sich, über seine Pflichterfüllung nachdenkend, nieder.

Der Bōdhisatta aber legte sich mit dem Gedanken »Erst wenn es an der Zeit ist, werde ich ausgehen und Kusagras fressen« auf sein Lager. »Wenn Bettler zu mir kommen«, dachte er, »kann ich ihnen unmöglich Gras geben, auch habe ich keinen Sesam, keinen Reis oder sonst etwas. Wenn ein Bettler zu mir kommt, werde ich ihm das Fleisch meines eigenen Körpers geben.«

Durch die Macht seiner Pflichterfüllung aber zeigte der mit einer weißen Wolldecke versehene Steinsitz Sakkas Zeichen von Hitze. Nach einigem Nachdenken erkannte Sakka die Ursache und beschloß, den Hasenkönig auf die Probe zu stellen. Er ging zuerst nach dem Orte, wo der Otter wohnte, und stellte sich in der Gestalt eines Brahmanen hin. »Brahmane, warum stehst du hier?«, fragte der Otter. »Weiser, wenn ich etwas Speise bekommen könnte, würde ich den Fasttag halten und so die Asketenpflichten erfüllen können.«

»Gut«, antwortete jener, »ich werde dir Speise geben«, und im Gespräch mit ihm sprach er den ersten Vers:

»Sieben rote Karpfen hab ich
aus dem Fluß ans Land gebracht.
Das, Brahmane, kann ich bieten.
Iß und bleib im Wald zur Nacht!«

»Laß es nur bis morgen früh«, antwortete der Brahmane, »ich werde später daran denken«, und ging zum Schakal.

Auch der fragte: »Brahmane, warum stehst du hier?«, und der andere erwiderte ebenso.

»Gut«, sagte der Schakal, »ich werde dir etwas geben«, und im Gespräch mit ihm sprach er den zweiten Vers:

»Die Eidechs', ein Topf saurer Milch,
Zwei Spieße Fleisch das Mahl,
Zur Nacht bestimmt, das ich mit List
dem Dorfflurhüter stahl,
Das biet ich dir, Brahmane. Iß
und bleib im Waldestal!«

»Laß es nur bis morgen früh«, antwortete der Brahmane, »ich werde später daran denken«, und ging zum Affen.

Auch der fragte: »Brahmane, warum stehst du hier?«, und der andere erwiderte ebenso.

»Gut«, sagte darauf der Affe, »ich gebe dir etwas«, und im Gespräch mit ihm sprach er den dritten Vers:

»Reife Mangos, kaltes Wasser,
Schattenkühl' an schöner Halde,
Das, Brahmane, kann ich bieten.
Iß und bleib zur Nacht im Walde!«

»Laß es nur bis morgen früh«, antwortete der Brahmane, »ich werde später daran denken«, und ging zu dem weisen Hasen. Auch der fragte: »Warum stehst du hier?«, und der andere erwiderte ebenso. Als der Bōdhisatta das hörte, sagte er erfreut: »Brahmane, du hast wohl daran getan, daß du um Speise zu mir gekommen bist. Jetzt werde ich dir eine Gabe geben, wie ich sie noch nie gegeben habe. Du aber sollst den Geboten getreu kein Leben vernichten. Geh, Lieber, suche Holz auf, mache ein Kohlenfeuer und sag es mir an! Mich selbst opfernd, will ich mitten in die Kohlen springen; du aber sollst, wenn mein Leib gebraten ist, das Fleisch essen und die Asketenpflichten erfüllen«, und im Gespräch mit ihm sprach er den vierten Vers:

»Keinen Sesam hat der Hase,
Keinen Reis und keine Bohnen.
Brat mich selbst an diesem Feuer!
Iß und bleib im Walde wohnen!«

Als Sakka seine Worte gehört hatte, schuf er durch seine übernatürliche Macht einen Kohlenhaufen und meldete es dem Bōdhisatta. Der erhob sich von seinem Lager aus Kusagras und ging dorthin. »Wenn kleine Tiere in meinen Haaren sind, sollen sie nicht umkommen«, sagte er und schüttelte sich dreimal, und dann brachte er seinen Körper als Gabe dar. Er sprang auf, und wie ein Königsschwan in eine Lotusgruppe stürzte er heiteren Sinnes in den Kohlenhaufen hinein. Das Feuer aber konnte nicht einmal eine Haarpore am Körper des Bōdhisatta heiß machen. Es war, als ob er in Schnee gesprungen wäre. Da wandte er sich an Sakka und sagte: »Brahmane, das Feuer, das du angemacht hast, ist überkalt. Es kann nicht einmal eine Haarpore an meinem Körper heiß machen. Was bedeutet das?«

»Weiser, ich bin kein Brahmane. Ich bin Sakka, der gekommen ist, um dich auf die Probe zu stellen.«

Da stieß der Bōdhisatta den Löwenruf aus. »Wenn auch außer dir, Sakka, die ganze Welt mich wegen meiner Freigebigkeit auf die Probe stellte, so würde sie mich nicht unwillig zum Geben finden.«

»Weiser Hase«, sagte Sakka zu ihm, »deine Tugend soll ein ganzes Weltalter hindurch bekannt sein.« Und damit zerquetschte er einen Felsen und zeichnete mit dem Saft des Felsens das Bild des Hasen in die Mondscheibe.

Dann verabschiedete er sich von dem Bōdhisatta, bettete ihn auf das zarte Kusagras dort im Dickicht jenes Waldes und ging wieder nach seinem Göttersitze. Die vier Weisen aber lebten einträchtig zusammen, erfüllten die Gebote, beachteten die Fasttagsbräuche und fuhren dahin nach ihren Werken.

Die Mondfee

Zur Zeit des Kaisers Yau lebte ein Fürst namens Hou I, der war ein starker Held und guter Schütze. Einst gingen zehn Sonnen am Himmel auf, die schienen so hell und brannten so heiß, daß die Menschen es nicht aushalten konnten. Da gab der Kaiser dem Hou I den Befehl, nach ihnen zu schießen. Der schoß nun neun von den Sonnen herunter.

Er hatte aber auch ein Pferd, das war so schnell, daß es den Wind einholen konnte. Er setzte sich darauf und wollte auf die Jagd. Da rannte das Pferd davon und ließ sich nicht mehr halten. So kam er an den Kunlun-Berg und sah die Königin-Mutter am Jaspis-See. Die gab ihm das Kraut der Unsterblichkeit. Das nahm er mit nach Hause und verbarg es im Zimmer. Er hatte eine Frau namens Tschang O. Die naschte davon, als er einmal nicht zu Hause war, und sogleich schwebte sie zu den Wolken empor. Wie sie beim Mond angekommen war, da lief sie in das Schloß im Mond und lebt dort seither als Mondfee.

Ein Kaiser aus dem Hause Tang saß einmal in der Mittherbstnacht mit zwei Zauberern beim Wein. Der eine nahm eine Bambusstange und warf sie in die Luft; die wandelte sich zur Himmelsbrücke, und nun stiegen die drei zusammen zum Mond hinauf. Da sahen sie ein großes Schloß, darauf stand geschrieben: »Die weiten Hallen der klaren Kälte.« Ein Kassiabaum stand daneben, der blühte und duftete, daß die ganze Luft von seinem Duft erfüllt war. Ein Mann saß auf dem Baum, der mit einer Axt die Nebenzweige abhieb. Der eine Zauberer sprach: »Das ist der Mann im Monde. Der Kassiabaum wächst so üppig, daß er mit der Zeit den ganzen Glanz des Mondes beschatten würde. Darum muß er alle tausend Jahre einmal abgehauen werden.« Dann traten sie in die weiten Hallen. Silbern türmten sich die Stockwerke übereinander. Die Säulen und Wände waren alle aus Wasserkristall. Es waren Käfige da und Teiche; darinnen waren Fische und Vögel, die bewegten sich wie lebend. Die ganze Welt schien aus Glas zu sein. Während sie noch nach allen Seiten Umschau hielten, trat die Mondfee auf sie zu in weißem Mantel und regenbogenfarbenem Gewand. Sie sprach lächelnd zum Kaiser: »Du bist ein Fürst der Welt des Erdenstaubs. Du mußt Glück haben, daß du hierher gelangen konntest.« Damit rief sie ihre Dienerinnen, die kamen auf weißen Vögeln herangeflogen und sangen und tanzten unter dem Kassiabaum. Reine, klare Klänge tönten durch die Luft. Neben dem Baume aber stand ein Mörser aus weißem Marmelstein. Ein Hase aus Jaspis zerstieß darinnen Kräuter. Das war die dunkle Hälfte des Mondes. Als der Tanz zu Ende war, da kehrte der Kaiser mit den Zauberern wieder zurück. Er ließ die Lieder, die er im Monde gehört hatte, aufzeichnen und zur Begleitung von Jaspisflöten im Birnengarten singen.

Mond und Sonne

Vor langen Zeiten wollte der Himmelsherrscher die Mondgöttin dem Sonnengott zur Gattin geben. Der Sonnengott war ziemlich häßlich, und die schöne Göttin wollte nicht mit ihm verheiratet sein. Mehrmals ging der

Himmelsherrscher zur Göttin des Mondes und sagte ihr Gutes über den Gott der Sonne. Nicht gut sei in der Tat sein Äußeres, sagte der Himmelsherrscher, aber sein Herz sei gut. Nachdem der Himmelsherrscher mehrmals zu ihr gekommen war, meinte die Göttin, es wäre nicht höflich, den Antrag abzuweisen. Und deshalb sagte sie: »Ich nehme den Antrag an, unter einer Bedingung.« Der Himmelsherrscher sagte: »Sprich die Bedingung aus!«

»Die Frau des Sonnengottes will ich sein«, erwiderte die Göttin des Mondes, »vorausgesetzt, daß er mich selber holen kann. Kann er es nicht, wird aus der Heirat nichts.« Sofort nach diesen Worten ging die Mondgöttin eilig auf ihren Nachtspaziergang. Der Himmelsherrscher brachte inzwischen dem Sonnengott die Nachricht, und augenblicklich rannte der Sonnengott hinter der Mondgöttin her. Doch als er im Osten ankam, hatte sie schon den Westen erreicht; und als er im Westen ankam, war sie schon wieder im Osten. Sie einzuholen gelang ihm nicht. Und deshalb sind bis heute Mondgöttin und Sonnengott nicht miteinander vermählt.

Morgenhimmel

Es war einmal ein Mann, der war schon zweihundert Jahre alt; aber er war noch immer frisch und stark wie ein Jüngling. Da gebar ihm seine Frau ein Kind, und als das Kind drei Tage alt war, starb sie. Der Vater gab das Kind der Nachbarin und sagte, sie solle dafür sorgen. Dann ging er fort von seinem Hause und verschwand. Als das Kind der Nachbarin ins Haus gebracht ward, da wurde es gerade am Morgenhimmel hell. Darum nannten sie es Morgenhimmel. Als das Kind drei Jahre alt war, sah es oft zum Himmel hinauf und sprach mit den Sternen. Eines Tages war es fort, und es dauerte viele Monate, bis es wieder nach Hause kam. Die Frau gab ihm Schläge. Aber es ging wieder fort und kam erst nach einem Jahr wieder heim. Die Mutter war erschrocken und fragte es: »Wo bist du denn das ganze Jahr gewesen?«

Der Knabe sprach: »Ich war nur geschwind am Purpurmeer. Dort wurden meine Kleider vom Wasser rot. Deshalb ging ich an die Quelle, wo die Sonne einkehrt, und wusch sie mir. Am Morgen ging ich weg. Zu Mittag kam ich wieder. Was sprichst du denn von einem Jahr?«

Die Frau fragte weiter: »Und wo kamst du denn vorüber?«

Der Knabe sprach: »Als ich meine Kleider gewaschen hatte, da ruhte ich ein wenig in der Totenstadt und schlief ein. Der Königvater des Ostens gab mir rote Kastanien und Morgenrotsaft zu essen. Nun war ich satt. Dann ging ich zum dunklen Himmel und trank vom gelben Tau. So war auch mein Durst gestillt. Ich begegnete einem schwarzen Tiger. Auf dem wollte ich heimreiten. Ich schlug ihn aber zu sehr. Da biß er mich ins Bein. Deshalb kam ich hierher, um es dir zu erzählen.«

Noch einmal lief der Knabe von zu Hause weg viele tausend Meilen weit, bis er an den Sumpf kam, wo der große Urnebel wohnt. Dort begegnete er einem Manne mit gelben Augenbrauen und fragte ihn, wie alt er sei. Der Alte sprach: »Ich habe mir das Essen abgewöhnt und lebe von Luft. Die Pupillen in meinen Augen haben allmählich einen grünen Schein bekommen, mit dem kann ich alle geheimen Dinge sehen. Alle tausend Jahre drehe ich meine Knochen um und wasche das Mark. Alle zweitausend Jahre schabe ich meine Haut, daß die Haare abgehen. Ich habe schon dreimal mein Mark gewaschen und fünfmal meine Haare abgeschabt.«

Morgenhimmel diente später dem Kaiser Wu vom Hause Han. Der Kaiser, welcher Zauberkünste liebte, war ihm sehr zugetan. Eines Tages sagte er zu ihm: »Ich möchte gern, daß meine Lieblingsfrau nicht alt wird. Kann man das?«

Morgenhimmel sprach: »Nur ich weiß ein Mittel, nicht alt zu werden.«

Der Kaiser fragte, welche Kräuter man essen müsse. Morgenhimmel erwiderte: »Im Nordosten wächst der Lebenspilz. Die dreibeinige Krähe in der Sonne möchte immer herunter und davon fressen. Der Sonnengott aber hält ihr die Augen zu und läßt sie nicht weg. Wenn Menschen davon essen, werden sie unsterblich, wenn Tiere davon essen, werden sie betäubt.«

»Und woher weißt du das?« fragte der Kaiser.

»Als Knabe bin ich einmal in einen tiefen Brunnen gefallen, aus dem ich viele Jahrzehnte lang nicht mehr herauskonnte, Da war ein Unsterblicher, der führte mich zu diesem Kraut. Man muß aber durch ein rotes Wasser, das ist so schwach, daß keine Feder darauf schwimmen kann. Alles, was darauf kommt, sinkt in die Tiefe. Der Mann zog einen Schuh aus und gab ihn mir. Auf dem Schuh fuhr ich über das Wasser, pflückte das Kraut und aß es. Die Leute an jenem Ort weben Matten aus Perlen und Edelsteinen. Sie führten mich in einen Raum, davor war ein Vorhang aus einer bunten dünnen Haut. Sie gaben mir ein Kissen, aus schwarzem Nephrit geschnitzt, darauf waren Sonne und Mond, Wolken und Donner eingeschnitten. Sie deckten mich zu mit einer feinen Decke, die war aus den Haaren von hundert Mücken gesponnen. Diese Decke ist ganz kühl und im Sommer sehr erfrischend. Ich befühlte sie mit der Hand, da schien sie mir aus Wasser zu sein; als ich aber näher zusah, da war es lauter Licht.«

Einst berief der Kaiser alle seine Magister, um mit ihnen über die Gefilde der Seligen zu reden. Auch Morgenhimmel war dabei und erzählte: »Ich wanderte einmal am Nordpol und kam zum Feuerspiegelberg. Dort scheint weder Sonne noch Mond. Es ist aber ein Drache da, der hält einen feurigen Spiegel im Maul, das Dunkel zu erleuchten. Auf dem Berge ist ein Park; darinnen ist ein See. Dort wächst das Schimmerstengelgras, das leuchtet wie eine goldene Lampe. Bricht man es ab und braucht es als Kerze, so kann man alle sichtbaren Dinge sehen und dazu die Gestalt der Geister. Auch das Innere der Menschen kann man damit durchleuchten.«

Morgenhimmel ging einst nach Osten ins Land der Glückswolken. Von da brachte er das Götterroß mit. Das war neun Fuß hoch. Der Kaiser fragte, wie er es gefunden.

Da erzählte er: »Die Königinmutter des Westens hatte es an ihren Wagen gespannt, als sie den Königvater des Ostens besuchte. Man band das Pferd an auf dem Feld der Lebenspilze. Aber es zertrat mehrere Hundert davon. Da ward der Königvater böse und trieb das Pferd an den Himmelsfluß. Dort fand ich es und ritt darauf nach Hause. Dreimal ritt ich damit um die Sonne, weil ich auf dem Rücken des Pferdes eingeschlafen war. Und eh ich mich's versah, war ich schon hier. Dies Pferd kann den Sonnenschatten einholen. Als ich es fand, war es ganz mager und traurig wie ein alter Esel. Da mähte ich das Gras vom Glückswolkenland, das alle zweitausend Jahre einmal am Neunquellenberge wächst, und fütterte das Pferd damit, so wurde es wieder munter.«

Der Kaiser fragte, was denn das Glückswolkenland sei. Morgenhimmel erwiderte: »Dort ist ein großer Sumpf. Die Leute weissagen aus Luft und Wolken Glück und Unglück. Steht in einem Hause Glück bevor, so bilden sich in den Zimmern fünffarbene Wolken, die lassen sich auf Gras und Bäumen nieder und werden zu farbigem Tau. Der Tau schmeckt süß wie Most.«

Der Kaiser fragte, ob er von diesem Tau bekommen könne. Morgenhimmel sprach: »Auf meinem Roß kann ich in einem Tage viermal hin.«

Und richtig war er am Abend wieder da und brachte Tau von allen Farben in einer kristallenen Flasche mit. Der Kaiser trank davon, da wurden seine Haare wieder schwarz. Er gab seinen höchsten Beamten davon, da wurden die Alten wieder jung und die Kranken wieder gesund.

Als einst ein Komet am Himmel erschien, da gab Morgenhimmel dem Kaiser das Sterndeuterholz. Der Kaiser deutete mit dem Holz nach dem Kometen, da erlosch er.

Morgenhimmel konnte sehr gut pfeifen. Sooft er in langgezogenen vollen Tönen pfiff, tanzten die Sonnenstäubchen nach seinem Pfeifen.

Er sagte auch einmal zu einem Freunde: »Kein Mensch weiß, wer ich bin, außer dem Sterndeuter.«

Als Morgenhimmel gestorben war, berief der Kaiser den Sterndeuter und fragte: »Kanntest du Morgenhimmel?«

Der sagte: »Nein.«

Der Kaiser fragte: »Was verstehst du denn?«

Der Sterndeuter sagte: »Ich kann nach den Sternen sehen.«

»Sind alle Sterne an ihrem Platz?«, fragte der Kaiser.

»Ja. Nur den Stern des großen Jahres habe ich achtzehn Jahre nicht gesehen. Jetzt aber ist er wieder sichtbar.«

Da blickte der Kaiser zum Himmel auf und seufzte: »Achtzehn Jahre lang war Morgenhimmel mir zur Seite, und ich wußte nicht, daß er der Stern des großen Jahres war.«

Der Raub der Sonnengöttin

Einmal fing ein böser Dämonengott die Sonnengöttin. In sechs Steinkisten, die in sechs Metallkisten standen, die wiederum von sechs hölzernen Kisten umschlossen waren, sperrte er sie ein und zog darum sechs Zäune aus Holz, sechs Zäune aus Metall und nochmals sechs Zäune aus Stein. Deshalb herrschte auf der Welt ewige Nacht. Da befiel Götter und Menschen große Müdigkeit, und viele von ihnen verfielen in solch tiefen Schlaf, daß sie nicht mehr daraus erwachten und daß dieser Schlaf zu ihrem Todesschlaf wurde. Da versammelten sich alle Götter und hielten Rat, wie man die Sonnengöttin befreien könnte. Die schwachen Götter blieben gleich zu Anfang sitzen und zogen nicht mehr weiter. Die starken Götter machten auf halbem Wege halt, und nur die stärksten Götter kamen bis zu der Umzäunung und setzten sich dort nieder. Da fing der Dämonengott diese Götter allesamt und zog sie in seine Behausung hinein. Dort verwandelte er sie in kleine Wickelkinder. Rechts der Feuerstelle hängte er sechzig Wiegen auf. Links der Feuerstelle hängte er sechzig Wiegen auf. Da hinein legte er die laut schreienden Götter und trieb seine Späße mit ihnen, indem er sie verhöhnte. Da schickten die Götter Kemushiri-nupuri-Kamui, den Gott des Berges Kemushiri, als Boten an Ainu-rakkuru-Kamui, den Gott, der über allen Göttern steht, einen Helden, wie es keinen zweiten im Himmel und auf Erden gibt, und baten ihn flehentlich um Hilfe. Ainu-rakkuru-Kamui sagte nur: »Ihr Menschen, macht euch keine Sorgen.«

Drei Tage brauchte er, um sich die Beinschiene an den einen Schenkel zu binden. Zwei andere Tage brauchte er, um sich die Schiene an das andere Bein zu binden. Dann legte er den von göttlichem Rost bedeckten Götterpanzer an, um sein rauchgeschwärztes Atsushi-Kleid gürtete er sein Schwert in rauchgeschwärzter Scheide, band einen goldenen Gürtel um und setzte seinen rauchgeschwärzten Helm auf den Kopf. Dann bestieg er zusammen mit Kemushiri-nupuri-Kamui seine Göttersänfte und fuhr damit zum Himmel empor. Mit einem Gepolter fuhren sie daher, daß Erde und Himmel erbebten, daß Dörfer und Flecken in Trümmer zu fallen drohten. Näher und näher kamen sie dem Platz, wo der Dämonengott hauste. Unvermindert lärmend, umkreisten sie die Umzäunung. Plötzlich, wie ein Sturmwind, schlüpften sie hinein. Drinnen im Hause zu beiden Seiten hingen die zweimal sechzig Wiegen, in denen die vielen zu Wickelkindern verwandelten Götter, kläglich schreiend, lagen. Ganz hinten im letzten Zimmer standen die Kisten, in denen die Sonnengottheit eingesperrt war. Während der Dämonengott mit gekrümmtem Rücken, die Götter verhöhnend, die Wiegen schaukelte, erbrachen die beiden die hölzernen Kisten, die Kisten aus Metall und die Kisten aus Stein, rissen die Sonnengottheit heraus und eilten mit ihr davon.

Laute Schimpfworte ausstoßend, verfolgte sie der Dämonengott, doch Ainu-rakkuru-Kamui erhob seinen Fuß und zertrümmerte mit einem Tritt das Haus des Dämonengottes, daß die Trümmer laut krachend in alle Winde davonflogen. Plötzlich trat ihm ein großes Gespenst, mit einem Auge, klein wie ein Sesamkorn, und mit einem Auge, so groß wie der Vollmond, entgegen, umklammerte die Sonnengottheit und suchte sie an sich zu reißen. Doch hurtig und behende formte der Gott aus Wolken ein Schiff, band die Sonnengottheit an den Mast und stieß das Schiff weit hinaus in den blauen Himmel hinein. Da wurde die Welt wieder erleuchtet und hell. Dann überwältigte er zusammen mit Kemushiri-nupuri-Kamui den Dämonengott und verbannte ihn tief unter die Erde in die sechste Hölle hinein.

Sagen aus Afrika und Ozeanien

Von zwei Brüdern

Ein ländliches Idyll

Es gab einmal zwei Brüder von einer einzigen Mutter und von einem einzigen Vater; Anup war der Name des älteren, Bata war der Name des jüngeren. Anup besaß ein Haus und besaß eine Frau, und sein jüngerer Bruder lebte bei ihm, als ob er sein Kind wäre. Er war es, der für ihn Kleiderstoffe machte, und er ging hinter seinem Vieh auf das Feld, er besorgte das Pflügen und das Dreschen, und er leistete für ihn jede Feldarbeit. Sein jüngerer Bruder war ein guter Bauer, und seine Art gab es im ganzen Lande nicht wieder, es war etwas Göttliches in ihm.

Als nun viele Tage nach diesen vergangen waren, ging sein jüngerer Bruder hinter seinem Vieh her nach seiner täglichen Gewohnheit. An jedem Abend kehrte er nach seinem Hause zurück, beladen mit allen Gräsern des Feldes und mit Früchten von den Erträgen des Feldes. Er legte sie vor seinem älteren Bruder nieder, der mit seiner Frau dasaß und trank und aß. Er aber ging, um in seinem Stall zu schlafen, und er war mit seinem Vieh zusammen.

Der gute Hirte

Als nun danach die Erde hell wurde und der zweite Tag gekommen war, trug er die Brote herbei, die fertiggebakken waren, und legte sie vor seinen älteren Bruder hin. Dieser gab ihm die Brote für das Feld. Er selbst trieb seine Rinder hinaus, um sie auf dem Felde fressen zu lassen. Er ging hinter seinen Rindern her, und sie sagten zu ihm: »Das Gras ist schön an jener Stelle!« Er hörte alles, was sie sagten, und er führte sie an die Stelle mit dem guten Grase, die sie wünschten. Die Rinder, die ihm anvertraut waren, gediehen ganz vortrefflich, und sie verdoppelten ihre Geburten ganz und gar.

Die pflügenden Bauern

Als nun die Zeit des Pflügens gekommen war, sagte sein älterer Bruder zu ihm: »Laß uns das Gespann fertig herrichten, um zu pflügen, denn der Acker tritt jetzt (aus der Überschwemmung wieder) heraus; er ist gut, um gepflügt zu werden. Und dann kommst du auf das Feld mit dem Saatgetreide, denn wir wollen morgen früh tüchtig pflügen.« So sagte er, und sein jüngerer Bruder führte alle Angaben aus, die ihm sein älterer Bruder zu besorgen aufgetragen hatte. Als nun danach die Erde hell wurde und der zweite Tag gekommen war, gingen sie auf den Acker mit ihrem Gespann. Sie pflügten tüchtig, und ihr Herz wurde sehr froh über ihre Arbeit.

Die schöne Versucherin

Als nun viele Tage nach diesen vergangen waren, waren sie auf dem Acker und hatten Mangel an Saatgetreide. Da schickte ihn sein älterer Bruder mit den Worten: »Eile dich, bringe uns Saatgetreide aus dem Dorfe!«

Sein jüngerer Bruder fand die Frau seines älteren Bruders, wie sie dasaß und ihr Haar flocht. Er sagte zu ihr: »Steh auf und gib mir Saatgetreide! Ich will auf das Feld eilen, denn mein älterer Bruder hat mich springen lassen, ich soll nicht faul sein.« Sie sagte zu ihm: »Geh, öffne den Kasten und bringe dir herbei, was du willst, damit meine Frisur nicht unvollendet bleibt.«

Der Jüngling trat in seinen Stall ein, er brachte einen großen Krug, und sein Herz stand danach, möglichst viel Saatgetreide zu nehmen. Er belud sich mit Gerste und mit Weizen, und er kam mit ihnen wieder heraus.

Da sagte sie zu ihm: »Ach, wieviel ist es, was du auf deiner Schulter trägst?« Er antwortete ihr: »Drei Scheffel Weizen und zwei Scheffel Gerste, zusammen fünf, ist das, was ich auf meiner Schulter trage.« So sagte er zu ihr, und sie fing an mit ihm zu plaudern: »Du hast viel Kraft, und ich sehe deine Stärke täglich.« Ihr Herz sehnte sich nach ihm, wie man sich nach einem Jüngling sehnt.

Da stand sie auf, umschlang ihn und sagte zu ihm: »Komm, wir wollen uns eine Ruhestunde machen! Wenn es dir gefällt, mache ich dir schöne Kleider.«

Da wurde der Jüngling wie ein oberägyptischer Leopard in seiner Wut wegen des bösen Vorschlags, den sie ihm gesagt hatte. Sie geriet sehr in Furcht. Da redete er ihr zu und sagte: »Du stehst zu mir wie eine Mutter, und dein Gatte steht zu mir wie mein Vater, denn er ist mir gegenüber der Ältere, und er hat mich erzogen. Ach, das ist eine große Schlechtigkeit, die du gesagt hast! Sage sie mir nicht noch einmal! Ich werde es niemandem erzählen, und ich werde es zu keinem Menschen aus meinem Munde hinausgehen lassen.«

Er nahm seine Last und ging auf das Feld. Er gelangte zu seinem älteren Bruder, und sie arbeiteten tüchtig an ihrer Arbeit.

Die Abgewiesene wird zur Heuchlerin

Als nun die Zeit des Abends kam, kehrte sein älterer Bruder zu seinem Hause zurück. Sein jüngerer Bruder ging hinter seinem Vieh her, und er hatte sich beladen mit allem Ackergerät; er trieb sein Vieh vor sich her, um sie zur Ruhe zu bringen in dem Stall, der im Dorfe war.

Die Frau seines älteren Bruders fürchtete sich wegen des Vorschlags, den sie gesagt hatte. Sie brachte einen Topf Fett herbei und stellte sich wie eine, die mit Gewalt mißhandelt war, und wollte ihrem Gatten sagen: »Dein jüngerer Bruder hat mich mißhandelt!«

Ihr Gatte kehrte am Abend zurück nach seiner täglichen Gewohnheit. Als er in sein Haus gelangte, fand er seine Frau krank von Gewalt daliegen. Sie goß kein Wasser auf seine Hand nach seiner Gewohnheit, sie zündete kein Licht vor ihm an, so daß sein Haus finster war. Sie selbst lag beschmutzt da. Ihr Gatte sagte zu ihr: »Wer redete mit dir?«

Da antwortete sie ihm: »Kein einziger hat mit mir geredet außer deinem jüngeren Bruder. Als er nämlich kam, um Saatkorn zu holen, fand er mich allein sitzend und sagte zu mir: ›Komm, laß uns eine vergnügte Stunde machen, laß uns ruhen, zieh dein Feiertagskleid an!‹ So sagte er zu mir. Ich hörte aber nicht auf ihn: ›Bin ich nicht deine Mutter, und ist dein älterer Bruder nicht zu dir wie ein Vater?‹ So sagte ich zu ihm. Er aber geriet in Furcht und schlug mich, damit ich es dir nicht berichte. Wenn du ihn nun leben läßt, so muß ich sterben. Denn siehe, kommt er am Abend zurück und erzähle ich diesen bösen Vorschlag, wird er sich weiß (unschuldig) machen!«

Der Bruderkampf

Da wurde sein Bruder wie ein oberägyptischer Leopard, machte seinen Dolch scharf und nahm ihn in seine Hand. Sein älterer Bruder trat hinter die Tür seines Stalles, um seinen jüngeren Bruder zu töten, wenn er am Abend zurückkäme, um sein Vieh in den Stall eintreten zu lassen.

Als nun Schow (der Gott der tageshellen Luft) unterging, belud er (Bata) sich mit allen Gräsern des Feldes nach seiner täglichen Gewohnheit und kehrte zurück. Die Leitkuh trat in den Stall ein und sagte zu ihrem Hirten: »Sieh, dein älterer Bruder steht vor dir mit seinem Dolch, um dich zu töten. Fliehe vor ihm!« Er hörte, was seine Leitkuh sagte. Die andere trat hinein und sagte es ebenso. Da blickte er unter die Tür seines Stalles und sah die Füße seines älteren Bruders, der hinter der Tür stand und seinen Dolch in seiner Hand hatte. Er legte seine Last auf den Boden und begann zu laufen, um zu fliehen. Sein älterer Bruder verfolgte ihn mit seinem Dolch.

Der göttliche Retter des unschuldig Verfolgten

Da betete sein jüngerer Bruder zu Re-Harachte (dem Sonnengott und Weltenherrscher): »Mein guter Herr, du bist es, der als Richter Sünde und Wahrheit erkennt!« Da erhörte Re alle seine Bitten. Re ließ zwischen ihm und seinem älteren Bruder ein großes Gewässer entstehen, das voll von Krokodilen war; der eine von ihnen befand sich auf dem einen Ufer, der andere auf dem anderen. Sein älterer Bruder warf zweimal mit seiner Hand, aber er konnte ihn nicht töten. Da rief sein jüngerer Bruder ihm vom Ufer her zu: »Bleibe hier stehen, bis die Erde hell wird. Wenn Aton (die Sonnenscheibe) aufgeht, werde ich mit dir vor ihm rechten. Er wird die Sünde und das Recht erkennen lassen. Denn ich werde bis in Ewigkeit nicht wieder mit dir zusammensein. Ich werde nicht mehr an einem Orte sein, an dem du bist – ich werde in das Tal der Zeder gehen!«

Der Unschuldige schwört und bekräftigt den Schwur

Als nun danach die Erde hell wurde und der zweite Tag gekommen war, ging Re-Harachte auf, so daß der eine von ihnen den anderen erblickte. Der Jüngling sprach mit seinem älteren Bruder: »Ach, warum verfolgst du mich, um mich mit List zu töten? Willst du nicht hören, wenn mein Mund redet? Bin ich nicht dein jüngerer Bruder, und bist du nicht mit mir wie ein Vater und deine Frau mit mir wie eine Mutter? Als du mich schicktest, um uns Saatkorn zu bringen, sagte deine Frau zu mir: ›Komm, laß uns eine vergnügte Stunde machen, laß uns ruhen!‹ Siehe, das ist nun ins Gegenteil verkehrt!« Da ließ er ihn alles wissen, was zwischen ihm und seiner Frau geschehen war. Er schwor bei Re-Harachte: »Warum wolltest du mich mit List töten, als du mit deinem Dolch dastandst?«

Er nahm ein scharfes Messer, schnitt sein Glied ab und warf es in das Wasser. Der Wels verschluckte es. Er wurde schwach und ihm wurde schlecht.

Sein älterer Bruder verwünschte sein Herz (seine Absicht) sehr, und über ihn laut weinend stand er da. Aber er konnte nicht dorthin übersetzen, wo sein jüngerer Bruder war, wegen der Krokodile.

Prophezeiung der Zukunft

Sein jüngerer Bruder rief ihm zu: »Nun, da hast du aber an etwas Böses gedacht! Und du hast nicht an irgend etwas von all dem Guten gedacht, noch an irgend etwas von den Dingen, die ich für dich getan habe. Nun mußt du nach deinem Hause gehen und deine Tiere versorgen, denn ich bleibe nicht mehr an der Stätte, an der du dich befindest. Ich werde in das Zederntal gehen. Was du für mich tun sollst, ist, daß du kommst, um mich zu versorgen, wenn du erfährst, daß mir irgend etwas zugestoßen ist. Dann habe ich mein Herz verzaubert und es auf die Blüte des Zedernbaumes gelegt. Wenn man dann die Zeder umhaut und es zu Boden fällt, so komme du, um es zu suchen. Wenn du sieben Jahre verbracht hast, es zu suchen, so soll dein Herz nicht verzagen. Wenn du es aber findest, so lege es in einen Krug mit kühlem Wasser, damit ich wieder auflebe und auf den Angriff gegen mich antworte. Du erfährst aber, daß mir etwas zugestoßen ist, wenn man dir einen Krug Bier in deine Hand gibt und er aufschäumt. Dann verweile nicht, sondern mach dich sofort auf, wenn es dir geschehen ist.«

Die Heuchlerin wird bestraft

Dann ging er in das Zederntal. Sein älterer Bruder ging in sein Haus, während er seine Hand (klagend) an seinen Kopf legte und sich mit Erde beschmierte. Er gelangte nach seinem Hause, tötete sein Weib und warf sie den Hunden vor. Über seinen jüngeren Bruder trauernd, saß er da.

Die geheimnisvolle Zeder

Als nun viele Tage vergangen waren, befand sich sein jüngerer Bruder in dem Zederntal, ohne daß irgend jemand mit ihm zusammen war. Er verbrachte den Tag damit, das Wild der Wüste zu jagen. Am Abend kam er zum Schlafen unter die Zeder, auf deren Blüte sein Herz lag.

Bata erhält eine Genossin

Als nun viele Tage nach diesem vergangen waren, erbaute er sich mit seinen Händen einen Turm in dem Akaziental, der mit allen schönen Dingen angefüllt war, die man wünscht, wenn man sich ein Haus einrichtet.

Er ging einmal aus seinem Hause heraus, da begegnete er den Göttern, als sie einherwandelten und die Angelegenheiten ihres ganzen Landes berieten. Da sprachen die Gottheiten einer zum andern, und dann sagten sie zu ihm: »O Bata, du Stier der Götter! Bist du hier nicht ganz allein, weil du deine Stadt verlassen hast wegen der Frau des Anup, deines älteren Bruders? Siehe, seine Frau ist getötet! Du wiederum hast alle Angriffe gegen dich verziehen!«

Ihr Herz hatte viel Mitleid mit ihm, und der Re-Harachte sagte zu Chnum: »Du sollst für Bata ein Weib formen, damit er nicht allein bleibe!« Chnum machte ihm eine Lebensgefährtin, die an ihren Gliedern schöner war als alle Frauen, die auf der ganzen Erde sind, denn alle göttlichen Reize waren in ihr. Die sieben Hathor-Göttinnen kamen, um sie anzusehen, und sie prophezeiten aus einem Munde: »Sie stirbt eines Todes durch das Messer!«

Bata liebte sie sehr. Sie blieb in seinem Hause sitzen, während er tagsüber das Wild der Wüste jagte und es (am Abend) brachte und vor ihr niederlegte. Er sprach zu ihr: »Gehe nicht hinaus, damit der Fluß dich nicht ergreift. Ich vermag dich nicht vor ihm zu retten, denn ich bin ein Weib wie du. Mein Herz liegt nämlich auf der Blüte der Zeder. Wenn ein anderer es findet, so muß ich mit ihm kämpfen.« Und er erklärte ihr sein Herz nach seiner ganzen Art.

Der verräterische Duft der Locke

Als nun viele Tage nach diesen vergangen waren, ging Bata einmal weg auf die Jagd nach seiner täglichen Gewohnheit. Da ging das Mädchen hinaus, um unter der Zeder zu wandeln, die neben ihrem Hause stand. Der Strom erblickte sie und verfolgte sie mit seiner Flut. Sie beeilte sich, vor ihm wegzulaufen, und trat in ihr Haus ein. Da rief der Strom der Zeder zu: »Fülle mich mit ihr an (d. h. wirf mir etwas von ihr zu)!«

Die Zeder brachte eine Locke von ihrem Haar, und der Strom brachte sie nach Ägypten, und er legte sie an den Platz der Wäscher des Pharao. Da strömte der Geruch der Locke in die Kleider des Pharao. Man schalt mit den Wäschern des Pharao: »Es ist ein Duft von Salbe in den Kleidern des Pharao!« Man schalt sie täglich aus, aber sie wußten nicht, was sie tun sollten.

Der Oberwäscher des Pharao ging an das Ufer, und sein Herz war ganz traurig, weil man täglich mit ihm schalt. Er stellte sich so auf, daß er auf einem Hügel gegenüber der Locke des Haares stand, die im Wasser lag. Er ließ jemanden zum Wasser hinuntergehen, und man brachte sie ihm. Ein gar süßer Duft wurde gefunden, und man brachte sie dem Pharao.

Man holte die Schreiber und Gelehrten des Pharao, und sie sprachen zu dem Pharao: »Die Locke des Haares gehört einer Tochter des Re-Harachte, die von ganz und gar göttlicher Abstammung ist. Sie soll ein Segen für dich sein aus der Fremde. Laß Boten in jenes Fremdland ziehen, um sie zu suchen! Der Bote, der in das Tal der Zeder geht, mit dem sollen viele Leute ziehen, um sie herbeizubringen!«

Da sagte Seine Majestät: »Es ist sehr gut, was ihr sagt.« Man ließ sie eilen.

Die Besitzerin der Locke wird entführt

Als nun viele Tage nach diesen vergangen waren, kehrten die Leute, die in die Fremde hinausgezogen waren, zurück, um Seiner Majestät die Meldung zu überbringen. Aber nicht kamen jene, die nach dem Tal der Zeder gezogen waren, denn Bata hatte sie getötet. Er ließ nur einen von ihnen übrig, um Seiner Majestät die Meldung zu überbringen.

Da ließ Seine Majestät Leute ausziehen, viele Soldaten und auch Wagenkämpfer, um sie herbeizubringen. Eine Frau war unter ihnen, der man allen schönen Frauenschmuck in ihre Hand gab. Da kam das Mädchen mit ihr zusammen nach Ägypten, und man jauchzte ihr in dem ganzen Lande zu. Seine Majestät liebte sie sehr, und man ernannte sie zum »Großen Liebling«.

Bata stirbt durch ihren Verrat

Man redete mit ihr, um sie das Wesen ihres Gatten verraten zu lassen. Da sagte sie zu Seiner Majestät: »Laß die Zeder umhauen, um ihn zu vernichten!« Man ließ Leute ausziehen und Soldaten mit ihren Waffen, um die Zeder umzuhauen.

Sie gelangten zu der Zeder, und sie schnitten die Blüte ab, auf der das Herz des Bata lag. In der gleichen bösen Stunde fiel er tot hin.

Anup erfüllt den Wunsch seines Bruders

Als dann die Erde hell wurde, war die Zeder umgehauen. Anup, der ältere Bruder des Bata, trat in sein Haus ein. Er setzte sich hin, ließ seine Hand waschen, und man brachte ihm einen Krug Bier, der aufschäumte. Man gab ihm einen anderen mit Wein, und er war verdorben. Da nahm er seinen Stock samt seinen Sandalen und seinen Kleidern, auch seine Waffen. Und er beeilte sich, nach dem Tal der Zeder zu wandern. Er trat in den Turm seines jüngeren Bruders ein, und er fand seinen jüngeren Bruder auf seinem Bett tot daliegend. Er weinte, als er seinen jüngeren Bruder wie tot daliegen sah, und er ging weg, um das Herz seines jüngeren Bruders unter der Zeder zu suchen, unter der sein jüngerer Bruder am Abend zu liegen pflegte.

Er verbrachte drei Jahre damit, es zu suchen, aber er fand es nicht. Als er dann das vierte Jahr begonnen hatte, verlangte sein Herz, nach Ägypten zurückzukehren, und er sagte: »Morgen gehe ich weg!« So sagte er in seinem Herzen.

Bata wird wiederbelebt

Als nun danach die Erde hell wurde und der zweite Tag gekommen war, da geschah es, daß er unter die Zeder ging, und er brachte den Tag damit zu, es zu suchen. Am Abend wendete er sich um, und er blickte umher, um es noch einmal zu suchen. Da fand er eine Beere. Er nahm sie sich mit, denn sie war das Herz seines jüngeren Bruders. Er brachte einen Krug frischen Wassers herbei und legte sie hinein und setzte sich nach seiner täglichen Weise hin.

Nachdem es nun Nacht geworden war, hatte sein Herz das Wasser in sich aufgesogen. Bata zitterte an allen seinen Gliedern, und er blickte auf seinen älteren Bruder, weil sein Herz schwach war. Anup, sein älterer Bruder, ergriff den Krug mit dem frischen Wasser, in dem das Herz seines jüngeren Bruders lag, und er ließ es ihn trinken, so daß sein Herz an seine richtige Stelle gelangte. Er wurde wieder, wie er gewesen war. Einer von ihnen umschlang den anderen, und jeder von ihnen plauderte mit seinem Genossen.

Bata sagte zu seinem älteren Bruder: »Siehe, ich verwandle mich in einen großen Stier, der alle schönen Farben hat und dessen Wesen man nicht kennt. Du sollst dich auf meinen Rücken setzen, wenn der Schow (Sonnengott) aufgeht. Wir werden an dem Orte sein, an dem meine Frau ist, und ich fordere Rechenschaft. Du sollst mich an den Hof bringen. Man wird dir alle schönen Dinge geben, denn man wird dir Silber und Gold schenken, weil du mich zum Pharao bringst, denn ich werde zu einem großen Wunder, und man jauchzt mir in dem ganzen Lande zu. Du begibst dich dann wieder in dein Dorf.«

Bata zieht als Stier an den Königshof

Als nun danach die Erde hell wurde und der zweite Tag gekommen war, verwandelte Bata sich in die Gestalt, die er seinem älteren Bruder gesagt hatte. Am Morgen setzte Anup, sein älterer Bruder, sich auf seinen Rücken, und er gelangte an den Ort, an dem sich der König befand.

Man setzte Seine Majestät über ihn in Kenntnis. Er besichtigte ihn, und er geriet in sehr große Freude über ihn. Er brachte ihm eine große Spende dar und sagte: »Ist es nicht ein großes Wunder, das jetzt geschieht?«

Man jubelte ihm zu in dem ganzen Lande. Man trug sich mit Silber und Gold für seinen älteren Bruder, und dieser siedelte sich wieder in seinem Dorfe an. Man gab ihm viele Leute und viele Dinge. Der Pharao liebte ihn mehr als irgendeinen Menschen, der in dem ganzen Lande war.

Die Treulose verrät den Gatten zum zweitenmal

Als nun viele Tage nach diesen vergangen waren, trat er in das Wohnhaus ein, und er stellte sich dahin, wo der Liebling war. Er begann mit ihr zu reden: »Siehe, ich lebe wirklich!«

Sie sprach zu ihm: »Wer bist du denn?«

Er sprach zu ihr: »Ich bin Bata! Du wußtest es, als du die Zeder durch den Pharao unter meinem Hause mit meinem Aufenthaltsorte abhauen ließest, damit ich nicht mehr leben könne. Siehe, nun lebe ich aber doch wirklich! Ich bin ein Stier!«

Da geriet der Liebling sehr in Furcht über die Nachricht, die sie ihrem Gatten sagen wollte. Dann ging er aus dem Wohnhause heraus.

Seine Majestät setzte sich einmal hin und feierte einen schönen Tag mit ihr. Sie schenkte Seiner Majestät ein, und er war sehr gut zu ihr. Sie sagte zu Seiner Majestät: »Schwöre mir bei dem Gotte zu, daß du mir erhören wirst, was ich dir sagen werde.«

Er erhörte alles, was sie wünschte.

»Laß mich doch von der Leber dieses Stieres essen, denn er ist zu nichts nütze.«

So sagte sie zu ihm. Der Pharao wurde sehr zornig über das, was sie gesagt hatte, und sein Herz wurde sehr traurig über ihn.

Bata verwandelt sich in einen Baum

Als nun danach die Erde hell wurde und der zweite Tag gekommen war, da richtete man eine große Spende mit Opfergaben für den Stier her. Man ließ einen Königlichen Ersten Truchseß Seiner Majestät hingehen, um den Stier opfern zu lassen. Aber als man ihn dann opfern wollte und als er auf den Schultern der Leute lag, schüttelte er sich mit seinem Nacken, und er ließ zwei Blutstropfen neben die beiden Türpfosten Seiner Majestät fallen. Der eine geriet an die eine Seite der großen Tür des Pharao und der andere an die andere Seite. Sie wuchsen zu zwei großen Bäumen (Persea), und jeder einzelne von ihnen war ein erlesener. Man ging, um Seiner Majestät zu sagen: »Zwei große Bäume sind in der Nacht gewachsen als ein großes Wunder für Seine Majestät neben der großen Tür Seiner Majestät.« Man jubelte ihnen in dem ganzen Lande zu, und man brachte ihnen Opferspenden dar.

Bata offenbart sich wiederum der Verräterin

Als nun viele Tage nach diesen vergangen waren, erschien Seine Majestät in dem Fenster von Blaustein, voll von Kränzen und allen Blumen an seinem Halse. Er stieg auf den goldenen Wagen und kam aus dem Königshause heraus, um die Bäume zu besichtigen. Der Liebling kam auf einem Gespann hinter dem Pharao heraus.

Seine Majestät setzte sich unter einen Baum, und dieser sprach mit seiner Gattin: »Ha, du Lügnerin! Ich bin Bata, und ich lebe, wenn du mich auch verfolgst. Du wußtest es, daß es mein Aufenthaltsort war, als du durch den Pharao (die Blüte) abschneiden ließest. Ich verwandelte mich in einen Stier, und du ließest mich töten!«

Die Treulose verrät den Gatten zum drittenmal

Als nun viele Tage nach diesen vergangen waren, trat der Liebling an die Tafel Seiner Majestät, und er war gut zu ihr. Sie sagte zu Seiner Majestät: »Schwöre mir doch bei dem Gott: ›Was der Liebling mir sagen wird, werde ich ihr erhören!‹ Sag es doch!«

Er erhörte alle ihre Wünsche.

Sie sagte: »Laß diese beiden Bäume abschneiden! Man soll schöne Kästen daraus machen!« Er erhörte alle ihre Worte.

Bata erzeugt sich selbst von neuem

Als nun danach die Erde hell wurde und der zweite Tag gekommen war, ließ Seine Majestät geschickte Handwerker hingehen. Man fällte die beiden Bäume des Pharao. Die Königsgattin und der Liebling standen da, um zuzusehen. Da flog ein Splitter ab, und er drang in den Mund des Lieblings ein. Sie beobachtete, daß sie empfangen hatte und schwanger wurde in diesem Augenblick. Man fertigte alles an, was sie von ihnen gewünscht hatte.

Bata wird von neuem geboren

Als nun viele Tage nach diesen vergangen waren, gebar sie einen Knaben. Man ging, um es Seiner Majestät zu sagen: »Ein Knabe ist dir geboren!« Man brachte ihn herbei und gab ihm Ammen und Wärterinnen. Man jauchzte im ganzen Lande und setzte sich hin und feierte einen schönen Tag, und man begann, seines Namens zu gedenken. Seine Majestät liebte ihn sogleich sehr, und man ernannte ihn zum Königssohn von Kusch (Statthalter von Nubien).

Als nun viele Tage nach diesen vergangen waren, ernannte Seine Majestät ihn zum Erbfürsten (Kronprinzen) des ganzen Landes.

Bata wird König und stirbt endgültig

Als nun viele Tage nach diesen vergangen waren, verbrachte er viele Jahre als Erbfürst in dem ganzen Lande. Dann flog Seine Majestät zum Himmel. Da sagte er: »Meine Beamten und Großen Seiner Majestät sollen herbeigeführt werden. Ich will alle Dinge wissen lassen, die sich mit mir ereignet haben.« Man brachte ihm seine Gattin. Er hielt mit ihnen Gericht über sie ab. Man vollzog den Spruch an ihr. Man brachte ihm seinen älteren Bruder, und er ernannte ihn zum Erbfürsten in seinem ganzen Lande. Zwanzig Jahre lang war er König von Ägypten. Als er aus dem Leben ging, trat sein älterer Bruder an seine Stelle am Tage des Begräbnisses.

Zusatz des Schreibers des Papyrus

Es ist glücklich zu Ende gegangen in Frieden durch den Ka (Geist) des Schreibers der Silberhäuser Kagabu vom Silberhause des Pharao und des Schreibers Hori und des Schreibers Mer-en-opet. Angefertigt hat es der Schreiber Enana, der Herr der Bücher. Wer aber von diesem Buche spricht, dem wird Thot ein Kampfgenosse sein.

Der Ursprung von Sonne und Mond

Im Anfang gab es nicht die Sonne und den Mond. Sie entstanden auf folgende Weise: Eines Tages gingen ein junger Ochse und ein junger Widder zusammen. Sie hatten Freundschaft geschlossen. Beide Tiere bekamen die Krankheit *ischer*, die besonders bei dem Rindvieh sehr häufig ist und in einer Verhärtung oder Eiterung im nach innen gewandten Teil des Augenlides besteht. Die erste Mutter der Welt sah, daß beide Tiere krank waren. Sie nahm den Ochsen, band ihm stark die Füße zusammen und schnitt ihm dann die Geschwulst um den Teil des Augenlides, der die Form eines Mondviertels hatte, ab. Den Teil warf sie in eine Schüssel mit Wasser. Dann ergriff sie den jungen Widder und schnitt ihm das Augenlid, das erkrankt war, ab und warf es in das Feuer.

Nachdem der Ochse losgebunden war, blickte er in die hölzerne Wasserschale, in der der Abschnitt seines Augenlides lag. Da sah er den Abschnitt. Nun wurde sein Auge zum Himmel, das Dunkle darin zum Blau des guten Wetters. Der Abschnitt seines Augenlides wurde zum

Mond. Das Schwarze zwischen dem Bild seiner Augen und der Abschnitt der Augenlider wurde die Nacht, und der Streifen zwischen dem Augenlidabschnitt und dem Rand der (spiegelnden, weil mit Wasser gefüllten) Holzschale zum Mondschein. Seitdem ist der Mond in der Welt. Vorher war über der Erde das Nichts. Nun aber entstanden die sieben Himmel ...

Als das junge männliche Schaf freigelassen wurde, rannte es zu dem Feuer, in welches der Abschnitt seines Auges geworfen war. Der junge Widder blickte in die Feuerflamme. Nach einiger Zeit ging darauf aus dem Feuer die Sonne auf, die seitdem die Welt erhellt. Seitdem ist es hell, und das verdankt man dem jungen Widder. Deshalb sagt das kabylische Sprichwort: »Thirt (Auge) isimir (junger Widder) ischa'scha (aufhellen) thimis (Strahlen) thegjenuan (Himmel) tzmura (Erde).«

Die Sterne sind entstanden aus Bohnen, die ein Mann an den Himmel warf.

Der Ursprung des Todes

Es wird erzählt, daß der Mond einst ein Insekt zu den Menschen sandte und sprach: »Gehe hin zu den Menschen und sage ihnen: Wie ich sterbe und sterbend lebe, so werdet auch ihr sterben und sterbend leben.« Das Insekt machte sich auf mit der Botschaft. Unterwegs aber wurde es vom Hasen aufgehalten, welcher fragte: »Wohin des Wegs?« Das Insekt sagte es ihm. Darauf sprach der Hase: »Du bist ein schlechter Läufer, laß mich hingehen.« Mit diesen Worten lief er davon, und als er zu den Menschen kam, sprach er: »Wie ich sterbe und sterbend zugrunde gehe, so werdet auch ihr sterben, und es wird gänzlich aus mit euch sein.« Dann kehrte der Hase zum Mond zurück und berichtete ihm, was er den

Menschen gesagt hatte. Der Mond machte ihm heftige Vorwürfe und sprach: »Wie kannst du es wagen, den Leuten etwas zu sagen, was ich dir nicht aufgetragen habe.« Mit diesen Worten ergriff er ein Stück Holz und schlug ihm auf die Nase. Seitdem ist des Hasen Nase gespalten.

Sonne und Mond

Obassi Nsi, der Herr der Erde, hatte drei Söhne: Eyo, die Sonne, Ejirum, die Finsternis, und Mi, den Mond. Die beiden ersten liebte er, aber den jüngsten liebte er nicht. Eines Tages sagte Nsi zu Mi: »Geh in den Busch und fange mir einen Leoparden.«

Traurig brach Mi auf. Als er aus der Stadt herauskam, begann er zu weinen. Da begegnete ihm ein Mann namens Isse und fragte ihn, was los sei. Mi antwortete: »Mein Vater liebt mich nicht und schickt mich in den Busch, einen Leoparden zu fangen, damit ich umkomme.«

Der Mann tröstete ihn. »Ich gebe dir ein Zaubermittel, das dir helfen wird.« Dann ging er weg, kam aber gleich wieder und rieb das Mittel auf die Hand des Jungen.

Mi zog in den Busch, und schon entdeckte er einen schlafenden Leoparden. Er schnitt starke Lianen ab und fesselte das Tier, daß es sich nicht bewegen konnte. Dann zog er es hinter sich her nach Hause.

Als er vor seinem Vater stand, war der sehr erstaunt, verbarg aber seinen Ärger und sagte hinterlistig: »Das ist aber ein guter Sohn.«

Einige Zeit später heiratete Nsi eine neue Frau. Obassi Osau, der Herr des Himmels, seine Söhne und Töchter und ein großes Gefolge kamen zur Hochzeitsfeier und vergnügten sich mit den Erdbewohnern. Im Spiel wickelten sie ein Tuch zu einem Bündel und befestigten einen Strick an einem Ende. Nsis Sohn zog das Ganze über den Boden, und alle versuchten, mit Stöcken das Bündel zu treffen, während es am Boden hin und her gezerrt wurde. Auch Ejirum versuchte das Bündel zu treffen, aber als sein Stock auf den Boden schlug, sprang ein Spreißel ab und traf einen von Osaus Söhnen ins Auge, so daß er erblindete.

Osau war sehr erbost darüber und sagte: »Dafür blende ich Obassi Nsi.«

Das Volk umringte ihn und bat um Mitleid, aber vergebens. So versteckten sie Nsi, damit Osau ihn nicht finden konnte. Osau suchte vergeblich und schwor dann: »Ich gehe zurück in meine Stadt, aber Nsi entkommt mir nicht.«

Nach zehn Tagen schickte er zehn Männer, um Obassi Nsi zu fangen, aber das Volk sagte: »Hier sind Geschenke, Kühe, Bullen, Ziegen. Bringt sie eurem Herrn, vielleicht ist er dann besänftigt.«

Die Männer kehrten in den Himmel zurück und berichteten: »Obassi Nsi schickt dir eine Botschaft. Er bittet um Verzeihung. Er sagt: ›Nicht ich war es, der deinem Sohn das Auge verletzte.‹«

Aber Osau hörte nicht, sondern schickte drei andere Männer und ließ sie ausrichten: »Auch wenn du meinen Sohn nicht selbst geblendet hast, so mußt du doch mit heraufkommen.«

Als Nsi das hörte, rief er seine Leute zusammen und sagte zu seinem Sohn Eyo, der Sonne: »Hier sind vierzig Tücher. Bring sie Osau und bitte ihn um Verzeihung.«

Eyo brach auf. Als er auf halbem Wege war, traf er fünf schöne Mädchen an einem Stadttor. Kaum sah er sie, vergaß er auch schon seinen Auftrag, tauschte seine Stoffe gegen Kochbananen, Palmöl und Palmwein und feierte ein Fest für die schönen Frauen. Er verweilte einige

Wochen, dann zog er mit dem Rest der Geschenke weiter, bis er zu einer anderen Stadt kam, in der er wieder zwei Frauen traf, die so schön waren wie die ersten. Vier Jahre lang pendelte er so zwischen den beiden Städten hin und her.

Als Eyo nach vier Jahren weder zurückgekommen war noch eine Nachricht geschickt hatte, rief Nsi seinen Sohn Mi und sagte: »Mein Streit mit Obassi Osau dauert jetzt schon sehr lange. Geh zu Nsann in die Donnerstadt, hol dort eine Kuh und bringe sie Obassi Osau und beende den Fall.«

»Gut«, sagte Mi.

Dann rief ihn seine Mutter und sagte zu ihm: »Tu, was du kannst, für deinen Vater, denn er ist unschuldig, aber gib acht auf dich, wenn du in Nsanns Stadt kommst. Laß niemanden wissen, wo du schläfst, damit du nicht umkommst in der Nacht.«

»Ich tue, was ich kann«, antwortete Mi.

Am nächsten Morgen brach er auf, und bevor noch der Abend da war, erreichte er Nsann. »Wo willst du schlafen?«, fragten ihn die Bewohner, und er antwortete: »Bei den Ziegen.« Aber als es dunkel war, verließ er den Ziegenpferch und legte sich im Egbohaus zum Schlafen nieder.

Um Mitternacht schlug ein Blitz in den Ziegenpferch und tötete alle Ziegen.

Am Morgen kamen die Leute und öffneten das Gatter. Sie sahen, daß alle Ziegen tot waren, konnten aber den Burschen nicht finden. Als sie noch ratlos herumstanden, erschien Mi und sagte: »Wäre ich nicht so schlau, hätte mich der Blitz getötet. So aber habe ich mich gerettet.«

Die Leute bedauerten den Burschen und sagten: »Wir wollen ihm die Kuh für seinen Vater geben.«

Zufrieden zog der Junge heimwärts. Angekommen, zeigte er Nsi die Kuh, aber Nsi sprach leise zu sich selbst und glaubte, niemand höre ihn: »Was kann ich noch tun, um diesen Sohn umzubringen?«

Aber Mi hatte ihn gehört. Am nächsten Morgen nahm er sein Gewehr und ging zur Jagd in den Wald. Zuerst schoß er Ise, die kleine graue Antilope, dann Ngumi, den wilden Eber. Er trug beide nach Hause und brachte sie seinem Vater. Der aber sagte: »Ich esse nichts davon.«

Traurig brachte Mi die Beute seiner Mutter. Sie bereitete das Fleisch köstlich zu und brachte es ihrem Mann. Dem schmeckte es gut. Aber als er hörte, was sie getan hatte, sagte er: »Schaff deinen Sohn fort von hier. Von heute an soll keiner von euch beiden mehr in meiner Stadt leben.«

Mi war darüber sehr böse. Er nahm Gewehr und Buschmesser und ging zu seinem Freund Isse, der ihm schon einmal mit dem Leoparden-Zaubermittel geholfen hatte. Zu seinem Leidwesen erfuhr er aber, daß sein Freund gestorben war, während er in Nsann weilte. Traurig zog er in den Wald zur Jagd, damit seine Mutter wenigstens keinen Hunger litte.

Nach einer Weile entdeckte er ein Eichhörnchen zwischen den dicken Ästen, aber als er sein Gewehr anlegte, wurde plötzlich alles dunkel, und eine Stimme hinter ihm rief: »Mi, Mi.«

»Wer ruft mich?«

»Ich bin dein toter Freund«, antwortete die Stimme, »sag mir, willst du lieber leben oder sterben?«

»Lieber sterben«, antwortete Mi, »was nützt mir das Leben, wenn mein Vater versucht, mich umzubringen?«

Kaum hatte er gesprochen, überfiel ihn ein tiefer Schlaf. Als er aufwachte, befand er sich auf einer Lichtung. Die Sonne schien, und vor ihm stand ein langer Tisch mit getrocknetem Fleisch und Keksen, mit Rum, Palmwein und allen Arten von Gin. Isse lief wie zu Lebzeiten hin und her und gab vielen eifrig arbeitenden Leuten Anweisungen. Immer mehr Menschen kamen aus dem Wald, und alle arbeiteten schwer, bis in kurzer Zeit ein Haus errichtet war.

»Das ist dein Haus«, sagte Isse, »und das ist dein Gefolge. Weil die Sache deines Vaters aber langwierig ist, will ich dir Geschenke geben, damit du sie regeln kannst.«

Am nächsten Morgen rief Mi sieben Gefolgsleute und gab ihnen dreihundert Tücher, viele Bündel Tabak und zahllose Korbflaschen Palmwein. Dann setzte er sich an ihre Spitze und machte sich auf nach Obassis Stadt.

Am Stadttor angekommen, rief er die Bevölkerung zusammen und sagte: »Ich bin gekommen, um die Sache meines Vaters zu regeln, die schon so lange dauert. Sagt mir, wieviel ich bezahlen muß.«

»Laß sehen, was du hast«, antworteten die Leute.

Er zeigte ihnen alles, und sie gingen zu Obassi und baten ihn, die Geschenke anzunehmen und die Angelegenheit zu beenden.

»Einverstanden«, sagte Obassi, »ich nehme an, was du gebracht hast. Die Angelegenheit ist beendet.«

Mi ging dann zurück in seine Vaterstadt, um seine Mutter zu holen. Er begegnete ihr, als sie vor dem Stadttor spazierenging. Aber als er sie gerade wegführen wollte, kam Nsi herbei.

»Wo geht ihr hin?« fragte er.

»Ich hole meine Mutter in meine eigene Stadt«, antwortete Mi. »Sie ist weit weg von hier und voller Reichtümer.«

»Ich möchte deine Stadt sehen«, sagte Nsi und folgte seiner verbannten Frau und ihrem Sohn, bis sie zu der neuen Stadt im Wald kamen.

Nsi war höchst erstaunt über das, was er da sah, um so mehr, als er erfuhr, daß seine Angelegenheit mit Obassi Osau geregelt war. Dann schickte er eine starke Truppe los, um Eyo festzunehmen. Er sagte zu seinen beiden Söhnen: »Von heute an, Eyo, bist du mein ungeliebter Sohn. Du bist zu hitzköpfig. Niemand kann dich mehr leiden. Du bist oft sorglos und vernichtest die zarten Schößlinge auf dem Feld.« Und zu Mi sagte er: »Du, Mi, bist mein guter Sohn. Des Nachts sollst du sanft leuchten, damit die Menschen ihren Weg finden.« Als Eyo das hörte, dachte er: »Jetzt wird mich mein Vater hassen, wie er einst Mi gehaßt hat. Vielleicht wird er jetzt versuchen, mich umzubringen. Ich bleibe nicht auf der Erde, ich gehe in den Himmel zu Osau.«

Und auch Mi dachte: »Vielleicht betrügt mich mein Vater, oder eines Tages haßt er mich vielleicht von neuem. Es ist wohl besser, wenn ich zu Obassi Osau in den Himmel gehe. Von da kann ich sehen, was in beiden Ländern geschieht. Auch kann ich von oben viel heller scheinen, so daß Himmel und Erde voller Licht sind.«

So verlor Nsi beide Söhne und blieb allein zurück auf der Erde mit seinem dritten Sohn, Ejirum, der Dunkelheit.

Die Eule und die Sonne

Eines Tages trat die Sonne vor Gott hin und sprach: »Alle Welt lebt und bringt Kinder hervor, nur ich bin ganz allein für mich!« Gott möge ihr doch endlich auch ein Kind schenken, bat die Sonne. Darauf erwiderte Gott, es müßten dazu nur alle Tiere zusammengerufen und dazu befragt werden. Am Ende müßten sie in der Frage einer Meinung und damit, daß sie ein Kind haben sollte, einverstanden sein. Dann sei alles ganz einfach.

So kam es also zu einer Versammlung der Tiere; Gott selbst hatte dazu eingeladen. Er legte ihnen nun dar, daß ihn die Sonne aufgesucht und den Wunsch geäußert habe, auch ein Kind haben zu wollen. Sie wäre doch ganz allein, wie sie es da denn anstellen sollte. Er fragte die Tiere nun, ob sie wollten, daß er ihr ein Kind schenken sollte. Alle Welt hatte sich inzwischen versammelt, und die Meinung der Leute war einhellig: Gott solle sie doch unverzüglich mit einem Kinde beschenken, denn so mutterseelenallein, das sei ja wirklich kein Dasein. Ein Leben ganz ohne Kind, sei das denn wünschenswert und gut? Nein, ohne ein Kind, das sei nicht gut.

Darauf erhoben sich die Tiere und wollten sich auf den Weg nach Hause machen. Doch da traf auch noch die Eule zu der Versammlung ein; sie hatte sich verspätet. Nun wollte man auch ihre Meinung hören. Gott schilderte ihr, daß ihn die Sonne aufgesucht und um ein Kind gebeten habe. Alle Tiere, die er befragt habe, seien damit einverstanden; wie sei nun ihre Meinung?

Die Eule verharrte lange still. Schließlich sprach sie, daß sie diese allgemeine Ansicht nicht teilen könne. Gott zugewandt und die Augen auf die Tiere gerichtet, begründete sie ihre Meinung mit den folgenden Worten: Man solle doch nicht den Verstand verlieren, es gäbe ja nun schon eine Sonne, und unter ihr hätte alle Welt ja wahrhaftig genug zu leiden. Wenn sie jetzt dafür seien, daß ihr ein Kind geschenkt werde, würden die Leute ja innerhalb eines einzigen Tages vor Hitze zugrunde gehen!

Seit diesem Tag grollt die Sonne der Eule. Bis heute sind sie sich feind und gehen sich aus dem Weg.

Der Selbstgewordene und die Fesselung der Gestirne

Kadifukke (ein Mann) hatte weder Vater noch Mutter. Er hatte sich selbst gemacht. Kadifukke traf eines Tages auf der Wanderschaft Tschauke. Tschauke sagte: »Wer bist du?«

Kadifukke sagte: »Ich bin Kadifukke. Mich hat nicht Fidi Mukullu gemacht. Mich hat keine Mutter geschaffen, ich bin aus mir selbst gekommen.«

Tschauke sagte: »Ich bin Tschauke, die Tochter Fidi Mukullus.«

Kadifukke sagte: »Ich würde dich gern heiraten.«

Tschauke sagte: »Es ist gut.«

Sie gingen in das Dorf Kadifukkes. Tschauke sagte: »Kennst du den Weg zum Himmel?«

Kadifukke sagte: »Gewiß, ich kenne ihn.«

Tschauke sagte: »Ich gehe heute abend zu meinem Vater Fidi Mukullu. Komm morgen früh nach.« Tschauke ging.

Kadifukke legte sich schlafen. Am andern Morgen machte Kadifukke ein Feuer aus trockenen Palmblättern. Es stieg Rauch zum Himmel. In dem Rauche ging er zum Himmel auf. Er kam im Himmel am Platze Tschaukes an.

Tschauke sagte: »Wir wollen zu meinem Vater gehen.«

Kadifukke sagte: »Heute will ich noch einmal zur Erde zurückkehren.« An dem Tage kehrte Kadifukke noch einmal zur Erde zurück. Am dritten Tage kam er wieder am Platze Tschaukes an. Er sagte zu Tschauke: »Nun wollen wir zu deinem Vater Fidi Mukullu gehen.«

Sie gingen zu Fidi Mukullu. Fidi Mukullu machte Biddia (Brei). Er machte Tschingu (Fliegen) als Beigabe. Kadifukke aß ein wenig. Kadifukke betrachtete die Tschingu. Er sagte: »Ist das alles, was dein Vater als Zutat gibt?«

Tschauke sagte (beschwichtigend): »Laß nur, laß nur, laß doch nur!«

Kadifukke sagte: »Fidi Mukullu kann viel geben.« Kadifukke begann zu singen: »Weshalb tötet mir Fidi Mukullu nicht eine Ziege? Weshalb tötet mir Fidi Mukullu nicht ein Huhn?« Dann ging Kadifukke zur Ruhe.

In der Nacht bekam Kadifukke Magenweh. Er ging aus seiner Hütte, blieb aber ganz in der Nähe und entleerte sich. Dann begab er sich ins Haus zurück. Es begann auf allen Seiten die Tschonde (Holzpauke) zu ertönen. »Er hat auf die Erde gekackt.«

Tschauke sagte: »Weißt du, was das ist?«

Kadifukke sagte: »Ja, das ist, weil ich auf die Erde gekackt habe.« Kadifukke ging heraus. Er nahm Palmblätter und wickelte seinen Unrat hinein. Er steckte das Paket in seinen Sack. Dann ging er in sein Haus zurück.

Die Leute Fidi Mukullus sangen nun: »Du hast gekackt, kack nicht noch einmal!« Darauf schliefen alle bis zum Morgen.

Am andern Tage sagte Fidi Mukullu zu Kadifukke: »Du willst Tschauke zur Frau haben?«

Kadifukke sagte: »Ja, ich möchte Tschauke zur Frau haben. Was soll ich geben?«

Fidi Mukullu sagte: »Packe mir Diba (Sonne), sie macht mir alle Tage Streit! Packe mir Gondo (Mond), er macht mir alle Tage Streit! Packe mir Tschidiminasaschi und Niama (Plejaden), Muntu und Mboa (Orion), denn sie machen mir alle Tage Streit! Pack mir Nguffu (Nilpferd), denn er macht mir alle Tage Streit! Pack mir Kaphumbu (Elefant), denn er macht mir alle Tage Streit! Nachher will ich dir meine Tochter zur Frau geben!«

Kadifukke sagte: »Es ist gut.«

Kadifukke ging zur Erde zurück. Kadifukke rief Kapullukussu (die kleine Fledermaus). Kadifukke aß Freundschaft mit Kapullukussu. Kadifukke sagte zu Kapullukussu: »Ich will Tschauke, die Tochter Fidi Mukullus, heiraten.«

Kapullukussu sagte: »Was will Fidi Mukullu?«

Kadifukke sagte: »Ich soll Diba, Gondo, Tschidiminasaschi und Niama, Muntu und Mboa, Nguffu und Kaphumbu fangen. Dann will er mir Tschauke geben.»

Kapullukussu sagte: »Das könnte ich sogleich machen.«

Kadifukke sagte: »Ich will dir meine Schwester schenken.«

Kapullukussu sagte: »Es ist recht.«

Kapullukussu machte eine Schnur. Die Schnur war nicht aus Ananasfaser, sie war nicht aus Rotang. Sie war aus Eisen. Sie war gedreht wie ein Strick und reichte weit, weit fort. Kapullukussu machte eine große, große Schlinge. Am Abend ging er fort. Der Regen hörte ein wenig auf. Der Regen ging ein wenig zur Seite. Kapullukussu legte seine Schlinge auf den Weg des Gondo. Gondo ging seinen Weg. Er ging in die Schlinge. Gondo war in der Schlinge. Kapullukussu rief: »Bantu, Bantu! Alle Menschen müssen an der Schnur ziehen!« Alle Leute kamen herbei. Alle Leute zogen an dem eisernen Strick. Sie zogen den Mond ganz nahe heran und banden ihn an einen starken Baum.

Kapullukussu machte eine (andere) Schnur. Die Schnur war nicht aus Ananasfaser, sie war nicht aus Rotang. Sie war aus Eisen und gedreht wie ein Strick. Sie war so stark wie ein Arm und reichte bis dahin, wo sich Erde und Himmel berühren. Kapullukussu machte eine große Schlinge in den eisernen Strick. Er trug die Schlinge dahin, wo die Sonne morgens einhergeht. Er ging hin und legte nachts seine Schlinge auf den Weg. Dann kam die Sonne und machte gewaltiges Feuer nach allen Seiten. Nach allen Seiten gingen gewaltige Flammen aus. Dann trat die Diba in die Schlinge. Kapullukussu rief: »Bantu! Bantu! Bantu! Alle Menschen müssen an der Schnur ziehen! Alle Menschen müssen stark ziehen!« Alle Leute kamen, und alle Leute zogen an dem eisernen Strick, der so dick war wie ein Arm, und die Diba warf Feuer nach allen Seiten. Doch die Leute zogen. Sie zogen Diba heran, bis sie ganz dicht war, und dann schlangen sie die Schnur aus Eisen um einen großen Stein. Diba war gebunden.

Kadifukke sagte zu Kapullukussu: »Für Tschidiminasaschi und Niama, Muntu und Mboa (Plejaden und Oriongruppe) brauchst du nicht eine so starke Schnur zu nehmen.«

Kapullukussu sagte: »Nein, das mach ich so!« (Der Erzähler spuckt in die Hand und fährt dann erst langsam, dann schnell zupackend vor sich hin, genau wie wir etwa eine Fliege fangen.) Kapullukussu fing so Tschidiminasaschi und steckte ihn in seinen Sack. Kapullukussu sagte: »Den habe ich.« Kapullukussu spuckte wieder in die Hand, holte aus, fing Niama und steckte ihn in den Sack. Kapullukussu spuckte wieder in die Hand, holte aus, fing Muntu und steckte ihn in den Sack. Kapullukussu spuckte wieder in die Hand, holte aus, fing Mboa und steckte ihn in den Sack. Kapullukussu band den Sack fest zu. Er hielt ihn an Kadifukkes Ohr und fragte: »Hörst du?« Kadifukke hörte hin. Die Sterne machten: »Tue té! Tue té! Tue té!« (Der erste Ton dreieinhalb Ton höher als der zweite, und das Ganze gesprochen, wie wir das Uhrticken nachahmen.) Kadifukke nahm den Sack und hängte ihn im Haus auf.

Kapullukussu sagte: »Schenke mir noch etwas.«

Kadifukke sagte: »Es ist gut.« Er nahm seinen Bruder und gab ihn Kapullukussu. Kapullukussu nahm die Schwester und den Bruder Kadifukkes und stellte sie nebeneinander. Dann klopfte Kapullukussu leicht auf ihre Schultern. Darauf flatterten beide wie Kapullukussu, und beide wurden wie Kapullukussu.

Kapullukussu ging hin und machte einen Dobbo (Angelhaken). Der Dobbo war so stark wie eine große Zehe. An dem Dobbo befestigte er junges, schönes Gras, wie es Nguffu gern ißt. Den Dobbo mit dem jungen Gras warf Kapullukussu ins Wasser; dahin, wo Nguffu jeden Abend essen kam. Der Dobbo war an einem Tau befestigt. Das Ende des Taues hielten die Leute im Dorfe. Der Mond ging auf. Die Leute im Dorfe fühlten, wie es stark am Tau zog. Kapullukussu rief: »Zieht, zieht!« Sie zogen und zogen Nguffu heraus. Sie banden Nguffu die Beine zusammen.

Kapullukussu ging hin und machte einen Dobbo, so stark wie einen Arm. An dem Dobbo befestigte er Zweige mit jungen Blättern, wie sie Kaphumbu gern ißt. Den Dobbo mit den jungen Zweigen warf Kapullukussu in die Krone der Bäume. Der Dobbo war an einem Tau befestigt. Das Ende des Taues hielten die Leute im Dorfe. Der Mond ging auf. Die Leute im Dorfe fühlten, wie es stark am Tau zog. Kapullukussu rief: »Zieht, zieht.« Alle Leute zogen und zogen Kaphumbu aus dem Walde. Sie banden Kaphumbu die Beine zusammen.

Kadifukku ging nun hinauf in Fidi Mukullus Dorf. Er sagte: »Ich habe Diba, die dir immer Streit machte, sie ist an ein Seil gebunden. Wenn deine Leute aber die Sonne heraufholen, so sollen sie fest zupacken, denn die Diba ist stark, und viel Feuer geht von ihr aus.«

Fidi Mukullu sagte: »Habe ich nicht genug Leute? Alle meine Leute werden die Sonne halten.« Die Leute Fidi Mukullus kamen alle heran. Sie hielten den Eisenstrick. Sie führten die Sonne herauf. Diba warf viel Feuer nach rechts und links. Sie warf nach allen Seiten Feuer. Diba konnte nicht fort. Fidi Mukullu sagte: »Bindet Diba hier an. Diba soll am Himmel bleiben. Diba soll hier gehen nach meinem Willen. Diba soll mit ihrem Feuer nichts verbrennen.« Fidi Mukullu rief Kadifukke: »Hast du Gondo, Tschidiminasaschi, Niama, Muntu, Mboa?«

Kadifukke sagte: »Ich habe sie. Gondo ist stark.«

Fidi Mukullu sagte zu seinen Leuten: »Bringt Gondo herauf. Alle Leute sollen Gondo heraufbringen. Bindet Gondo hier an, und er soll nicht häufiger umgehen, als ich es will. Es soll ein großer Zeitraum sein, wenn Gondo umgeht. Tschidiminasaschi, Niama, Muntu und Mboa sollen am Himmel angebunden werden. Wenn der Regen kommt, sollen sie hier gehen, und wenn der trockene Wind kommt, dort.«

Fidi Mukullu gab Kadifukke Tschauke zur Frau. Kadifukke und Tschauke kehrten zur Erde zurück.

(Der Erzähler ist am Ende sichtlich ermüdet. Kadifukke heißt nach seiner Erklärung: »Der sich selbst macht.«)

Der Hase verwandelte das Essen in Steine

In der alten Zeit waren die Tiere auch Menschen. Sie sprachen genauso, wie wir sprechen, alle die verschiedenen Tierarten. Und die Steine waren ihr Essen. Unsere alten Leute haben uns erzählt: Hier die braunen Steine, die zwischen den weißen Steinen liegen, die waren bratendes Fleisch von den Menschen der alten Zeit. Aber eines Tages kam der Hase zu ihnen und sagte: »Das Essen soll zu Stein werden, und ihr Menschen sollt Tiere sein!« Und so geschah es.

Darum haben wir heute kein Fleisch mehr, aber so viele Steine.

Damals war das auch so: Wenn jemand einen Menschen aus deiner Familie tötete, dann brauchtest du nur das Herz des Menschen herauszunehmen und in eine Kalebasse zu legen. Dann mußtest du Milch in die Kalebasse schütten und die Kalebasse in das Haus stellen. Am dritten Tag brach die Kalebasse entzwei, und der Mensch kam wieder hervor, genauso wie er vorher gewesen war. Dann streute man Buchu auf ihn, damit er nicht schlecht roch, und gab ihm schöne Kleider zum Anziehen.

Der Mensch war dann wieder ganz gesund. Aber heute kann man das nicht mehr machen. Heute bleibt der Tote tot.

Und daran ist der Hase schuld. Seitdem er das Essen verdorben hat, kann man auch keinen Getöteten wieder lebendig machen.

Der Hase lief und fragte den Mond: »Warum sterben wir nicht?« Da sagte der Mond zu ihm: »Du sollst nicht sterben, aber du sollst ein Tier werden und da dicht am Erdboden laufen. Du hast das Essen verdorben. Du hast den Menschen das Essen weggenommen. Dafür sollst du nun selbst gegessen werden. Du hast die ganze Welt verdorben. Lauf nun selbst dicht am Erdboden und sei das Essen der armen Leute!«

Die verlorene Unsterblichkeit

Der Mond sprach zum Hasen: »Gehe zu den Menschen und melde ihnen: »Wie ich sterbe und wieder auferstehe, so sollt auch ihr sterben und wieder auferstehen!« Da ging der Hase zu den Menschen. Er traf als erste die Jungen, die das Vieh hüteten, und da meldete er ihnen: »Der Mond sagt: Wie er stirbt und wieder aufersteht, so sollt auch ihr sterben und wieder auferstehen!« Doch da riefen die Jungen: »Was sagt der Hase da? Du häßliches Ding, du lügst!« Sie begannen ihn zu ärgern und warfen ihm Sand in die Augen. Da rief der Hase wütend: »Von heute ab sollt ihr sterben und tot bleiben!« Und so ist es dann gekommen. Die Jungen haben das Unheil angerichtet. Der Hase hatte die gute Botschaft vom Mond gebracht, aber die Hütejungen, die ärgerten den Hasen, bis er wütend rief: »Von heute ab soll der Tod bei uns sein!«

Sonne, Mond und Hahn

Die drei Götterkinder Sonne, Mond und Hahn lebten als Brüder anfangs einträchtig beieinander.

Eines Tages ging die Sonne aus, Mond und Hahn blieben im Hause. Da befahl der Mond dem Hahn, die Rinder herein, doch der weigerte sich. Der Mond wurde darüber böse, faßte ihn beim Schopf und warf ihn auf die Erde hinunter. Als die Sonne heimkam, erzählte der Mond ihr den Vorfall. Die Sonne wurde betrübt und sagte: »Du magst nicht in Eintracht leben. Schön, dann will ich auch nicht mehr mit dir ausgehen. Fortan gehört dir die Nacht, und du darfst erst des Abends ausgehen. Der Tag jedoch ist mein. Und der Hahn wird mich niemals vergessen, denn ich habe ihn nicht vertrieben und noch immer lieb. Auch will ich's nicht haben, daß er ausgeht oder kräht, wenn du unterwegs bist.«

Der Hahn befolgte die Anweisungen der Sonne. Allemal, wenn sein Bruder morgens aufsteht, freut er sich, ihn zu sehen. Er erinnert sich, daß sie sein älterer Bruder ist, er schaut ihn an und ruft unaufhörlich den Tag über: »Indriinilay zoky e! Indriinilay zoky e!« [Sieh da, mein älterer Bruder, e!] Wenn die Sonne untergegangen und der Mond an der Reihe ist, begibt sich der Hahn schnell ins Haus, um den andern nicht sehen zu müssen.

Das Mädchen im Mond

Erstes Märchen

Es war einmal ein Mädchen, dessen Mutter hieß Egigu, und der Vater hieß Gadia. Es hatte noch zwei Schwestern, die wurden wie sie selber nach der Mutter Egigu genannt.

Eines Tages spielten alle drei um einen großen hohen Baum, als die Älteste zum ersten Male unwohl wurde. Sie stieg auf den Baum hinauf und sang:

»Egigu! Egigu, oho!
O nein, ich bin unwohl!
Geht zum Vater Gadia,
Schmuck soll er euch geben, oho!
Und Muschelketten und den Gürtel, oho!«

Als der Vater die Kunde erfuhr, ließ er ihr sagen, sie solle ins Frauenhaus gehen; er wolle ihr dann Essen und Schmuck senden. Und die Älteste tat, was der Vater befohlen hatte.

Am andern Tag geschah dasselbe mit der zweiten Tochter; auch sie stieg auf den Baum und sang das gleiche Lied, das die ältere Schwester gesungen hatte. Sie erhielt ebenfalls ein schönes Haus und viele wundervolle Geschenke.

Am dritten Tag wurde die Jüngste unwohl. Sie stieg auf den Baum und sang das nämliche Lied. Doch da antwortete die Mutter: »Dir wird der Vater kein Haus schenken, wir mögen dich nicht leiden. Geh nur, wohin du willst, in den Busch oder an die See.«

Das Mädchen ging traurig fort; es ging an den Strand und fand dort eine keimende Nuß. Sie pflanzte den Keimling tiefer in den Boden ein, begoß ihn und sprach: »Wachse, Bäumlein, wachse! Du sollst nicht im Sonnenbrand oder im Sturmwind vergehen. Wachse, wachse ein wenig!« Da wuchs der Keimling rasch zum Baum heran, und der Baum wuchs höher und höher, bis er schließlich an den Himmel stieß.

Als das Mädchen dies sah, kletterte es in den Baum hinein und stieg höher und immer höher, bis es endlich in den Himmel kam. Dort schlenderte es umher und gelangte zu einer alten Frau, welche Enibarara hieß. Die Alte war blind, sie war gerade damit beschäftigt, im Kochhaus Palmwein zu Sirup einzukochen. Egigu war sehr durstig. Sie nahm eine Schale Palmwein fort, trank sie aus und setzte sie wieder an den Platz zurück. Dreißig Schalen waren es. Zunächst merkte die alte Frau nicht, daß die Schalen fortgenommen wurden, als aber das Mädchen die letzte Schale austrinken wollte und schon zugriff, da wurde es von der Alten ertappt. Sie faßte es bei der Hand und hielt es fest.

»Oh«, rief Egigu, »laß mich in Frieden, ich will brav sein, will dir helfen und dir dienen.« Doch die Alte antwortete: »O nein, ich lasse dich nicht gehen, du hast mir meinen Wein ausgetrunken, und dafür mußt du jetzt sterben.«

»Ach nein, laß mich los, ich will dir auch deine Augen wieder gesund machen!«

»Nun, wenn du das kannst und tust, will ich zufrieden sein und dich freigeben.«

Da sprach Egigu: »Puh, puh! Deine Augen, Enibarara! Puh, puh!« Und allerlei flog aus den Augen der Alten heraus: Ameisen, Fliegen, Würmer und alles mögliche Getier. Die Augen wurden klar, und die alte Frau konnte wieder sehen. Sie freute sich und wartete nun auf die Rückkehr ihrer drei Söhne. Und weil sie fürchtete, daß sie dem Mädchen ein Leid antun würden, denn sie waren Menschenfresser, versteckte sie Egigu unter einer großen Muschelschale.

Bald danach kamen die Söhne nach Haus. Zuerst erschien Ekuan, die Sonne. Er schnupperte umher und sagte: »Mutter, es riecht so, als ob hier noch jemand ist.« Die Alte antwortete nicht, sie öffnete auch nicht die Augen, denn ihr Sohn sollte nicht merken, daß sie wieder sehen konnte. Ekuan ging fort, und es erschien der zweite Sohn, Tebau, der Donner. Er schnupperte wie sein Bruder umher und sagte: »Mutter, es riecht hier nach Menschen.« Enibarara antwortete wieder nicht, sie öffnete auch die Augen nicht, sie wollte nicht hören. Tebau ging weiter, und nun kam der dritte Sohn, der milde, freundliche Maramen, der Mond. »Oh, Mutter«, rief er, »es riecht so, als ob hier noch jemand ist.« Da öffnete die Alte die Augen und sagte: »Komm, schau her, sieh mir in die Augen.« Maramen ging zur Mutter, blickte ihr in die Augen, wunderte sich und sprach: »Oh, wer hat das gemacht? Seit wann kannst du wieder sehen?«

Da erzählte Enibarara ihrem Sohn die Geschichte. Maramen freute sich sehr und fragte, wo das Mädchen sei. Die Alte antwortete: »Dort unter der Tridacna-Schale sitzt das Mädchen Egigu; die tat es, und nun sollst du sie zur Frau haben!« Jetzt war Maramens Freude noch größer. Er machte Egigu zu seiner Frau. Und heute noch kann jeder das Mädchen im Mond sehen.

Zweites Märchen

Vor langen Zeiten, als die Welt anders war, als sie jetzt ist, und die Geister noch in Verkehr mit Menschen traten, da war auf der lieblichen Insel Nauru ein junges Mädchen namens Ejiawanoko, die mit ihrer Großmutter unter einem sehr hohen Baum lebte. Dieser Baum hieß Inkumateri, und seine höchsten Zweige berührten den Himmel. Seine Zweige waren herrlich grün und so dicht, daß die Sonnenstrahlen sie niemals durchdringen konnten und sie auch gegen den Regen ein gutes Dach bildeten.

Als die Großmutter ihre Enkelin heranwachsen sah, dachte sie daran, daß es Zeit sei, einen Mann für sie zu suchen, aber sie wußte nicht recht, wie sie es machen sollte.

Sie sagte sich, daß die Schönheit ihrer Enkelin sie berechtigte, einen Gott zu ehelichen. Da sie es nicht mehr hinausschieben wollte, nach einem Mann Umschau zu halten, rief sie die Enkelin herbei und sprach zu ihr: »Ejiawanoko, du mußt nun daran denken, dich zu verheiraten, und da sind viele Männer, die um deinetwillen durch Feuer und Wasser gehen würden, aber ich habe schon für dich gewählt und will dir jetzt meine Anweisungen geben. Morgen früh, bevor die Sonne aufgeht, mußt du dich vom Lager erheben und dich für deine Reise vorbereiten. Salbe deinen Körper mit wohlriechendem Öl und bekränze deinen Kopf und Oberkörper mit schönen Blumen. Darauf ersteige den Baum, unter welchem wir unser Heim haben. Du weißt, daß Stufen am Stamm bis zur Höhe reichen, obwohl noch niemand gewagt hat, ihn zu ersteigen, denn es würde sicheren Tod dem bringen, der dies unternehmen würde. Du aber kannst ohne Furcht gehen, denn die Zauberformel, welche ich über dich sprechen werde, wird dich vor Unheil bewahren, und alles wird gutgehen.«

Da antwortete Ejiawanoko: »Ich will hingehen, wohin du es wünschst, denn ich weiß, daß alles, was du für mich tust, zu meinem Besten ist.«

Nachdem die Großmutter ihre Zauberformel über sie gesprochen hatte, legten sich beide auf ihren Matten zur Ruhe. Zur bestimmten Zeit fand sich Ejiawanoko am Fuße des großen Baumes ein, mit schönen Blumen geschmückt und mit wohlriechendem Öl eingerieben. Dann rief sie ihre Großmutter, die sie umarmte und sagte: »Mein Liebling, kommst du zurück, so ist es mir lieb, wenn nicht, so weiß ich, daß du dich in guter Hut befindest.«

Nun erstieg das Mädchen den Baum, und getragen von der Zauberformel legte sie den Weg über die Zweige schnell und gefahrlos zurück. Als sie am Gipfel angekommen war, sah sie ein kleines Haus vor sich, neben dem ein altes blindes Mütterlein saß, das Palmwein zu Sirup einkochte auf heißen Steinen in Kokosschalen. Es rührte eifrig, damit der Sirup nicht anbrenne. Das Mütterlein sang bei der Arbeit und zählte ihre Schälchen. Jedesmal, wenn sie mit Zählen fertig war, nahm Ejiawanoko, die sich leise genähert hatte, eine Schale fort. Als es immer weniger Schalen wurden, rief die Alte: »Was ist das, es werden immer weniger Schalen!« Schließlich dachte das Mütterlein, die Schalen können nicht fortlaufen, jemand muß sie genommen haben, und bei der nächsten Gelegenheit griff es zu und erfaßte auch wirklich den Arm von Ejiawanoko, welche gerade im Begriff war, eine neue Schale fortzunehmen.

Die Alte rief: »Endlich habe ich dich, wer bist du, die du einer armen blinden Frau den Sirup stiehlst? Aber du wirst teuer dafür bezahlen, denn meine beiden Söhne Iguan (Sonne) und Merrimen (Mond) werden dich töten, wenn sie hören, daß du ihre Mutter mißhandelt hast!«

»Oh, hab Erbarmen, ich tat es nur aus Scherz«, sagte das geängstigte Mädchen, »bitte, vergib mir, ich will niemals wieder etwas Derartiges tun, bitte, laß meinen Arm los.«

Doch das Mütterlein hielt noch immer den Arm des Mädchens umklammert.

»Mein Name ist Eniburara, ich bin die Mutter von Iguan und Merrimen und koche Sirup für sie, wie ich es jeden Morgen tue, aber die Götter helfen dir, nun habe ich nichts für sie«, sagte das Mütterchen, »denn du hast die Schalen gestohlen!«

»O liebe gute Eniburara, laß mich diesmal los, ich will alles für dich tun, ich will deine Dienerin sein und dir stets gehorchen.«

Die Alte antwortete: »Ich brauche keine Diener, das Wenige, was ich tue, tue ich aus Liebe zu meinen Kindern, ich selbst brauche weder Nahrung, Getränke noch Schlaf.«

»Oh, laß mich gehen, vergib mir, liebe Eniburara, und dann sage ich dir ein Geheimnis, das meine Großmutter mir mitgeteilt hat!«

»Gut, törichtes Kind, sage, was es ist.«

»Ich kann deine Blindheit heilen!«

»Nein, nein! Das kannst du nicht, jeder hat es versucht, und niemandem ist es gelungen.«

Da ließ Eniburara den Arm des Mädchens los, worauf Ejiawanoko das Gesicht der Alten in ihre beiden Hände nahm und, nachdem sie einige Worte gemurmelt hatte, in ihre Augen spuckte. Da krochen Eidechsen und Käfer aus den Augen der Alten, und nach wenigen Augenblikken konnte sie sehen.

Vor Freude klatschte sie in die Hände und rief: »Welch schöne Welt! Ich dachte stets, sie sei dunkel und häßlich, aber nun werde ich die Gesichter meiner lieben Söhne sehen können. Aber ich muß jetzt an dich denken, denn wenn ich dich nicht verberge, so werden Iguan und Merrimen dich sicherlich töten, denn sie töten jeden, den sie treffen.«

Darauf steckte sie Ejiawanoko unter einen großen, leeren Öltrog und sagte zu ihr, sie solle ganz still sein, denn Sonne und Mond würden gleich kommen. Wenige Zeit später erschien Iguan in seinem Glanz und blendete seiner Mutter Augen so sehr, daß sie genötigt war, ihr Angesicht zu wenden. Als Iguan dies sah, fragte er die Mutter: »Warum drehst du dein Gesicht! Du tatest dies nie zuvor?«

»Weil ich dich jetzt sehen kann, mein lieber Sohn, was ich früher nie konnte.«

»Wieso, Mutter, wer vollbrachte dies Wunder?«

Als er dies fragte, kam sein Bruder Merrimen, und seine Mutter dachte, als sie ihn erblickte, wie sanft und milde er ausschaute im Vergleich mit Iguan, dem niemand ins Angesicht sehen konnte.

Merrimen ging auf seine Mutter zu und sagte: »Wie kommt es, daß du uns anblickst, als ob du uns sehen könntest?«

»Ja, mein Sohn, ich kann sehen und dich anschauen, aber Iguan mit seinem Glanz tut meinen Augen weh.«

»Aber, Mutter, was ist das für ein Duft? Es riecht nach menschlichen Wesen!«

»Es ist so, meine Kinder, ein Menschenkind, ein junges, liebliches Mädchen ist in der Nähe, und sie ist es, die mich von meiner Blindheit geheilt hat. Das Mädchen ist so hold und schön, und ich denke, einer von euch soll es heiraten.«

»Ja, Mutter«, antworteten beide, »laß das Mädchen kommen und wählen zwischen uns; wir wollen nicht eifersüchtig aufeinander sein.«

Darauf ging Eniburara zum Öltrog, und als sie ihn hob, kam Ejiawanoko hervor. Eniburara nahm das Mädchen an der Hand und führte es zu ihren Söhnen und sagte: »Nun, Kind, triff deine Wahl, welchen von beiden willst du zum Manne haben?«

Ejiawanoko überlegte einige Augenblicke, sah Sonne und Mond an und sagte dann: »Ich kann Iguan nicht heiraten, er ist zu heiß, und ich kann ihn nicht ansehen, aber Merrimen sieht so ruhig und gut aus, ich will mit ihm gehen.«

Als das Mädchen so gesprochen hatte, kam Merrimen auf sie zu, legte seine Arme um sie und begann mit ihr durch die Luft zu segeln, und bis auf den heutigen Tag kann man Ejiawanoko sehen, wie sie mit Merrimen durch den Himmel reist.

Dies ist die Geschichte des Gesichtes im Monde.

Der Anfang der Sonnenfinsternis

Diese Geschichte ist eine Geschichte der alten Leute von früher. Meine Mutter hörte sie und erzählte sie mir. Das ist der Anfang der Sonnenfinsternis, so sagen sie, als Mond und Sonne einander begegneten. Ich war erst fünf Jahre alt, als ich die Geschichte von meiner Mutter hörte.

Eines Tages unterhielten sich die alten Leute darüber, was der Anfang der sogenannten Sonnenfinsternis war. Die vergangenen Jahre, in denen der Mond und die Sonne Eheleute waren, können nicht gezählt werden, sagten sie. Sie liebten sich sehr, und sie riefen einander »Oh, mein Mond« - »Oh, meine Sonne«, und sie würden sich nicht voneinander trennen, sagt man. Wo auch immer sie hingingen, sie gingen immer zusammen. Sie waren schon lange Gefährten füreinander. Wenn die Sonne des Nachts unterwegs war, ging der Mond ganz gewiß mit ihr. Der Mond war männlich, und die Sonne war weiblich.

Eines Tages war der Mond über die Sonne verärgert, denn sie kam lange nicht nach Hause. Der Mond war eifersüchtig. Sie stritten miteinander, bis sie sich voneinander trennten. Sie schworen einander, daß sie sich nie wieder treffen würden. Damit sie sich nicht treffen würden, würde der Mond des Nachts reisen, und die Sonne würde tagsüber unterwegs sein. Deshalb, wenn der Mond scheint, ist der Mond unterwegs. Denn sie schworen einander, daß wenn sie sich treffen würden, die Erde dunkel werden würde.

Eines Nachts war der Mond unterwegs. Sie wußten nicht, daß ihnen der [mythische] Mandukawa-Vogel auflauern würde. Das Licht des Mondes erstrahlte nicht, denn der Mandukawa-Vogel hatte ihn in seinen Schnabel genommen. Der Mandukawa-Vogel wollte den Mond nur dann freigeben, wenn die Leute hier auf der Erde sehr laut schreien würden. Da waren einige Leute, die auf Büchsen schlugen. Die Leute machten einen großen Lärm. Da ließ der Mandukawa-Vogel den Mond frei. Nun war die Nacht wieder klar, denn das Mondlicht strahlte wieder.

Eines Tages schlief der Mond. Er wußte nicht, daß es bereits Tag war. Die Sonne war noch nicht direkt über ihm, als er plötzlich aufwachte und sich auf den Weg machte. Er dachte nicht, daß er die Sonne treffen würde. Die Sonne war erstaunt, denn etwas hatte ihr Licht weggenommen. Die Sonne schaute: Es war der Mond. Sie ärgerte sich. Ihre Lichtstrahlen hatten sich getroffen. Plötzlich wurde die Erde dunkel. Das nannten die Leute von damals Sonnenfinsternis. Die Sonnenfinsternis dauerte lange, und die Leute waren sehr traurig. Ihre Leiter sagten: »Holt eure Sachen, die ihr zum Feuermachen benutzt, und macht Feuer, zündet eure Lampen an.« Nachdem sie Feuer gemacht hatten, dauerte es nicht lange, bis es wieder hell wurde. Die Leute freuten sich, daß sie nun die Sonne wieder sahen. Es war bereits Nachmittag. Sie waren erstaunt, daß der Mond neben der Sonne war.

Die alten Leute sagen, daß das der Grund ist, weshalb es eine Sonnenfinsternis gibt, weil die Sonne und der Mond einander begegneten.

Warum der Neumond ist

Es war einmal ein Kuhhirt, der weidete seine Herde am Waldrande. Plötzlich fiel ein gewaltiger Regen vom Himmel herab, und so suchte er Unterschlupf unter den blatt- und schattenreichen Bäumen.

Er erschrak nicht wenig, als plötzlich ein gewaltiges Ungeheuer vor ihm erschien, das die Gestalt einer

Schlange hatte. Mit dem Schwanz hielt sie ihre Eier fest, und mit dem Kopfe sah sie bald nach links, bald nach rechts, weil sie nach Nahrung ausspähte.

Da wurde dem armen Hirten klar, daß er in den Bereich der Hala na godang, der Großen Schlange, geraten war.

Was sollte er beginnen? In seiner Bestürzung und Todesangst griff der Hirte nach den Steinen, die am Boden lagen, und schleuderte sie aufs Geratewohl nach der Schlange; der Erfolg war, daß alle ihre Eier zerbrachen.

Wütend wandte die Schlange ihren Kopf und zischte auf den Hirten los: »Du nahmst meinen Kindern das Leben, jetzt nehme ich dir deins.«

Kaum hatte dies der Hirt gehört, als er auch schon die Flucht ergriff. Mit großen Sätzen eilte er davon, und in mächtigen Windungen rollte die Schlange hinter ihm her. Aber es half ihr nichts; sie konnte den Flüchtling nicht einholen.

Endlich kam der Hirt an das Ende der Erde. Nun sprang er in den Luftraum, die Schlange folgte ihm auf den Fersen.

Da erblickte der Hirt den Mond; er eilte auf ihn zu und erflehte seine Hilfe. Aber auch die Schlange war schon da und erzählte in überheblicher Weise dem Monde von der Missetat des Mannes.

Der gute Mond wollte den Hirten wohl retten, doch wußte er nicht wie. Drum zog er die Sonne zu Rate, um sich mit ihr die Sache zu überlegen.

Das Ende der Beratung war, daß Sonne und Mond der Schlange vorschlugen, dem Hirten eine Geldstrafe aufzuerlegen.

Das Ungeheuer wollte jedoch davon nichts wissen. Es bestand darauf, den Zerstörer der Eier zu verschlingen. Das wollten Sonne und Mond wiederum nicht zugestehen. So kam man also nicht weiter.

Schließlich faßte der Mond einen großmütigen Entschluß. Da die Schlange nicht darauf verzichten wollte, den Hirten zu verschlingen, erbot der Mond sich selber, anstatt des Mannes von der Schlange verschlungen zu werden, und versprach außerdem, daß er sich jeden Monat von der Schlange verschlingen lassen wollte.

Und so kommt es, daß der Mond alle neunundzwanzig Tage unsichtbar ist; dann hat die Schlange ihn verschlungen.

Das Sonnenkind

In uralten Zeiten lebte einmal in Tonga ein mächtiger Häuptling, dessen Namen man nicht mehr weiß. Der hatte eine Tochter, deren Namen unsere Väter auch vergessen haben, und so nennen wir sie stets, wenn wir von ihr sprechen, die Mutter von Jiji Matailaa, dem Sonnenkinde.

Die Tochter des alten Häuptlings war wunderbar schön, und der Vater verbarg sie vor den Augen der Menschen, damit sie niemand sehen sollte, denn er hatte noch keinen Mann gefunden, der würdig genug gewesen wäre, sie als Frau heimzuführen.

Er baute ihr unten am Meeresstrand einen hohen, dichten, starken Zaun, und die Mutter des Sonnenkindes pflegte stets hierherzugehen, um zu baden. Jeden Tag tauchte sie in den salzigen Wellen unter, und wenn sie aus dem Wasser herauskam, war sie noch schöner geworden. Unter allen irdischen Mädchen und Frauen war niemand so schön wie die Mutter des Sonnenkindes. Nach dem Bade legte sie sich eine Weile in den weißen Sand, um sich auszuruhen und unterdessen trocken zu werden. Und als eines Tages die Sonne auf sie herabblickte und das Mädchen sah, verliebte sie sich darin; und nach einer geraumen Weile bekam das Mädchen ein Kind, das sie Jiji Matailaa, das Sonnenkind, nannte.

Das Kind wuchs auf und wurde ein strammer, hübscher Bursche, und da er auch, wie ein rechter Häuptlingsjunge, sehr hochmütig war, verprügelte er gern die anderen Kinder. Als eines Tages die Kinder alle zusammen auf dem Dorfplatz spielten, ärgerten einige das Sonnenkind. Da nahm es seinen Stock und schlug so lange auf sie los, bis ihm der Arm weh tat und ihre Körper dikke Beulen hatten.

Die Burschen riefen ihm jetzt zu: »Sag einmal, wer bist du eigentlich, Sonnenkind? Wie darfst du es überhaupt wagen, uns zu schlagen? Wir wissen, wer unser Vater ist, aber du – du hast ja gar keinen Vater; dich hat man hinterm Zaun gefunden, du Bankert!«

Da geriet der Junge in maßlose Wut. Gern wäre er auf sie losgestürzt und hätte sie erschlagen, aber vor Wut vermochte er sich nicht von der Stelle zu rühren. Die Stimme blieb ihm im Halse stecken, und aus den Augen perlten ihm vor Zorn die dicken Tränen. Schließlich erhob er sich, sah noch einmal nach der Bande hin und eilte dann mit einem plötzlichen Aufschrei ins Haus. Als er die Mutter erblickte, lief er auf sie zu, faßte sie beim Arm und rief: »Mutter, was bedeutet das, was die Dorfjungen immer zu mir sagen: ›Du, wer ist denn dein Vater?‹«, und dabei weinte er bitterlich.

»Ssch, Ssch, mein Junge«, sagte die Mutter, »die Dorfbuben lügen. Laß dich nicht von ihren Worten kränken, denn du bist der Sohn eines viel größeren Häuptlings als sie.«

»Aber wer ist mein Vater?«, fragte der Junge wieder mit tränenüberströmtem Gesicht.

Die Mutter erwiderte: »Nun, wer sind diese Dorfbuben, daß sie dich überhaupt verachten können? Sie sind Kinder von irdischen Menschen, aber du bist das Kind der Sonne; sie ist dein Vater.« Und darauf erzählte sie ihm alles.

Nun wurde das Herz des Sonnenkindes wieder fröhlich. Der Junge wischte sich die Tränen ab und rief: »Ich pfeife auf die Kinder irdischer Menschen! Nie will ich mehr mit ihnen reden oder gar mit ihnen zusammenleben. Lebe wohl, Mutter, jetzt geh ich zum Vater.« Und stolzen Schrittes ging er zur Tür hinaus. Er sah sich nicht einmal um, als die Mutter hinter ihm herrief; sie blickte hinter ihm her, bis er im Walde verschwand, und dann sah sie ihn nie wieder.

Der Junge ging durch den dunklen Wald, bis er an die Stelle kam, wo sein Boot am Strand lag. Dort setzte er sich hin und flocht aus Kokosblättern ein Segel. Und als das Wasser auflief, schob er das Boot ins Meer und segelte los, um seinen Vater, die Sonne, zu besuchen.

Es war Morgen, als er das Segel hochzog und gen Osten steuerte, wo die Sonne gerade aufging; aber als er dorthin segelte, stieg die Sonne immer höher und höher, und so laut er auch rief, sein Vater hörte ihn nicht. Dann wendete er und fuhr nach Westen, wohin die Sonne eilte. Obwohl der Wind ihm günstig war, kam er doch zu spät. Sein Vater tauchte in den Wellen unter, ehe er nahe genug heran war, um mit ihm sprechen zu können. So war er ganz allein auf dem weiten Meer. Da dachte er bei sich: ›Also im Osten klettert mein Vater aus dem Wasser heraus, dann will ich doch lieber dorthin zurückkehren und auf ihn warten.‹ Er wendete wieder um und segelte die ganze Nacht hindurch nach Osten. Und als der Morgen heraufdämmerte, befand er sich ganz nahe bei der Sonne. Gerade als sie aus den Wellen emporsteigen wollte, rief er: »Vater, lieber Vater, hier bin ich!«

»Wer bist du?«, fragte die Sonne und stieg höher am Horizont empor. »Ich bin das Sonnenkind«, rief der Knabe. »Du mußt mich doch kennen. Ich bin dein Sohn,

Mutter ist in Tonga. Warte doch ein bißchen, Vater, und erzähl mir was.«

»Ich darf nicht warten«, sagte die Sonne und stieg höher und immer höher, »die Kinder der Erde haben mich schon gesehen, und dann darf ich mich nicht mehr aufhalten, um mich mit dir zu unterhalten. Wärest du doch einige Augenblicke eher gekommen. Lebe wohl, mein Sohn, jetzt muß ich gehen!«

»Bleib doch, Vater!«, rief das Sonnenkind. »Das macht sich ja ganz leicht, auch wenn die Kinder der Erde dich schon gesehen haben. Verstecke dich hinter einer Wolke, dann kannst du ja zu mir herkommen.«

Da lachte die Sonne und sprach: »Du bist ein gescheites Kerlchen, mein Junge, obwohl du noch ein Kind bist, bist du doch schon sehr klug.«

Sie rief eine Wolke herbei, stieg hinter ihr zum Meer herab und begrüßte ihren Sohn. Sie erkundigte sich nach seiner Mutter und erzählte ihm allerhand nützliche Dinge, deren Kenntnis uns sicher sehr vorteilhaft gewesen wäre. Aber wir haben davon nichts erfahren, weil der Knabe ungehorsam war.

Schließlich sagte sie zu dem Jungen, daß sie nicht mehr länger warten könnte. »Und nun, mein Sohn«, sprach sie, »höre gut zu. Bleibe hier, bis die Nacht sich auf das Wasser herabsenkt, dann wirst du meine Schwester, den Mond, deine Tante, erblicken. Wenn er sich aus der See erhebt, dann stehe auf, rufe ihn an und sage ihm, er möchte dir eins der beiden Dinge geben, welche er in Verwahrung hat. Das eine heißt ›Melaja‹ und das andere ›Monuja‹. Bitte ihn um das ›Melaja‹, dann wird er es dir geben. Aber denke daran, was ich dir gesagt habe, und tu das auch, dann wird es dir gutgehen; wenn du ungehorsam bist, wirst du ins Unglück geraten.«

Darauf stieg die Sonne hinter der schwarzen Wolke hervor, und die Welt war strahlend hell erleuchtet. Die

Kinder der Erde aber sagten zueinander: »Die Sonne scheint heute ja langsamer heraufzukommen als an anderen Tagen«, und das Sonnenkind holte das Segel nieder, wickelte sich da hinein und schlief bis zum Abend.

Als es wieder erwachte, hißte es das Segel und fuhr schleunigst zu der Stelle, wo das schimmernde Antlitz seiner Tante erscheinen sollte. Er fuhr so dicht heran, daß der Mond, als er aus dem Wasser heraustauchte, ihm zurufen mußte: »Heda, heda, Kind der Erde! Paß auf, oder du fährst mir mit dem scharfen Bug deines Bootes in mein Gesicht hinein!«

Da hielt das Sonnenkind ein wenig zur Seite und streifte beinahe das Gesicht des Mondes; dann lief es plötzlich vor dem Winde auf, fuhr an den Mond heran und hielt ihn mit sicherem Griff fest. »Ich bin kein Kind der Erde«, sagte es, »ich bin das Kind deines Bruders, der Sonne. Ich heiße Sonnenkind, und du bist meine Tante.«

»Bist du wirklich das Sonnenkind?«, fragte der Mond ganz verwundert. »Das ist ja wunderbar. Aber laß die Hand los, Neffe, du tust mir ja weh!«

»O nein«, antwortete der Knabe, »wenn ich dich loslasse, läufst du mir weg; und wie bekomme ich dann die Sachen, um die ich dich auf Geheiß meines Vaters bitten soll?«

»Aber, Neffe, ich werde dir doch nicht auskneifen«, sagte sehr ernsthaft der Mond. »Ich freue mich ja herzlich, daß du da bist. Laß bitte los, es tut mir wirklich weh.« Da ließ das Sonnenkind los. »Um was sollst du mich bitten?«, fuhr der Mond fort.

Nun hatte das Sonnenkind sich vorgenommen, nicht nach dem Wunsch des Vaters zu tun; es pflegte stets ungehorsam zu sein, denn es war ein eigensinniger, starrköpfiger Bursche.

»Ich soll dich um das Monuja bitten.«

»Um Monuja!«, rief die Tante, »um Monuja? Irrst du dich auch nicht? Hat dein Vater nicht gesagt, du sollst mich nach Melaja fragen?«

»Nein, das war es nicht«, sagte der Knabe trotzig, »er sagte mir, das Melaja möchtest du behalten und mir das Monuja geben.«

»Das ist wirklich sonderbar«, sagte der Mond und grübelte nach. »Die Sonne kann den Knaben doch nicht hassen und ihm den Tod wünschen. Aber es hilft nichts, ich muß ihren Befehlen gehorchen. Neffe, du sollst das Monuja haben. Sieh, es ist nur ein kleines Ding. Es ist in diesem Stückchen Tapa eingewickelt. Jetzt wickele ich es nochmals ein und binde es ganz fest zu, damit das Paket nicht aufgeht. Hier, nimm es, Neffe, und denke daran, was ich dir sage: Binde die Schnur nicht auf und wickele ebenfalls das Paket nicht aus, solange du noch auf dem Wasser bist; sondern hisse sogleich das Segel und fahre nach Tonga. Wenn du gelandet bist, sieh dir das Monuja an, aber ja nicht eher, sonst geschieht ein furchtbares Unglück.« Dann sagte er ihm Lebewohl und kletterte am Himmel in die Höhe, und alle Leute, die sich auf dem Wasser befanden, riefen vor Freude: »Da ist ja unser lieber Freund, der Mond! Wir Seefahrer wissen am allerbesten, wie gut er ist!«

Auch die Mädchen und Knaben liefen in den Dörfern zum Hause hinaus und jauchzten: »Oh, der Mond ist da! Kommt laßt uns auf dem Dorfplatz tanzen!« Und das Sonnenkind hißte das Segel und fuhr nach Tonga.

Die ganze Nacht, den nächsten Tag und die nächste Nacht segelte es über das Wasser, bis es am Morgen des zweiten Tages endlich Land in Sicht bekam. Da wollte es nicht länger warten, denn das Sonnenkind war ein eigenwilliger, ungeduldiger Junge; es hob das Bündel, das ihm die Tante gegeben hatte, vom Boden des Bootes auf und löste die Schnur, mit der es zugebunden war. Dann wikkelte es die Tapa, eine nach der anderen ab, bis es schließlich das Monuja zu Gesicht bekam. Es war eine wunderbar schöne Perlschale. Sie war nicht silberweiß wie bei uns zu Lande, sondern sie hatte einen rötlichen Schein, wie man ihn nie vorher und nachher gesehen hat; und der Knabe freute sich sehr darüber und malte sich aus, wie die anderen Jungen ihn wohl beneiden würden, wenn sie das Schmuckstück an seinem Halse erblickten. Aber während er sich die Schale besah, hörte er hinter sich ein gewaltiges Rauschen und Plätschern. Als er aufblickte, bemerkte er eine ungeheure Menge Fische, die alle eiligst hinter ihm herschwammen – Wale, Haie, Meerschweine, Delphine, Schildkröten und viele, viele andere mehr. Sie stürzten in blinder Hast auf ihn los, um das Monuja zu bekommen; und in einem Nu war das Boot so voll, daß es überladen in die Tiefe sank. Die Haie zerrissen ihn in Stücke. Das war das Ende des Sonnenkindes.

Die Elefantin bestellt ihr Feld

Die Elefantin hatte ihr Feld mit Erderbsen bestellt. Das Erdhörnchen kommt, gräbt sich die Keimlinge aus und frißt sie. Das macht es an mehreren Tagen so. Die Elefantin merkt, daß jemand auf ihr Feld kommt, und beschließt, einmal schon früh am Morgen Wache zu halten. Dabei gelingt es ihr, das Erdhörnchen auf frischer Tat zu ertappen. Es sagt zur Elefantin: »Ihr Leute bestellt eure Felder und lebt davon! Was aber sollen wir tun? Sind eure Felder nicht gerade auch für uns da?« Darauf erwidert die Elefantin: »Das geht mich nichts an, wie du lebst. Auf jeden Fall habe ich mich bei der Feldbestellung tüchtig anstrengen müssen! Und du hast mir fast die ganze Saat zerstört! Ich weiß nicht, woher ich neue Saaterbsen nehmen soll! Das waren schon die letzten, die ich noch hatte. Und auch wenn ich noch welche bei den Leuten kriegen sollte, so ist es doch für die Aussaat zu spät; es würde nicht mehr viel bringen. Nein, du hast mir einen großen Schaden zugefügt, jetzt will ich dich töten.« Darauf sagt das Erdhörnchen: »Das ist dein gutes Recht, da ich nun ja einmal in deine Hände gefallen bin und du mit mir tun kannst, was du willst! Schließlich bin ich ja auch recht mollig geworden von deinen guten Erderbsenkeimlingen und gerade in der richtigen Verfassung, von dir aufgefressen zu werden.« Dazu sagt die Elefantin: »Wie dem auch immer sei, ich werde dich töten und nicht laufenlassen!«

Da tritt das Rebhuhn in seinem feinen Kleid auf und stößt einen Schrei aus. Rame ruft ihm zu: »Aber hör doch zu schreien auf! Es nützt doch nichts mehr! Sie hat mich nun einmal gefangen, da ist nichts mehr zu machen! Du wirst der letzte bleiben, für den ich so ein schönes Kleid gemalt habe. Nach mir wird es keinen Maler wie mich mehr geben.« Die Elefantin hört sich das an, sagt aber nichts dazu.

Nun kommt das Perlhuhn vorbei. Als es Schreie ausstößt, fragt es das Erdhörnchen: »Wozu stößt du denn Schreie aus? Das nützt nun doch nichts mehr. Man hat mich eben gefangen, und ich sitze fest. Wenn du schreist, dann verschwendest du nur deine Kräfte; laß es deswegen gleich sein! Du gehörst auf jeden Fall zur letzten Generation deiner Gattung, denn nach mir wird es keinen solchen Maler wie mich mehr geben, der deinesgleichen das schöne Kleid malen könnte!« Die Elefantin hat die ganze Zeit zugehört und richtet nun eine Frage an Rame: »Hast du denn dem Perlhuhn das schöne Kleid gemalt?«

»Ja, natürlich, wer denn? All die Tiere, deren Federkleid oder Fell eine schöne Zeichnung tragen, verdanken das mir.«

Jetzt kommen noch viele dieser Tiere mit einer besonderen Zeichnung in ihrem Federkleid oder Fell vorbei, und jedes Mal ruft ihnen nun die Elefantin zu: »Ihr seid die letzten eurer Gattung, der Maler, der eure Kleider und Felle gemalt hat, geht seinem Ende entgegen!« Schließlich kommt auch der Panther vorbei und brüllt. Da ruft ihm Rame zu: »Meringe, du bist wirklich der Schönste! Alle Welt bewundert deine Zeichnung; nur noch die vom Erdhörnchen und die der Gumsa-Gazelle können sich mit deiner vergleichen! Alle anderen Tiere, denen ich ihr Kleid gemalt habe, sind hier schon vorbeigekommen. Sie alle und auch du, ihr werdet die letzten eurer Rasse sein! Deine Kinder werden nicht mehr sein wie du! Du kannst darüber traurig sein und auch schrecklich brüllen – es nützt nichts mehr; geh nur deiner Wege!«

Jetzt fragt die Elefantin: »Hast du wirklich auch Meringe, dem Panther, das Fell gemalt?«

»Ja, ja, das war ich, der es ihm gezeichnet hat.«

»Wie hast du denn das gemacht?« Rame erklärt es ihr und sagt: »Ich brauche dazu ein Messer, einen Saucentopf, dann eine Schale, drei kleine Steine und außerdem Holz zum Feuermachen.« Die Elefantin fragt noch einmal nach: »Das alles brauchst du?«

»Ja«, antwortet das Erdhörnchen. Die Elefantin macht sich nun auf den Weg und besorgt alles, was Rame ihr genannt hat. Sie kommt zurück und übergibt ihm alles. Rame fordert nun die Elefantin auf: »Öffne dein Afterloch!« Jetzt schlüpft Rame durch den After in den Bauch der Elefantin, bevor er aber ganz verschwindet, verlangt er, daß die Elefantin ihm die ganzen Utensilien hineinreicht. Im Inneren macht er sich gleich daran, die Leber der Elefantin in Stücke zu schneiden. Dann macht er Feuer, füllt den Topf an mit den verschiedenen schmackhaften Innereien und setzt ihn aufs Feuer.

Nun kommt Duyu, der Hyänerich, des Weges und fragt die Elefantin: »Womit bist du gerade beschäftigt?«

»Mit nichts«, antwortet die Elefantin. »Aber irgend etwas ist doch los, sag doch, was du machst!« Schließlich sagt die Elefantin: »Rame ist dabei, mir für meinen Körper ein Muster zu zeichnen.« Darauf sagt Duyu entrüstet: »Was will der Rame schon zeichnen? Ich bin doch der große Maler! Und wie will er das denn anstellen, der kleine Rame?« Darauf antwortet die Elefantin: »Du kannst ja zu ihm hineingehen, er ist in meinem Bauch!« Duyu läßt sich das nicht zweimal sagen und zwängt sich ebenfalls durch das Afterloch in das Innere der Elefantin. Er tappt herum, seine Augen gewöhnen sich nur langsam an das schwache Licht, das durch einen Schlitz im Afterloch ins Innere fällt, und ruft: »Wo bist du denn, Rame?«

»Da bin ich!« Das Erdhörnchen, das mitten bei seiner Mahlzeit ist, gibt Duyu ein Stück zum Kosten ab. Duyu schmeckt es, und er sagt: »Ach, so machst du das!« Das Erdhörnchen sagt: »Sei bitte hier drinnen nicht zu grob, ich bin auch sehr vorsichtig ans Werk gegangen! Doch sag mal, warum bist du denn überhaupt hierhergekommen?« Darauf sagt Duyu: »Nun, es ist ja wohl doch normal, daß man solche Dinge gemeinsam macht; und schließlich habe ich dazu genausoviel Recht wie du!« Nun stürzt er sich auf all die großen Fleischbrocken und reißt sie an sich – budum kem budum, budum kem budum. Schließlich reißt er auch das Herz an sich – in diesem Augenblick geht die Elefantin zugrunde. Nun wird es dunkel im Bauch. Duyu sagt aber: »Das ist meine Ferse, die den Lichtspalt verdeckt.«

»Dann tu sie doch weg, damit wir was sehen können!« Duyu hebt seinen Fuß hoch, es wird aber trotzdem nicht heller. Der Schlitz ist nun ganz zu, und es ist stockdunkel geworden. Rame tastet sich an das Afterloch heran, versucht, daran herumzubohren, muß aber bald einsehen, daß er die Lage nicht ändern kann. Er sagt daher: »Da es nun mal Nacht geworden ist, ist es wohl am besten, wir legen uns schlafen.« Sie können aber doch keine Ruhe finden und unternehmen alles, um doch auf irgendeine Weise wieder nach draußen zu gelangen. So versuchen sie es unter anderem, über den Schlund in den Mund zu gelangen, doch gelingt es ihnen nicht. Sie resignieren schließlich und finden sich mit ihrem Schicksal ab.

Es ist inzwischen Abend geworden. Zu Hause bei den Elefanten fragen sich die Kinder: »Es ist schon spät, wo bleibt nur unsere Mutter? Wir gehen sie besser suchen!« Sie brechen von zu Hause auf und kommen hinaus aufs Feld; da finden sie ihre Mutter tot am Boden liegen. Der Anblick stimmt sie tieftraurig, und sie weinen bitterlich. Dann fragen sie sich, woran die Mutter wohl gestorben sein könnte. Sie können äußerlich nichts finden, was den Tod gebracht haben könnte. »Da es Nacht ist, können wir ja kaum etwas sehen. Wir wollen daher Feuer anmachen und uns hier lagern; nach Hause können wir nicht zurückkehren, wir müßten ja unsere Mutter ganz allein hier liegenlassen!« Das sagt einer von ihnen. Ein anderer stellt noch einmal Überlegungen zum Tode der Mutter an: »Merkwürdig, daß man gar keine Spuren findet! Weder ein Einstich noch Blut, das fließt, sind zu sehen. Wir müssen deshalb wohl den Körper unserer Mutter öffnen!« Der ältere Bruder stimmt ihm zu und sagt: »Du hast recht, laßt uns sie öffnen!« Sie machen sich jetzt daran, die Haut abzuziehen. Davon dringen Geräusche bis ins Innere der Elefantin, so daß sich Duyu und Rame überlegen, wo sie sich verstecken sollen. Rame schlägt vor und sagt: »Duyu, du gehst in die Galle, ich aber ziehe mich in den Magen zurück!« Duyu zögert und meint: »Ich werde wohl schlecht in die Galle passen, das ist eher ein Versteck für dich. Da ich groß bin, passe ich besser in den Magen.«

»Gut, einverstanden, dann gehe ich in die Galle und du in den Magen!« Und so geschieht es.

Die Elefantenkinder schneiden jetzt den Leib ihrer Mutter auf. Im Bauch finden sie Rames Feuerstelle und wundern sich sehr darüber: »Wer hat das nur hier hereingebracht?« Der andere drückt ebenfalls seine Verwunderung aus und sagt: »Sogar wenn es ein Gott gewesen ist, bleibt so etwas äußerst merkwürdig!« Nun ruft ein anderer: »Reißt erst einmal die Galle heraus!« In dem Augenblick, da sie die Galle losreißen und sie im weiten Bogen wegwerfen, springt Rame mit einem Satz heraus und fängt sogleich an, sich laut schreiend zu beklagen: »Nun bin ich doch selbst auch gekommen, eure Mutter zu suchen, bin hier und dort auf der Suche gewesen, und wie ich nun gerade zu euch stoßen will, was tut ihr da? Ihr werft mir die Galle eurer Mutter mit all dem Blut an den Kopf und besudelt mich so sehr, daß ich gar nicht mehr aus den Augen schauen kann! Und das alles noch, bevor ich euch überhaupt begrüßen konnte!« Die Elefanten bedauern ihn und sagen: »Wir haben dich leider nicht gesehen; wir werden gleich Wasser holen und dich abwaschen.« Bald darauf haben sie Wasser herbeigeholt und beginnen, ihn abzuwaschen. Doch Rame schimpft und jammert weiter: »O weh, meine Augen, die werden noch blind, so habt ihr sie mir zugerichtet! Am Ende bringt ihr mich noch um! Und das alles wegen eurer Mutter!« Schließlich aber kommen sie zum Ende, sie schütten noch einmal viel Wasser über ihn – gopec gopec gopec. Nun ist Rame zufrieden, dann sagt er: »Es ist richtig, daß ihr eure Mutter in Stücke zerschneidet, doch vor allem müßt ihr jetzt erst einmal das Orakel befragen, um zu erfahren, wer eure Mutter getötet hat!« Die Elefantenkinder stimmen ihm zu und gehen gleich daran, die Vorbereitungen zu treffen; Rame erbietet sich, das Orakel zu befragen. Er geht an eine Stelle, wo die Erde locker ist, macht seine

Zeichen in die Erde und fängt nun auch schon an, das, was er sieht, vor sich hinzumurmeln:

»Durbu-durbul,
durbu-durbul...

eure Mutter, ich glaube, ihre Krankheit, an der sie gestorben ist, sitzt im Magen...

Durbu-durbul,
durbu-durbul.«

Der Hyänerich hört die Stimme des Erdhörnchens und flüstert ihm aus dem Magen leise zu: »Wir gehören doch auf jeden Fall zusammen, oder etwa nicht?« Rame antwortet ihm aber nicht, sondern versichert den Kindern der Elefantin: »Also ihr könnt es mir glauben, die Krankheit eurer Mutter hat ihren Sitz im Magen! Folgendes müßt ihr jetzt sofort tun: Geht hin, schneidet sieben Stöcke und flechtet sieben Stricke aus je sieben Palmfaserbündeln!« Sie entfernen sich und schaffen herbei, was ihnen Rame befohlen hat. Dann sagt Rame: »Fesselt zuerst den Magen mit den Stricken!« Das tun sie auch und legen den gefesselten Magen auf den Boden. Auf seinen Befehl hin fangen sie jetzt an, mit den Stöcken auf den Magen einzuschlagen. Sie verprügeln ihn eine ganze Zeit lang, schließlich hält es Duyu nicht mehr aus und bricht mit aller Gewalt - puruk - aus dem gefesselten Magen hervor. Die Elefantenkinder sind ganz verdutzt und rufen aus: »Du also hast unsere Mutter getötet!« Duyu aber verteidigt sich und sagt: »Ich nicht allein, Rame war auch dabei!« Sie sagen aber: »Wie denn? Der ist doch mit uns zusammen gekommen! Wie kann er dann unsere Mutter getötet haben? Er hat überall unsere Mutter gesucht, bis er schließlich zu uns gestoßen ist. Und in diesem Augenblick hatten wir das Pech, daß wir ihm die Galle an den Kopf geschleudert haben; wir haben ihn dann aber wieder reingewaschen! Wenn er etwas damit zu schaffen hätte, hätten wir ihn doch auch darin zusammen mit dir gefunden!« Darauf sagt Duyu: »Als ihr die Galle herausgeholt habt, war er darin!« Nun schaltet sich Rame ein und sagt: »Schweigt jetzt alle! Wir wollen gleich noch einen Test durchführen: Laßt uns die Leber rösten und dann essen! Der, dem sie im Halse steckenbleibt, hat eure Mutter getötet!« Sie rösten also die Leber, und beide fangen an, sie zu essen. Als Rame ein Stück Leber im Hals steckenbleibt und er sich zu räuspern beginnt, sagt er: »Seht dort, der Mond geht gerade auf!« Schnell stößt er das Stück Leber heraus und läßt es vor dem Hyänerich zu Boden fallen. Als die Elefantenkinder ihren Blick wieder vom aufgehenden Mond abwenden, sehen sie die Leber vor Duyu liegen. Sofort beginnen sie, Duyu zu verprügeln. »Es ist also wahr, daß Duyu eure Mutter umgebracht hat!«, sagt Rame, das Erdhörnchen. Die jungen Elefanten sind jetzt der Meinung, daß es das beste sei, endlich nach Hause zu gehen, da könne man ja weitersehen. Sie packen die Fleischstücke zusammen und machen sich auf den Heimweg.

Am anderen Morgen verteilen sie als erstes die Hirse, damit die Leute Bier für die Begräbnisfeierlichkeiten brauen können. Ein kleiner Teil der Hirse wird zum Keimen ausgelegt; man legt Stroh darüber und besprengt das Ganze von Zeit zu Zeit; danach zerreibt man diese Hirsekeimlinge und vermischt das Mehl mit dem Mehl aus der ungekeimten Hirse; dann kocht man es über dem Feuer. Früh am Morgen brechen sie zum Grab auf und besprengen es mit dem frischgebrauten Bier. Bevor sie selbst mit Trinken anfangen, sagt der älteste Elefant: »Wem das Bier im Halse steckenbleibt, der hat unsere Mutter getötet; der andere aber, der Unschuldige, wird das Bier leicht trinken können!« Sie schenken jedem eine Kalebasse zum Trinken ein. Als Rame merkt, daß er sich verschlucken muß, sagt er schnell: »Seht mal, wie dort der Mond aufgeht – yururu yururu!« (Indem er diese Laute ausstößt, will er das Verschlucken verbergen.) Einer der Elefanten durchschaut aber seine Taktik und ruft aus: »Aha, du warst es also, der unsere Mutter getötet hat!« Er beginnt sofort, Rame durchzuprügeln. Dieser aber schreit: »Nein, nicht ich, sondern Duyu hat eure Mutter getötet!« Darauf wenden sie sich wieder Duyu zu und prügeln auf ihn ein. Dazu rufen sie: »Gott hat ihn uns in die Hände gegeben!« Und sie hauen ihn windelweich. Schließlich aber gehen sie vom Grabe nach Hause zurück und wollen nun endlich auch wieder etwas anderes tun.

Zu Hause versammeln sich alle und rufen nach mehr Bier. Man füllt ihnen die Kalebassen von neuem. Nun will man wissen, ob das Bier auch wirklich aus dem Dingile-Topf ist. »Ja, ja, es kommt aus dem Dingile-Topf.« Ein anderer ruft: »Jeder stellt seine Kalebasse jetzt vor sich auf den Boden! Der, dessen Kalebasse zerbricht, ist der Schuldige!« Als Rame sieht, daß seine Kalebasse sich spaltet, stößt er wieder seine Triller aus: »Yururu!« und ruft: »Wie weit ist denn der Mond schon? Wieviel Tage ist er denn schon alt?« Alles blickt zum Himmel, da vertauscht er schnell seine eigene Kalebasse mit der des Duyu. »Seht doch her, seht doch, seht doch, die Kalebasse des Duyu hat sich gespalten!«

Wieder machen sich alle über Duyu her und prügeln ihn windelweich durch. »Es ist jetzt klar: Du hast unsere Mutter getötet!« Duyu antwortet aber: »Nein, es ist Rame, der sie getötet hat. Ihr habt ihn nur versehentlich mit der Galle herausgerissen und weggeworfen!«

»Aber nein, du warst es, die gespaltene Kalebasse ist doch der beste Beweis dafür!« Der älteste unter den Söhnen der Elefantin hat aber nachgedacht und kommt zu dem Schluß, daß wohl doch das Erdhörnchen der Schuldige sein müsse. Das sagt er nun auch seinen Brüdern. Diese aber meinen: »Nein, nein, es war bestimmt Duyu! Wir haben mehrere Beweise dafür!« Sie können sich darüber nicht einigen, lassen aber schließlich die Sache auf sich beruhen.

Die Leute wenden sich nun wieder dem Essen zu: »Bereitet eine Fleischsauce zu!«, ruft einer von ihnen. Sie füllen die Eßschalen mit Sauce und stellen sie vor die Leute hin. Auch werden die Kalebassen nochmals mit Bier gefüllt und den Leuten hingestellt. Wieder ist es Rames Schale, die sogleich einen Sprung bekommt. Er nimmt sie schnell in die Hand und fängt an zu rufen: »Seht nur, seht nur, wer da kommt! Die Hofleute des Häuptlings kommen, um an den Begräbnisfeierlichkeiten teilzunehmen. Sicherlich ist die Kunde vom Tod eurer Mutter bis zu ihnen gedrungen!« Alle Blicke wenden sich in die Richtung, in die er weist, und in diesem Moment vertauscht er flink seine Saucenschale mit der Duyus. Dann ruft er laut in die Menge: »Seht, wieder ein Beweis für die Wahrheit! Die Schale von Duyu ist gespalten! Wieso könnt ihr nur immer mich beschuldigen?« Nun gehen sie wieder auf den Hyänerich los und verprügeln ihn aus Leibeskräften – tejop tejop tejop. Duyu fällt schließlich in Ohnmacht, da lassen sie endlich von ihm ab.

Immer noch quält sie im Innersten der Zweifel darüber, wer wirklich ihre Mutter getötet hat. »Wie sollen wir nur darüber eine endgültige Sicherheit bekommen?« Da ruft Duyu dazwischen: »Es war Rame, und ich habe mich zu ihm gesellt; er hatte drinnen im Bauch seine Feuerstelle, er hat gerade gekocht, da stieß ich zu ihm; da ich nun einmal einen großen Magen habe, bin ich natürlich über all die vielen schmackhaften Dinge im Innern hergefallen und habe mich satt gegessen; ich habe also nur das Werk Rames fortgesetzt. Wie kommt ihr also dazu, nur mich allein töten zu wollen?« Darauf antworteten die Elefanten: »Für uns bist du der Schuldige, den wir in Händen haben; wenn du deinerseits Rame verurteilst, ist das deine Sache!«

Verzeichnis der Quellen

Sagen aus Europa

1. Von der Mühle auf dem Meeresgrund [Überschrift geändert]. Nach Nork, F.: Mythologie der Volkssagen und Volksmärchen; eine Darstellung ihrer genetischen Entwicklung [...]. Stuttgart 1848, 944–948 (nach Asbjörnsen/Moe).
2. Der Kantelespieler. – Löwis of Menar, August von: Finnische und estnische Märchen. Jena 1922, Nr. 19 (finn.).
3. Das Ulta-Mädchen. – Nach Poestion, J. C.: Lappländische Märchen, Volkssagen, Räthsel und Sprichwörter. Mit Beiträgen von Felix Liebrecht. Wien 1886, 50–54, Nr. 9.
4. Das Gesicht in der Neujahrsnacht. – Löwis of Menar, August von: Finnische und estnische Märchen. Jena 1922, Nr. 57 (estnisch).
5. Wie der Bauer in die Hölle kam. – Boehm, M./Specht, F.: Lettisch-litauische Volksmärchen. Jena 1924, Nr. 19 (lettisch).
6. Egle, die Schlangenkönigin. – Uther, Hans-Jörg: Märchen aus dem Baltikum. München 1992, Nr. 38 (litauisch).
7. Der Frost. – Afanaßjew, Alexander N. [Afanas'ev, Alexandr N.]: Russische Volksmärchen. Deutsch von Anna Meyer. Wien 1906, Nr. 15.
8. Der Schwiegersohn der Sonne. – Mykytiuk, Bohdan: Ukrainische Märchen. Düsseldorf/Köln 1979, Nr. 2.
9. Wie ein Bauer den Frost bezwang. – Federowski, M.: Lud bialoruski na-Rusi litevskiej (Die Weißrussen im litauischen Rußland) 1–3. Krakau 1897–1903, Bd. 1, Nr. 488 (Übers. aus dem Archiv der Arbeitsstelle »Enzyklopädie des Märchens«).
10. Medvedko oder der einquartierte Bär. – Zelenin, D. K.: Velikorusskie skazki Permskoj gubernii (Großrussische Märchen aus dem Gouvernement Perm). Petrograd 1914, Nr. 37.
11. Die Brüder. – Isländische Märchen und Volkssagen. Deutsch von Åge Avenstrup/Elisabeth Treitel. Berlin 1919, 160–163.
12. Der Hexenritt. –´rnason, Jón: Isländische Volkssagen. Übers. von M. Lehmann-Filhés. Berlin 1889, 192–194.

13. Der begrabene Mond. - Briggs, Katharine/Michaelis, Ruth: Englische Volksmärchen. Düsseldorf/Köln 1970, Nr. 51.
14. Janneken im Mond. - Lox, Harlinda: Flämische Märchen. München 1999, Nr. 37.
15. Der Bär in der Mühle [Überschrift vom Hrsg.]. - Röhrich, Lutz: Erzählungen des späten Mitelalters 1-2. Bern/München 1962/67, hier Bd. 1, 23 f. (lothring.).
16. Siegfried und Genofeva. - Grimm, Jacob und Wilhelm: Deutsche Sagen. Bd. 1-2 ed. Hans-Jörg Uther; Bd. 3 ed. Barbara Kindermann-Bieri. München 1993, Nr. 538.
17. Der Dom zu Köln. - Grimm, Jacob und Wilhelm: Deutsche Sagen. Bd. 1-2 ed. Hans-Jörg Uther; Bd. 3 ed. Barbara Kindermann-Bieri. München 1993, Nr. 205.
18. Die goldene Schäferei. - Bechstein, Ludwig: Neues deutsches Märchenbuch. ed. Hans-Jörg Uther. München 1997, Nr. 27.
19. Woher Gold und Silber kommen. - Karlinger, Felix/Gréciano, Gertrude: Provenzalische Märchen. Düsseldorf/Köln 1974, Nr. 34.
20. Soreghina. - Kindl, Ulrike: Märchen aus den Dolomiten. München 1992, Nr. 18.
21. Der himmelhohe Baum. - Kovács, Agnes: Ungarische Volksmärchen. Düsseldorf/Köln 1966, Nr. 52
22. Der Baum zum Himmel und zur Hölle. - Kovács, Agnes: Ungarische Volksmärchen. Düsseldorf/Köln 1966, Nr. 44.
23. Das verschwundene Mondlicht. - Kovács, Agnes: Ungarische Volksmärchen. Düsseldorf/Köln 1966, Nr. 29 (Rom-Märchen).
24. Die Eule und das Rebhuhn. - Megas, Georgios A.: Griechische Volksmärchen. München 1965, Nr. 16.

Sagen aus Nord- und Südamerika

25. Die Schöpfung. - Krickeberg, Walter: Indianermärchen aus Nordamerika. Jena 1924, Nr. 44 a.
26. Wie die Sonne gestohlen wurde. - Konitzky, Gustav A.: Nordamerikanische Indianermärchen. Düsseldorf/Köln 1963, Nr. 54 (Yellow Knives).
27. Wie Wildkaters Söhne Sonne und Mond wurden. - Krickeberg, Walter: Indianermärchen aus Nordamerika. Jena 1924, Nr. 17.
28. Das Mädchen und die Wolken. - Karlinger, Felix/Espadinha, Maria Antonia: Märchen aus Mexiko. Düsseldorf/Köln 1978, Nr. 13.

29. Vom Sonnengott und den Mondmädchen. - Karlinger, Felix/ Espadinha, Maria Antonia: Märchen aus Mexiko. Düsseldorf/ Köln 1978, Nr. 3 (erzählt von den Yukateken).

30. Zwei Götter werden Sonne und Mond. - Krickeberg, Walter: Märchen der Azteken und Inkaperuaner, Maya und Muisca. Jena 1928, Nr. 5.

31. Sonnenblut und Mondblut. - Karlinger, Felix/Pögl, Johannes: Märchen aus Argentinien und Paraguay. Köln 1987, Nr. 19 (Märchen der Pirquitas, Argentinien).

32. Warum der Mond ein fleckiges Gesicht hat. - Karlinger, Felix/ Pögl, Johannes: Märchen aus der Karibik. Düsseldorf/Köln 1983, Nr. 54 (von den Cuna, Panama).

33. Vom Anfang der Welt (Überschrift geändert). - Kößler-Ilg, Bertha: Indianermärchen aus den Kordilleren. Märchen der Araukaner. Düsseldorf/Köln 1956, Nr. 32.

34. Die Zwillinge. - Koch-Grünberg, Theodor: Indianermärchen aus Südamerika. Jena 1920, Nr. 79 (Märchen der Guaraní).

35. Der Mond. - Koch-Grünberg, Theodor: Indianermärchen aus Südamerika. Jena 1920, Nr. 85 (Mythe der Kaschinaua).

36. Akalapischeima und die Sonne. - Karlinger, Felix/Zacherl, Elisabeth: Südamerikanische Indianermärchen. Düsseldorf/Köln 1976, Nr. 17 (Mythe der Arekuná).

37. Keri und Kame. - Koch-Grünberg, Theodor: Indianermärchen aus Südamerika. Jena 1920, Nr. 80.

38. Die Plejaden. - Koch-Grünberg, Theodor: Indianermärchen aus Südamerika. Jena 1920, Nr. 45.

39. Der Besuch im Himmel. - Koch-Grünberg, Theodor: Indianermärchen aus Südamerika. Jena 1920, Nr. 38.

40. Eteto. - Nach Koch-Grünberg, Theodor: Indianermärchen aus Südamerika. Jena 1927, 123–130, Nr. 39.

Sagen aus Asien

41. Der Schakal und die Amsel. - Spies, Otto: Türkische Märchen. München 1991, Nr. 47.

42. Die Rekkenk. - Kunike, Hugo: Märchen aus Sibirien. Jena 1940, 137–141, Nr. 33.

43. Yingeangeut und der Erdmacher. - Kunike, Hugo: Märchen aus Sibirien. Jena 1940, 200–205, Nr. 49.

44. Der Panther, der Wolf, der Fuchs und das Kamel. - Vatagin,

Mark: Mednovolosaja devuška. Kalmyckie narodnye skazki (Das Mädchen mit den Kupferhaaren. Kalmückische Volksmärchen). Moskva 1964, 256 f.

45. Der freigebige Hase. – Lüders, Else: Buddhistische Märchen aus dem alten Indien. Jena 1921, Nr. 53.
46. Die Mondfee. – Wilhelm, Richard: Chinesische Märchen. Düsseldorf/Köln 1979, Nr. 19.
47. Mond und Sonne. – Eberhard, Wolfram und Alide: Südchinesische Märchen. Düsseldorf/Köln 1976, Nr. 11.
48. Morgenhimmel. – Wilhelm, Richard: Chinesische Märchen. Düsseldorf/Köln 1979, Nr. 37.
49. Der Raub der Sonnengöttin. – Hammitzsch, Horst: Japanische Volksmärchen. Düsseldorf/Köln 1962, Nr. 107.

Sagen aus Afrika und Ozeanien

50. Von zwei Brüdern [Überschrift geändert]. – Roeder, G.: Altägyptische Märchen. Jena 1927, 89–101.
51. Der Ursprung von Sonne und Mond. – Frobenius, Leo: Volksmärchen der Kabylen (Atlantis 1). Jena 1921, Nr. 14 (geringfügig gekürzt).
52. Der Ursprung des Todes. – Seidel, A.: Geschichten und Lieder der Afrikaner. Berlin [1896], 145 f. (Nama-Märchen).
53. Sonne und Mond. – Schild, Ulla: Westafrikanische Märchen. Düsseldorf/Köln 1975, Nr. 84 (Ekoi, Nigeria).
54. Die Eule und die Sonne. – Jungraithmayr, Herrmann: Märchen aus dem Tschad. Düsseldorf/Köln 1981, Nr. 2.
55. Der Selbstgewordene und die Fesselung der Gestirne. – Frobenius, Leo: Dichtkunst der Kassaiden (Atlantis 12). Jena 1928, 160–163.
56. Der Hase verwandelte das Essen in Steine. – Schmidt, Sigrid: Märchen aus Namibia. Düsseldorf/Köln 1980, Nr. 3 (Dama-Märchen).
57. Die Elefantin bestellt ihr Feld. – Jungraithmayr, Herrmann: Märchen aus dem Tschad. Düsseldorf/Köln 1981, Nr. 32.
58. Die verlorene Unsterblichkeit. – Schmidt, Sigrid: Märchen aus Namibia. Düsseldorf/Köln 1980, Nr. 2 (Dama-Märchen).
59. Sonne, Mond und Hahn. – Hambruch, Paul: Malaiische Märchen aus Madagaskar und Insulinde. Jena 1922, Nr. 1.
60. Das Mädchen im Mond. – Hambruch, Paul: Südsee-Märchen. Düsseldorf/Köln 1977, Nr. 43 (Nauru).

61. Der Anfang der Sonnenfinsternis. – Wrigglesworth, Hazel: Philippinische Märchen. München 1993, Nr. 37 (Tabagawa-Mythe, Mindanao).
62. Warum der Neumond ist. – Hambruch, Paul: Malaiische Märchen. Jena 1920, Nr. 19 (Sumatra).
63. Das Sonnenkind. – Hambruch, Paul: Südsee-Märchen. Düsseldorf/Köln 1977, Nr. 19 (Naiau, Fidschi).